学び・育ち・支えの心理学

これからの教育と社会のために

中谷素之・平石賢二・高井次郎【編】
Motoyuki Nakaya　Kenji Hiraishi　Jiro Takai

名古屋大学出版会

学び・育ち・支えの心理学

目　　次

第II部　学び・育ち・人間関係

第 III 部　心の問題の理解と支援

はじめに

未来の教育のための心理学

激変する現代社会・学校と教育心理学

この数年の日本社会の変化，そして学校教育の変貌は，戦後経験されたことがないほどのものだったといえるだろう。2019 年末から 2023 年にわたるコロナウイルスによるパンデミックは，私たちの社会や学校のあり方に，これまでにない根本的な変化を生じさせた。仕事にはテレワークが大幅に導入されるようになり，人が集まる旧来の意味での「職場」で過ごす時間は大きく減少した。学校でも教師が教壇に立って授業を行う時間が減少するとともに，コロナ禍により急加速した GIGA スクール構想の実施により，子どもひとり 1 端末が実現し，タブレットやパソコンで授業の資料や課題が出され，授業時の学習教材もしばしばタブレット動画やアプリを通じて提供され，課題の提出やテストへの回答も電子的になされることが増えた。「対面」の授業や指導は相対的に減少し，タブレットやパソコンのモニターを通した出題や回答，そして指導が当たり前になってきた。

以前ならば，広く社会的に，教育の専門家や教師への期待は高いことも多かったが，現在では，塾の果たす役割が増大し，オンライン学習などインターネットを経由した学習の機会も増えた。教育アプリはゲーム性もあり，子どものニーズに訴求するようにうまく作られているものもある。インターネットを検索すれば，やり方次第で最新の教育データや研究論文の原典にもアクセスすることが可能である。教師や学校，あるいは専門家が，子どもの教育にかかわる重要な知識や理論を占有する時代は過ぎ，教師や学校が社会において果たす役割に変化が求められていることは明らかである。

このような激しい変化の時代に，大学や専門的な教育の場で，「教育に関する心理学（教育心理学）」を学ぶことの意味は，どこにあるのだろうか。

「教育心理学」のアップデート

考えられる回答の前提として明確なことは，「教育心理学」の知識や理論が，激変する時代のニーズに合ったもの，現代の子どもたちの学校生活や教育に資するものでなければならない，ということであろう。とかく大学で学ぶ授業の内容は，時代に合わない一昔前のものであると捉えられがちである。教育心理学であれば，ひとりの教師が教壇に立ち，1 クラス 40 人の児童生徒の前で一斉講義を行い，子どもは話を聞き，挙手をし，けんめいにノートをとる，といった教育・指導観が，その知識や理論のベースにあると思われがちかもしれない。しかし，そのような従来の一斉授業型の指導は，今日大きく変わりつつあり，子どもそれぞれのもつ主体性や個性を十分に尊重した学びや育ちの支援が学校の中心的な役割となりつつある。

わが国の教育施策の方向性も，新たな時代に向かいつつある。2021（令和3）年度の中央教育審議会（中教審）教育課程部会答申『令和の日本型学校教育の構築を目指して――全ての子供たちの可能性を引き出す，個別最適な学びと，協働的な学びの実現（答申）』（文部科学省ウェブサイトにて閲覧可能）で示されているように，Society 5.0 といわれる，IoT やデジタル革新による社会の激変やコロナ禍などを背景とする，先行き不透明で予測困難な時代の到来において，学校教育の担うべき役割は，唯一絶対の正解や解き方を教えることではなく，多様な文脈や背景で課題を捉え，さまざまな角度から柔軟かつ創造的に回答にたどりつく力を育てることであり，それこそが次の社会に求められる能力であると考えられている。一斉授業型による受け身の学びではなく，個にあった最適な形で，他者とのコラボレーションのもと，創造的・創発的な学びを実現することが求められるのである。

このような新しい時代の学びを現実のものにするためには，これまで以上に心理学・教育心理学のエビデンスにもとづく理論や知識が重要となることは明らかであろう。生成 AI によるデジタル革新や，地政学的なリスク，そして格差の拡大や持続可能な社会の実現といった，これまでに経験したことのない変化や課題のなかで，さまざまな要因を組み合わせてその状況やダイナミックスに合致した最適解を求めることが必須となる現代社会では，より深く，また柔軟で多面的な学力・能力，そして姿勢・態度の育成が学校に求められるといえるだろう。本書で扱う学校および教育にかかわる心理学の基礎，そしてその実践的な多様性は，これらの社会的ニーズに応えうるものである。

本書の目的と構成

本書は，教育心理学を学ぶうえで欠かせない，ベーシックでゆるぎのない基礎知識や理論について解説・議論している。最近の教育心理学諸領域の概観やその発展についても，紙面の許す限りで最大限ふれている。さらに，教育心理学を中心としつつも，心理学研究一般のさまざまな領域における基礎知識・理論についても紹介しており，こうした視野の広さが本書の特徴のひとつである。公認心理師対応の「心理学概論」あるいは「臨床心理学概論」のテキストとしても有用なものとなっている。

本書は 3 部構成，17 の章から構成されている。第Ⅰ部では，教育心理学を学ぶうえで基本として理解しておきたい，心理学の基本的かつ核となる概念と理論，専門知識について概説する。認知・社会性の発達，パーソナリティの形成，教室における学びの理論，そして心理統計学について，教育にかかわる心理学を学ぶうえで基盤的な知識を提供する 5 つの章から構成される。

次の第Ⅱ部では，人の学びと育ちにかかわる，より幅広く実践的な領域を概観する。児童生徒の心理社会的発達，学習の動機づけ，学校の人間関係と社会性，対人コミュニケーション，そしてキャリア発達や多文化共生，また教育評価という 7 つの章から構成される。いずれも学校教育を取り巻く普遍的かつ中核的なテーマであるとともに，今日社会的にもより重要性を増しているキャリア発達や多文化共生についても 2 つの章を設けて議論し，学校内における，そして社会にもつながる，学び・育ち・人間関係にまつわる心理学の基盤的な理解を目指している。

最後の第Ⅲ部は，学校教育を取り巻く広義の臨床心理学的理解や，心理支援・教育の理論と方法について論じる。心理アセスメント，心理支援の方法，不登校やうつ病などの心理的問題，非行やいじめなどの反社会性にかかわる問題，そして発達障害などの子どもの特性に関する話題，また学校における心理危機と支援について，6つの章を通じて概説する。現代では，子どもの心理や発達にかかわる問題は社会の変化をも反映してより多様化しており，学校で生じる子どもの心理的・社会的問題もさらに複雑多岐にわたっている。そこでは，教育心理学や臨床心理学にもとづく子どもの理解や支援，そして教師や学校への支援の視点が欠かせない。

さらに本書では，各章に「トピックス」を配置し，未来の教育のためのホットな心理学的話題について読みやすいかたちで論じている。コロナ禍による発達への影響や，マルチタスク，ジェンダーの多様性，そして社会的養護の考え方など，今日ニュースなどでもしばしば取り上げられる社会的に注目の話題について，心理学の視点から理論やデータにもとづいたコンパクトかつ明瞭な議論が示されている。現代社会への理解に欠かせない，またこれからの教育にかかわる重要なトピックについて，科学的で確かな議論を学ぶ機会となるだろう。

本書の使い方と役割

本書は，名古屋大学大学院教育発達科学研究科の教員を中心に，各教員の専門性を活かし，発達，社会，パーソナリティ，計量，学校，発達臨床，心理支援などの幅広い領域における心理学の確かな知識を整理・構成し，学部生の専門科目の入門レベルとして編まれたものである。本書はまず第一に，将来学校教育に携わる専門職に就く学生，なかでも教職課程履修者のためのテキストあるいは参考書として最適であるといえる。変化しつつある今日の学校や教育の状況に対応した，エッセンシャルかつ新たな動向をふまえた理論と実践について，体系的に知識を得ることができる。

第二に，教育分野を中心としつつ，幅広い諸領域を視野に入れながら，心理学の専門基礎課程において学ぶための入門書として有効である。本書は発達，学習，社会，パーソナリティ，臨床といった主要な心理学領域の基礎・エッセンスをカバーし，わかりやすく論じている。公認心理師科目「心理学概論」および「臨床心理学概論」のためのテキストとして，資格に関心をもつ方の学習にも役立つものである。

第三には，心理学を再度学びたい，あるいは大学時代には心理学の専門科目を学んだ経験のない社会人，あるいは以前心理学の一端にはふれたものの，その後長く学問にふれていない，学校や教育にかかわる教員や専門家の方にとっても，改めて教育心理学・心理学のエッセンスを確認し，最新の基本的知識へとアップデートすることに適した内容だといえる。いわゆる「学び直し」，「リスキリング」が重要視される今日，本書の内容はそうした学びのために役立つものだと確信している。

未来の教育のための心理学

現在の小中高生が大人になる5年後，10年後，社会はどのようなかたちになっているのだろうか。イノベーションやグローバル化が急速に進行するVUCA（変動をはらみ不確実な，複雑性・曖昧性のある社会）ともいわれる社会情勢のなか，現在と同一のキャリアイメージや家族形態，個人や社会のライフコースのあり方がそのまま維持されることはまずありえないだろう。そうしたなかで「未来」をつくる子どもたちへの教育という営為が消え去ることはなく，不確実な未来だからこそ，子どもや若者への教育の価値はより重要度を増しているともいえる。

望む未来を創造するには，いま持てる知識や技術を動員し，高い倫理観や価値観のもと，未来に向けて投資をするほかはない。未来を担う人々が十分にその能力を発揮し，学び育つことができる環境を教育を通じてつくりだすことは，現代を生きる私たちに課された責務であり，最も価値ある営為のひとつであろう。とかく技術や経済といった目に見える指標に左右されやすい昨今の大学・教育事情ではあるが，100年単位で未来を見据え，確かな知識・見識をもった教育を実現するために，本書が心理学の観点からいくばくかの貢献をなすことができれば望外の喜びである。　（中谷素之・平石賢二・高井次郎）

第Ⅰ部

教育の心理学的基盤

第1章
認知・社会性の発達

発達（development）は，生涯発達の視点からは，広く「受精から死に至るまでの心身の系統的な変化」と捉えられるものである。本章では，生涯発達のプロセスの中でも，主として子どもの時期（乳児期・幼児期・児童期）の心の成長に着目する。発達時期については，発達心理学における一般的な年齢区分にそって，乳児期を0〜1歳半の時期（うち，新生児期は誕生〜生後28日未満），幼児期を1歳半〜就学前の時期，児童期を小学生の時期として記述する。本章ではまず，認知とは何かをおさえたうえで，発達心理学の発展に大きな影響を与えたピアジェの認知発達理論を素描する。そして，「心」に関する認知や道徳性を取り上げ，認知発達の視点から社会性の発達を概観したうえで，子どもの発達をふまえた教育・支援について考える。

1　認知の発達

1）認知とは

認知とは，学習，記憶，知覚，推論，問題解決など，私たちが環境について情報を得ることを可能にする一連のプロセスである（ゴスワミ［2003］)。人間は日々の生活の中で，環境に働きかけ，自らのニーズや欲求を満たしている。環境に適切に働きかけ操るためには，その環境を認知すること，すなわちその環境を知り，理解することが必要となる。なお，ここでいう環境には，物理的環境だけでなく，周囲の人々などの社会的環境も含まれる。

たとえば私たちは，テレビの電源を入れたいときに，リモコンを探す。リモコンを正確に探し出すためには，その置き場所を学習していることと，記憶していることが必要である。もし，いつもの置き場所にリモコンが見当たらなかった場合，冷蔵庫や電子レンジの中など，部屋中を手当たり次第に探すことは効率的ではない。通常は，ソファの下や隙間など，リモコンが隠れている可能性の高い場所を推測しながら，また同居者がいる場合には，その人がどこに置きそうか，他者の行動についても推測しながら，テレビをつけるという目標に近づいていく。このように，何気ない日常の行動ひとつをとっても，私たちが普段いかに「心」を活発に働かせているかがわかるだろう。

活発な認知活動を行っているのは大人だけではない。認知発達研究の積み重ねによって，幼い子どもたちがどのように「心」を働かせて周囲の環境とかかわっているか明らかにされつつある（ゴスワミ［2003］）。たとえば新生児は，胎内で聞いていた母親の声を記憶・学習しており，生後間もなくから母親の声と他の女性の声を区別することができる。また，台の上に箱があり，それがはみ出しているとき，箱が落ちないでいるためにはどのくらい台と箱が接触している必要があるかというような物理的な事柄に関する因果推論も，生後 6 か月以降に可能になる。さらに，幼児期に言葉を獲得すると，「どうしてシャボン玉はゆっくり飛ぶの？」，「どうしてパパはぼくより背が高いの？」，「あの人は，どうして笑っているの？」，「どうしてあの子は悪いことしてもごめんなさいって言わないの？」といった質問を頻繁に行うようになる。このような因果に関する情報を集めようとする傾向にも支えられながら，子どもは自らの物理的・社会的環境についての理解を深めていく。

2 ）ピアジェの認知発達理論

スイスの心理学者ピアジェは，人間は環境との相互作用を通じて主体的に新たな認識を獲得していく存在であると考えた。ピアジェは，子どもの思考の質的な発達的変化に着目し，認知発達を 4 つの段階に区分した（ピアジェ［1972］）。ピアジェの認知発達理論における主要な概念は，認識の枠組みとしての「シェマ（schema）」，生体と環境との相互作用のプロセスとしての「適応」，そして，行為が内化されたものとしての「操作」である。子どもは，外界から既存のシェマに情報を取り入れる「同化」と，既存のシェマで対応できない場合にシェマそのものを変更する「調節」を繰り返し，同化と調節のバランスをとりながら，ある認識を次の段階の認識へと発達させていく（均衡化)。いったん新たなシェマを獲得すると，認識はそれまでとは質的に異なるものとなる。

「感覚運動期（誕生～2 歳頃まで)」の認知は，外的な行為にもとづいている。知覚と行為の間にイメージや言葉は介在せず，感覚や運動を通して外界を認識し，対象に直接働きかけていく時期である。感覚運動期は，さらに 6 つの下位段階に区分される。第一段階の「反射（0～1 か月)」では，吸啜反射などの単純な反射によって刺激に応答する。第二段階の「第一次循環反応（～3 か月)」では，指しゃぶりなど，自分自身の身体部位に向けた，偶然生じた興味のある現象を繰り返す。そのような活動のプロセスで，乳児は自分自身の身体を発見する。第三段階の「第二次循環反応（～8 か月)」では，ものに偶然手があたってものが動くと，運動の偶然の結果に気がついて，その出来事を再び生起させようと運動を繰り返し行うというように，偶発的な対象動作を繰り返す。まだ「対象の永続性」を獲得しておらず，目に見えなくてもものが存在し続けることを理解していないため，目に見える対象や部分的に隠された対象を探すことはあっても，完全に隠された対象を探し出すことは難しい。第四段階の「二次的シェマの協応による目的と手段の分化（～1 歳)」では，欲しいものを手に入れるために妨害物を取り除くなど，目的の手段として行為を構成できるようになる。おもちゃが布で覆われたときも，布の下から探し出すことが可能になる。しかし，場所 A に隠された対象を探し出した後に，同じ対象が目の前で別の場所 B に隠されるのを見ても，最初の場所 A を探してしまうという誤り（A not B エラー）を示す。第五段階の「第三次循環反応（～1 歳半)」では，ものを落とすなどの同じ行為でも，少しずつやり方を変化させてその結果を見る能動的実験を行う。対象が場所 A から場所 B に移動したときに，場所 B を探さなくてはならないことがわかるが，それは対象の移動の軌跡が目に見えるときに限られる。第六段階の「行為シェマの内化と表象の成立（～2 歳)」では，表象の能力が出現し，感覚や運動のような手がかりがなくても，対象を心に描くことができるようになってくる。目的と手段の関係が内化されることによって，試行錯誤しなくても洞察によって新しい手段を見つけることができる。

「前操作期（2〜7歳）」には，イメージ，言葉などによって外界を心の中に思い浮かべることができ，対象を別のもので表す「象徴機能」が成立する。「操作」はまだ獲得していない。前操作期の思考の特徴に，自己の視点と他者の視点を区別して物事を捉えることが難しい「自己中心性」がある。前操作期は，2つの下位段階に区分される。「前概念的思考段階（2〜4歳）」には，象徴遊び（例：バナナを電話に見立てる遊び）や，ごっこ遊び（例：家族ごっこ）など，「今・ここ」という現実を超えて対象を表現しようとする行為が見られる。「直観的思考段階（4〜7歳）」には，ある程度の概念的思考が可能になるが，知覚的に目立つ属性に影響されやすい（中心化）という限界をもつ。ものの見かけ（高さ，長さなど）が変わってもある属性（量，数など）が変化しないことの理解が難しく，たとえば，「液量の保存課題」では，同じ形のカップAおよびBの中に同じ量の水が入れられたのを見た後に，カップBの水を，幅の異なるカップCに注いで水面の高さが変わったとき，水面が高い方が水の量が多いと考える。

「具体的操作期（7〜11，12歳）」には，直接見たり触ったりできるような具体的な対象について「操作」が行えるようになり，脱中心化して，複数の視点から思考できるようにもなる。また，知覚的に目立つ属性に影響されることなく，内在的な論理的関係に着目して，ものの見かけが変わっても，属性が変化しないことがわかるようになる（保存概念の獲得）。

「形式的操作期（11，12歳〜）」には，現実の具体的な対象について論理的思考が行えるだけでなく，抽象的なレベルでの論理的思考が成立する。事実と異なる可能性についての思考や，仮説にもとづいて結論を導く仮説演繹的思考が可能になる。具体的な対象を離れて対象間の関係を扱うことができるため，計量的な比例概念も出現する。

これら4つの段階の出現順序は一定であり，次の段階への移行には，前の段階の行動型や認識の獲得が不可欠であるとされている。認知発達に関するピアジェの理論的枠組みは，現在も発達心理学の分野で広く普及しているが，同時にその限界も指摘されている。ピアジェは，認知発達には領域一般性があると考え，ある段階にいる子どもは，どの領域の課題にも同じ段階のレベルで対応するとした。しかし，その後の研究から，同じ比例概念であっても，天秤，確率などの領域によって理解できる時期が異なるなど，発達の領域固有性を示唆する知見が示されている。また，ピアジェの理論は，子どもの能力を過小評価しているという指摘もある。近年の研究からは，乳児は早くも生後3，4か月頃に「対象の永続性」を獲得するとの知見も示されている。

2　「心」の理解の発達

「あの人は，どうして泣いているのだろう」，「自分はミカンが好きだけど，あの人は酸味が苦手だから，ミカンをあげても喜ばないかもしれない」というように，人間は，他者の行動を理解したり予測したりするために，絶えず他者の心的状態を推測している。大人にとっては，自分の「心」と他者の「心」が同じではないことは自明のことにように思われる。しかし，発達初期の子どもは，自他の「心」を明確に区別しておらず，しばしば自他の好み，自他の知識，自他の信念を混同しているような言動を見せる。自他の「心」が異なることに関する理解は，乳児期・幼児期・児童期を通じて徐々に発達していく。

1）乳児期の「心」の理解の萌芽

「心」について考える能力の萌芽は，乳児期から見られる。生後9か月頃までの乳児にとって，他者と第三の対象（おもちゃなど）に対して同時あるいは交互に注意を向けて認識したり，第三の対象を介して他者とやりとりしたりすることは難しい。それが，生後9，10か月頃になると，他者の視線を読み取って，何に注意を向けているかを捉えられるようになる。この発達にともなって，他者との間に第三の対象を挟んだ三項関係を持つことができる。たとえば，乳児と母親が同じ人形を注視しているとき，乳児は，自分と母親が同じものに注意を向けていることに気づくことができる。また，三項関係の中で，その人形のお腹を押して「キュー」と大きな音が鳴ったとき，驚きなどの感情を母親と共有することも可能になる。このような共同注意が成立すると，他者が，注意を共有している対象についてどのような意味づけをしているか（楽しい，怖いなど）を知ることができる。そのため，共同注意の経験を通して，子どもは同じ対象に対しても，自他が異なる気持ちや考えを抱きうることに気づきはじめる。さらに，生後12か月頃から乳児は，意味の不確かな対象・事象に接したときに，自分と同じ対象・事象に注意を向けている他者の感情的反応を参照することで，自身の振る舞い方を決めることができるようになる（社会的参照。例：ゴミ箱の中に手を入れて遊ぼうとしたときに母親が怖い顔をしたのを見て，手を入れるのをやめる）。

2）幼児期・児童期の「心の理論」の発達

「心の理論（theory of mind）」という用語は，広く「自己及び他者の行動の背後に，直接観察することのできない心的状態（目的・意図・知識・信念・思考・疑念・推測・ふり・好み）を帰属する能力」と定義される（Premack & Woodruff [1978]）。幼児期・児童期には，他者の願望・知識・信念などの「心」に関する理解が飛躍的に発達する。

1歳台前半の子どもは，自他の好み・願望を区別せず，他者も自分と同じものを欲しがると考えているかのような行動を見せるが，2歳頃になると，両者を区別しているような行動が見られる。自他の願望を区別したのち，願望の理解にもとづいて感情を推論できるようになっていく。同じ状況でも個人の願望によって経験する感情が異なること（例：デザートにミカンが出たとき，ミカンが好きで欲しいと思っていた人は喜びを感じるが，ミカンが苦手な人は喜びを感じない）の理解は，3歳から5歳にかけて進む。3歳頃からは，自他の知識が異なりうることの理解も発達し，たとえば，「箱の中を自分だけが見ていて，他者は見ていない」という状況において「他者は箱の中身を知らない」ことがわかるようになる。

就学前の5，6歳頃には，真実とは異なる他者の誤信念（誤って思い込んでいること）について理解するようになる。発達心理学の「心の理論」研究においては，願望や知識の区別より難易度の高い誤信念の理解ができていること，す

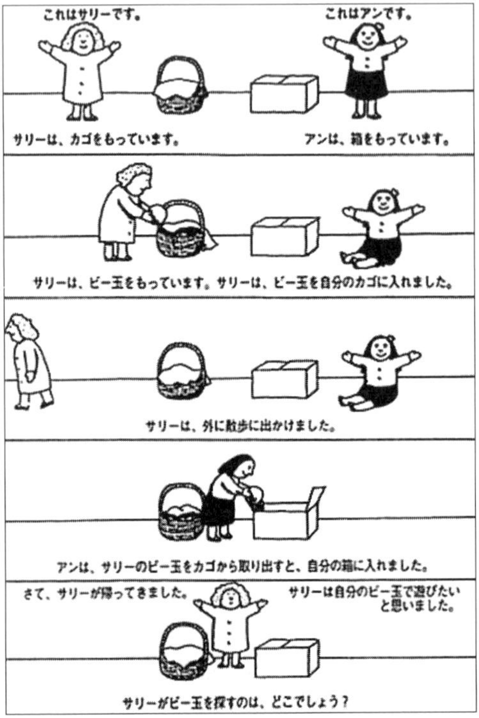

図 1-1　誤信念課題

出所）フリス［2009］。

なわち「自分は知っているが他者は知らない状況において，自分の考えとは異なる他者の誤信念や行動を推測する能力」（Wimmer & Perner［1983］）があることをもって「心の理論」を獲得しているとみなすことが多い。誤信念の理解のリトマス紙的な指標としては，一般的に「一次の誤信念課題（ある人物が，真実 X について誤って Y と思い込んでいることの理解を調べる課題）」が用いられる（図 1-1）。誤信念の理解は 3〜5 歳頃に発達し，個人差や文化差はあるものの，就学前には大半の子どもが誤信念課題の質問に正答する（Wellman et al.［2001］）。さらに児童期中期の 9，10 歳頃には「A さんは「B さんが X だと思っている」と思っている」といった入れ子式の思考を必要とする二次の誤信念課題にも通過するようになる（Perner & Wimmer［1985］）。従来の「心の理論」研究には幼児を対象とするものが多かったが，近年，研究のスコープが拡大し，乳児期や児童期・青年期以降の子どもを対象とした研究も増加している。

「心の理論」の発達が進むと，たとえば，泣いている他者に対して，泣きの原因（おもちゃが壊れて悲しい，慣れない場所に来て怖がっているなど）を推測して，ニーズにあった援助を行うなど，他者の心的状態をふまえた社会的行動をとれるようになる。「心の理論」は豊かな社会生活を営むことを可能にするものであるが，他者の「心」の理解が，必ずしも思いやりのある行動につながるわけではないことには留意したい。他者の「心」を理解しているからこそ，周囲の人々に気づかれにくい形で，より効果的に仲間を傷つけたりいじめたりする可能性もある。「心」を理解する能力の発達と，社会生活でその能力をどのように使用するかは，区別して考える必要があるだろう。

3　道徳性の発達

子どもは，社会的環境としての周囲の人々とのかかわりの中で，自他の「心」についての理解を深め，社会において適切とされる態度や行動を獲得していく。社会生活を送るうえで，行為の善悪や，社会や遊びのきまりを理解することは不可欠である。保育や教育の現場においても，道徳性の発達は重要視されている。2017（平成 29）年告示版の『幼稚園教育要領』『保育所保育指針』『幼保連携型認定こども園教育・保育要領』には，幼児期の終わりまでに育ってほしい姿のひとつとして，「道徳性・規範意識の芽生え」について，「友達と様々な体験を重ねる中で，してよいことや悪いことが分かり，自分の行動を振り返ったり，友達の気持ちを共感したりし，相手の立場に立って行動するようになる。また，きまりを守る必要性が分かり，自分の気持ちを調整し，友達と折り合いを付けながら，きまりをつくったり，守ったりするようになる」と示されている。同年告示版の『小学校学習指導要領』および『中学校学習指導要領』では，道徳の時間は「特別の教科　道徳」として位置づけられ，「自己の生き方を考え，主体的な判断の下に行動し，自立した一人の人間として他者と共によりよく生きるための基盤となる道徳性を養うこと」が道徳教育の目標とされている。また，学校における道徳教育は，子どもの発達段階や発達の個人差を考慮して行う必要があることが明記されている。

1）道徳性の発達理論

ピアジェや，アメリカの心理学者コールバーグは，道徳性の発達を，単に道徳的知識が増えるということではなく，認知の構造が質的に変化するプロセスとして捉えている。ピアジェは，マーブル・ゲームという遊びの規則を幼児・児童がどのように実行するかを分析し，子どもの道徳性は，親や大人に対する一方的尊敬や規則への服従に特徴づけられる他律的な道徳性から，相互的尊敬と協同作業による自律的な道徳性へと発達していくことを示した。また，子どもが実際に示す行動からだけでなく，「正しい」「間違っている」というように行為の善悪を考える道徳的判断からも，道徳性の発達を把捉することができる。ピアジェは，「A さんがコップがあることを知らずに扉を開け，うっかり多くのコップを割る（動機は悪くないが，結果は重大）」，「B さんがこっそりジャムを食べようとして，近くにあったコップをひとつ割る（動機は悪いが，結果は軽微）」といった対の物語を提示して，どちらの方が悪いかやその理由を尋ねることで，子どもの道徳的判断の発達について検討した。その結果，9 歳頃を境に，結果を重視した判断（「割れたコップの数が多い方が悪い」など）から動機を重視した判断（「こっそりジャムを食べようとしてコップを割った方が悪い」など）へと移行することが示された（ピアジェ［1957］）。

自分自身のもつ道徳的な原則（「盗みは悪い」）は，別の立場に立ったときに，道徳的ジレンマを生じさせることがある（「盗みをしなければ大切な人が助からない」）。コールバーグは，ハインツのジレンマ課題（ハインツが病気の妻を救うために高価で手に入らない薬を盗むという例話を提示し，ハインツの行為の善悪とその理由を問う課題）のような道徳推論課題を児童・青年（10〜16 歳）を対象に実施し，善悪の道徳的判断そのものではなく，判断の理由づけをもとに，道徳性の発達段階を実証的に明らかにしようと試みた。コールバーグ（Kohlberg［1969］）によると，道徳性の発達は，結果の望ましさや権威者への従順に特徴づけられる「前慣習的水準（段階 1：罰と従順志向，段階 2：道具的相対主義志向）」から，他者からの期待や規則を重視する「慣習的水準（段階 3：よい子志向，段階 4：法と秩序志向）」，自分自身の価値観によって判断する「慣習以降の水準（段階 5：社会的契約と法律尊重，段階 6：普遍的倫理原則への志向）」へと進んでいく。「前慣習的水準」，「慣習的水準」，「慣習以降の水準」は，それぞれ，ピアジェの認知発達理論の「前操作期」，「具体的操作期」，「形式的操作期」におおむね対応している。ハインツのジレンマ課題を用いた日本の研究からは，日本の小学5年生では，段階3のよい子志向（家族，教師，仲間といった周囲の他者との対人関係を重視し，他者に認められる行いがよい行いであるとの判断）に分類される回答が最も多いこと（73.7％）が示されている（山岸［1976］）。コールバーグの理論は日本の小・中学校における道徳教育にも活用され，児童生徒が社会生活で実際に遭遇しそうな道徳的ジレンマ場面を教材として議論を行う授業実践が展開されてきた（荒木［1988］）。

アメリカの心理学者チュリエルは，ピアジェやコールバーグと同様の認知発達の視点に立ちながら，より社会的文脈の役割を重視した領域特殊理論を提唱した（Turiel［1983］）。コールバーグの道徳性の発達段階には，道徳と慣習の両方が含まれており，他律的な道徳から自律的な道徳へと発達する一元的なモデルといえる。領域特殊理論では，社会的領域を，正義や福祉や他者の権利に関する「道徳領域」，対人関係を円滑にし，社会的秩序を維持する「慣習領域」，他者に干渉されず自己決定できる「個人領域」の3つに区別し，領域によって異なる多元的な道徳性の発達プロセスが想定されている。

盗みのような「道徳領域」の行為には，行為自体にその善悪を規定する要素が内在する。道徳的判断の基準は，規則の有無とは無関係で，権威とは独立しており，どの社会集団でも普遍的に適用される一般性をもち，状況依存性がない。道徳的に逸脱した行為は，規則や権威や社会的文脈に関係なく「悪い」と判断されるものである。一方，マナーや校則のような「慣習領域」の行為に関する判断の基準は，規則の有無に随伴し，権威に依存する。また，慣習は特定の集団のみに適用され，状況によって変更しうる。アメリカの研究からは，幼児でも，道徳違反については「規則がなくても悪い」，慣習違反については「規則がなければ悪くない」と判断するなど，「道徳領域」と「慣習領域」を区別できることが示されている（Smetana［1985］）。日本の児童を対象とした研究からは，道徳違反では「（規則を知らない）転入生・外国の子でも悪い」との判断が学年にともなって増加し，慣習違反では「転入生・外国の子であれば悪くない」との判断がどの学年でも強いことなどが示され，児童期を通じて，異なる領域概念の区別が徐々に明確になっていくことが示唆されている（首藤・二宮［2003］）。

◆トピックス

コロナ禍における発達

2019年12月に中国で初めての感染者が報告されてから，新型コロナウイルス感染症は瞬く間にパンデミックと呼ばれる世界的な流行に至り，2023年現在も世界中の人々の生活に影響を及ぼし続けている。コロナ禍は，生活上のさまざまな制限（学校閉鎖，社会的距離など），家庭の状況の変化，近親者の感染・喪失などを介して，子どもにも多面的な影響を及ぼしていることが報告されている。報告の大部分を占めるのは，抑うつ，不安などの精神的健康への影響である。ロビンソンら（Robinson et al. [2022]）は65の縦断研究のメタ分析（→第4章）を行い，コロナ禍前から2020年3〜4月にかけて，児童・青年と成人の両方で精神的健康に関する症状が0.1 SD（標準偏差→第4章）程度上昇し，その後，低下したことを示している。また，ラシーヌら（Racine et al. [2021]）はコロナ禍中に実施された136の研究のメタ分析にもとづいて，18歳以下の児童・青年における抑うつ・不安症状の有病率がコロナ禍前の2倍程度の水準にのぼったことを報告している。一方，社会性や認知能力の発達への影響については実証的知見の報告が少なく，実態が明らかとなっていない。

筆者の研究グループでは，2007年よりある市内の全ての保育所・小中学校の児童生徒を対象として大規模な縦断研究を継続実施している。図に同研究の主要な変数の過去10年間の経時的推移を示した。コロナ禍の影響を検証するため，2020年の前後で区間を分けたピースワイズ成長曲線により軌跡を推定した。いずれの変数についても，効果量は小さいが，コロナ禍の影響が垣間見える。①学業成績については，コロナ前よりもコロナ発生後に水準（切片）がわずかに上昇しており，傾きには差が見られなかった。コロナ禍にともなう学校や家庭での教育・学習のあり方の変化（遠隔授業，タブレットによる学習など）が学力にはむしろプラスに働いたものと考えられる。②一方，主観的な学業ストレスはコロナ前よりも傾きが正の方向に変化しており，児童生徒が新しい教育・学習のあり方への適応にストレスを感じていることが示唆される。③外在化問題（→第15章）の主要指標である攻撃性も学業ストレスと類似した推移を示しており，学業ストレスが攻撃性につながっている可能性もある。④友人関係上の問題は，2020年時点でいったん上昇が見られたが，その後，コロナ前の軌跡の延長線上に回帰している。緊急事態宣言や一斉休校による友人関係への影響は一時的なものであったと考えられる。⑤それに対し，向社会的行動は，コロナ禍に入って傾きが負の方向に転じており，影響が持続していることが示唆される。2020年時点ほどの制限はなくなったものの，それ以降も依然として他者との社会的距離の保持を求められていることが，援助行動の減少につながっていると推察される。⑥抑うつは，コロナ発生以降，水準，傾きがともに上昇し

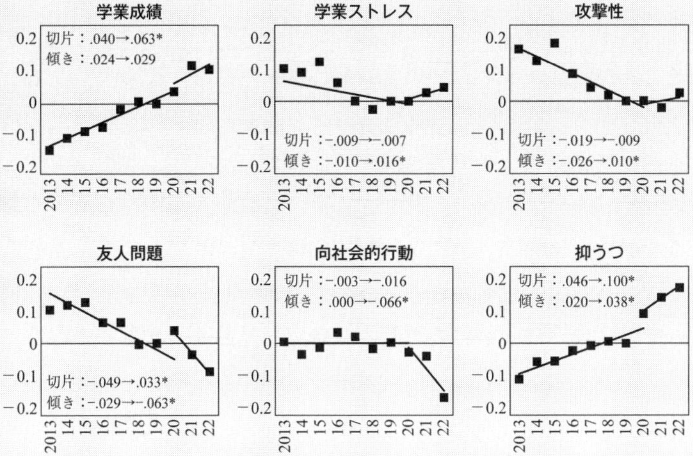

図　各変数の平均値の経時的推移と軌跡の推定

注）図中の■は観測値，直線はモデルによる予測値を表す。第 1 区間（2013〜19 年度）と第 2 区間（2020〜22 年度）のそれぞれで切片と一次の傾きを推定した。切片はいずれも 2020 年度に設定した。区間の間で有意差が見られた切片・傾きに * を付した。各変数は 2019 年度における平均値と標準偏差にもとづいてあらかじめ標準化した。

ている。水準の上昇は海外における先行研究の知見と整合的であるが，傾きの上昇はロビンソンらのメタ分析の知見と反しており，わが国の特殊な状況を反映している可能性がある。傾きの悪化が見られた学業ストレス，攻撃性，向社会的行動，抑うつについては，緊急事態宣言や一斉休校などの一過性の要因ではなく，長期化するコロナ禍のさまざまな慢性的要因が影響をもたらしているものと考えられ，今後，要因の分析と対策が求められる（→第 7 章）。（伊藤大幸）

引用文献

Racine, N., B. A. McArthur, J. E. Cooke, R. Eirich, J. Zhu & S. Madigan［2021］Global Prevalence of Depressive and Anxiety Symptoms in Children and Adolescents during COVID-19: A Meta-analysis, *JAMA Pediatrics*, 175 (11), 1142–1150.

Robinson, E., A. R. Sutin, M. Daly & A. Jones［2022］A Systematic Review and Meta-analysis of Longitudinal Cohort Studies Comparing Mental Health Before Versus During the COVID-19 Pandemic in 2020, *Journal of Affective Disorders*, 296, 567–576.

2）道徳性と「心の理論」

かつては道徳性と「心の理論」の発達研究は独立して行われていたが，2000年代以降，両者の関連に注目した研究も進められている。先ほどの「転入生・外国の子であれば悪くない」という判断には，規則を「知らない」という他者の「心」に関する理解が必要となると考えられる。他者の知識状態の理解は幼児期から可能であるが，児童期中期の9，10歳頃までは，知識状態（悪い行為につながる知識をもつ／もたない）を道徳的判断の手がかりとして使うことは難しいようである（Hayashi［2007］）。発達段階や発達の個人差をふまえた道徳教育を考えるうえで，子どもがどのように他者の「心」を考慮しながら道徳的判断を行っているのかについての基礎的な研究知見の蓄積が期待される。

おわりに

中世ヨーロッパでは，乳幼児期を過ぎた子どもは「小さな大人」とみなされ，大人とは異なる存在であることにはまったく注意を向けられてこなかった。しかし，ピアジェ以降の認知発達研究が明らかにしてきたように，子どもには，子どもならではの思考の仕方がある。そして，その思考の質は，発達にともなって段階的に変化していく。目の前にいる子どもがどのように周囲の環境を捉えているのか，現在の姿だけでなく，過去の発達の積み重ねや，未来の発達的展望を含めて理解しようとする視点と姿勢がなければ，その子どもにとって適切な働きかけを考えることは難しいだろう。その意味で，認知・社会性の発達に関する学習は，子どもの教育・支援にかかわる大人たちに大きなヒントを与えてくれるものである。

また，時代性や地域性が，子どもの発達に直接的・間接的に影響を及ぼしていることに目を向けることも重要である。多文化化の進む現代社会においては，大人にも子どもにも，さまざまな文化や価値観を認識・尊重し，自律的に考えながら，他者と協働する力が求められている。一方で，他者との協調性を重視する日本社会では，しばしば多数派からの逸脱が問題とされる。個と集団の両側面から子どもの育ちを支える保育・教育の現場では，子どもの逸脱的行動に対して，「みんな○○しているよ」というような，「みんなと同じ」であることを志向した言葉かけが行われることもある。幼児期・児童期は，自分の「心」とは異なる他者の「心」の理解の発達の過渡期である。幼稚園・保育所のクラスや，学校の教室内には，多様な文化的背景や発達的特徴をもった子どもが共生している。子どもたちは「自分とは異なる他者」の示す逸脱的行動に対峙したさい，その背後にある思いをどのように理解し，どのようにかかわろうとしているのだろうか。家庭・園などの環境要因や「心の理論」などの個人内要因の双方から，「自分とは異なる他者」の理解の発達プロセスを明らかにし，研究知見を他者との協働に向けた実践につなげていくことも，今後の心理学の重要な課題である（→第10章）。　（溝川　藍）

引用文献

荒木紀幸編［1988］『道徳教育はこうすればおもしろい――コールバーグ理論とその実践』北大路書房。

ゴスワミ，U.［2003］『子どもの認知発達』岩男卓実・上淵寿・古池若葉・富山尚子・中島信子訳，新曜社。

首藤敏元・二宮克美［2003］『子どもの道徳的自律の発達』風間書房。

ピアジェ，J.［1957］『ピアジェ臨床心理学Ⅲ　児童の道徳判断の発達』大伴茂訳，同文書院。

ピアジェ，J.［1972］『発生的認識論』滝沢武久訳，白水社。

フリス，U.［2009］『新訂　自閉症の謎を解き明かす』富田真紀・清水康夫・鈴木玲子訳，東京書籍。

山岸明子［1976］「道徳判断の発達」『教育心理学研究』24, 97–106。

Hayashi, H.［2007］Children's Moral Judgments of Commission and Omission Based on Their Understanding of Second-order Mental States, *Japanese Psychological Research*, 49, 261–274.

Kohlberg, L.［1969］Stage and Sequence: The Cognitive-developmental Approach to Socialization, in D. A. Goslin (ed.), *Handbook of Socialization Theory and Research*, Rand McNally, pp. 347–480.

Perner, J. & H. Wimmer［1985］"John Thinks That Mary Thinks That…" Attribution of Second-order Beliefs by 5-to 10-year-old Children, *Journal of Experimental Child Psychology*, 39, 437–471.

Premack, D. & G. Woodruff［1978］Does the Chimpanzee Have a Theory of Mind?, *Behavioral and Brain Sciences*, 1, 515–526.

Smetana, J. G.［1985］Preschool Children's Conceptions of Transgressions: Effects of Varying Moral and Conventional Domain-related Attributes, *Developmental Psychology*, 21, 18–29.

Turiel, E.［1983］*The Development of Social Knowledge: Morality and Convention*, Cambridge University Press.

Wellman, H. M., D. Cross & J. Watson［2001］Meta-analysis of Theory-of-mind Development: The

Truth about False Belief, *Child Development*, 72, 655–684.
Wimmer, H. & J. Perner［1983］Beliefs about Beliefs: Representation and Constraining Function of Wrong Beliefs in Young Children's Understanding of Deception, *Cognition*, 13, 103–128.

第2章

パーソナリティ

人間は一人ひとり異なり，誰ひとりとして他人と同じパーソナリティをもつことはない。このパーソナリティの違いはどのように生じ，人生にどのような影響を与えるのだろうか。自分自身や親密な他者，目の前の生徒などの独自性をよりよく理解するにはどうすればよいだろうか。パーソナリティについてよく知ることができれば，自分自身を適切にコントロールしたり，一人ひとりにふさわしい働きかけをしたりすることができるに違いない。本章では，パーソナリティという概念とその測定方法，発達と変化，私たちの人生に与える影響について順に解説を行い，パーソナリティについて学ぶことの面白さと意義を紹介する。

1　パーソナリティとは何か

1）類型論と特性論

そもそもパーソナリティ（personality）とは何だろうか。ファンダー（Funder [2019]）は，パーソナリティを「個人の思考・感情・行動の特徴的パターン，およびその背後にある顕在的・潜在的メカニズム」と定義している。パーソナリティは「人格」または「性格」と訳されることがあるが，前者は「人格者」のように価値判断を含むこと，後者は特に成人の社会的・道徳的側面の強い特徴を指す“character”の訳語としても用いられる場合があることから，近年では「パーソナリティ」とカタカナで表記されることが多い。また，気質（temperament）は，パーソナリティのうち強い生物学的基盤が想定され，主に感情に関する特徴を指す。

パーソナリティの捉え方には類型論と特性論がある。前者は，一定の観点から典型（タイプ）を複数想定し，どの典型と類似しているかによってパーソナリティを理解する。代表例に，2 世紀の医学者ガレノスによる気質の 4 類型（胆汁質・多血質・憂鬱質・粘液質）があり，たとえば活動的・楽観的・興奮しやすい・怒りっぽいなどの特徴を合わせもつ場合，その人は胆汁質であるとされる。後者は，パーソナリティの要素として量的差異を表すことのできる特性を考え，その高低によってパーソナリティを理解する。たとえば，中学生の学力を英・数・国・理・社の 5 教科の成績で表現する場合，学力を特性論的に理解していることになる。特性論は，複数の特性のプロフィールにより典型を想定することで，単純な類型論的考え方も表現できる（英・国・社の得意な文系タイプと数・理の得意な理系タイプなど）。このような特徴と統計的処理のしやすさから，現代の心理学においては特性論にもとづく研究が主流となっている。

2）パーソナリティ特性とは

特性の定義はさまざまであるものの，ある程度の時間や状況を通じた一貫性を想定している点で共通している。たとえば，1 か月前・現在・1 か月後でおしゃべり好きな程度に関連がなかったり（継時的安定性の低さ），クラスでおしゃべり好きな程度と塾や部活でおしゃべり好きな程度に関連がなかったりするなら（通状況的一貫性の低さ），そもそも「おしゃべり好き」という特性が存在するとは言いがたい。では実際に，人間のパーソナリティには特性と呼べるほどの継時的安定性や通状況的一貫性があるのだろうか。ミシェルは，特に行動の通状況的一貫性が低いこと，パーソナリティ検査の得点と個々の状況における行動との相関が小さいことを示し（相関係数 0.3 程度），パーソナリティ特性という概念の妥当性を疑問視するとともに，行動に与える状況の役割を強調した（ミッシェル［1992］）。これをきっかけに，パーソナリティ特性を擁護する立場と批判する立場の間で激しい論争が繰り広げられた（「人間－状況論争」または「一貫性論争」）。論争の結果，行動の通状況的一貫性は，論争前に想定されたほど高くはないものの，複数の状況での行動を集約した場合（たとえば，

5つの状況でのしゃべる頻度の平均）には，相互の相関やパーソナリティ検査得点との相関が高くなることが明らかになり，パーソナリティ特性という概念の一定の有用性が明らかとなった。

ただし，パーソナリティ特性は，さまざまな状況における感情・思考・行動の平均的傾向を表すことはできても，状況ごとの変化を表すことはできない。そして，教育など応用・実践的場面では，しばしば平均的な傾向よりも特定の状況における行動に関心が向けられる。たとえば，平均すれば控え目でおとなしい生徒も，部活動では攻撃的になる一方，家庭では特におとなしくなるかもしれない。ミシェルの研究グループは，このような状況ごとの行動のプロフィールを行動指紋（behavioral signatures）または if-then プロフィールと呼び，それが継時的に安定した個人差とみなせることを示した。そして，このような状況間の差異は，社会認知的変数（期待や信念，感情，目標など）が状況ごとに異なる活性化のパターンを示すことにより生じると考えた（認知－感情パーソナリティシステム〈CAPS〉）。

状況を通じた平均的傾向と状況ごとの変化の両方の関係を整理したのがフリーソンである（Fleeson［2001］）。フリーソンは，特性と対応する一時的な状態をパーソナリティ状態と呼び（例：「あなたはこの1時間，どれくらいおしゃべり好きでしたか」），パーソナリティ特性は個人内で短時間に変動するパーソナリティ状態の密度分布（→第4章）として表現できると考えた。そして，パーソナリティ状態に大きい個人内分散が見られることと同時に（＝状況ごとの変化），個人内平均値（＝状況を通じた平均的傾向）が高い継時的安定性を示し，パーソナリティ検査の得点とも中程度の相関を示すことを明らかにした。フリーソンは，その後提唱した全体特性理論において，パーソナリティ状態の個人内差とその結果として生じるパーソナリティ特性の個人間差を記述するのみならず，なぜそれらが生じるかを明らかにする必要があり，そのためにはCAPSのような社会認知的アプローチが有用であるとしている。

2　パーソナリティの測定とモデル

1）パーソナリティ研究のデータ

パーソナリティ特性を測定するにはどうすればよいだろうか。パーソナリティ研究のデータは主に行動（Behavior）・生活（Life）・他者報告（Informant）・自己報告（Self）の4つ（BLIS）に分類できる（Funder［2019］）。行動データは，自然観察場面や人工場面での行動の評定を指す。生活データは，SNSへの投稿頻度や通話料，スピード違反の回数など，実生活で生じる記録を指す。他者報告データは他人による，自己報告データは本人による，パーソナリティに関する質問への回答を指す。この他，ロールシャッハ・テストなどの投影法検査や潜在連合テスト（IAT），生理学的指標などもパーソナリティ研究のデータとして用いられる。

行動データや生活データは，データ自体は客観的であるものの，行動や生活上の記録はさまざまな状況要因によって生じるため，解釈が困難になりやすい。自己報告データは，自分自身に関する豊富な情報を参照できるものの，社会的に望ましく回答しようとするなどの意識的・無意識的なバイアスを受けやすい。他者報告データは，特に複数の他者から得た場合には自己報告データより高い信頼性が得られ，自己報告のような回答のバイアスを受けないものの，本人の内面的情報にアクセスできず，ハロー効果（ある特性で望ましい人を別の特性でも望ましいと評価する傾向）などのバイアスを受けやすい。4種類のデータは相互に相関するもののどれも不完全であるため，できる限り複数の種類のデータを用いる必要がある（測定について→第11章・第12章）。

2）パーソナリティ全体の記述と語彙アプローチ

あるひとつの特性を測定したいなら，その特性について信頼性・妥当性を備えた質問紙検査を用いて自己報告データを得ることが最も簡便である。しかし，「あの人はどんなパーソナリティですか」と聞かれたら，言い換えれば，個人のパーソナリティ全体を記述するためには，どのような特性をいくつ測定すればよいだろうか。研究者が恣意的に重要だと思う特性を選べば，パーソナリティのある側面のみが過剰に強調されてしまうか（学力の例であれば「英・数・国・理・日本史・世界史・地理」），重要な側面が抜け落ちてしまう可能性がある（「英・数・国・理」）。

この問題を解決する有力な手法が語彙アプローチである。語彙アプローチは，「重要なパーソナリティは，重要であるがゆえに，特性を表すひとつの語彙（特性語）として日常的に用いられているだろう」という仮定（語彙仮説）のもと，辞書から全ての特性語を抽出することで網羅的なパーソナリティ特性のセットを得る。そして，データを用いて，相関の高い特性語をひとまとめにする因子分析（→第4章）を行うことで，パーソナリティを表現する少数の因子を明らかにしようとする。この語彙アプローチにもとづく研究を世界各国で行った結果，一貫して5つの因子が得られ，その内容も各国で類似していることが明らかになった。この5つの因子によりパーソナリティ全体を記述するのがビッグ・ファイブ（Big Five）と呼ばれるパーソナリティ・モデルである。各因子（ドメイン）の名称にはいくつかのバリエーションがあるが，コスタとマックレー（Costa & McCrae［1992］）にもとづけば，外向性（例：社交的，陽気な，活動的な），神経症傾向（例：心配性，憂鬱な，動揺しやすい），経験への開放性（例：好奇心が強い，美的感覚の鋭い，独創的な），調和性（例：温和な，親切な，良心的な），勤勉性（または誠実性。例：勤勉な，計画性のある，几帳面な）の5つである。

ビッグ・ファイブは，現代におけるパーソナリティ測定のデファクト・スタンダード（事実上の標準）とも呼べるモデルであるが，いくつかの批判もある。1点目として，英語圏以外のより多様な国において，ビッグ・ファイブの研究が進んだ1990年代以前よりも精緻な因子分析を行った場合，6因子が得られることが多いため，パーソナリティは5因子ではなく6因子で記述すべきであるとするモデルが提案されている。6因子は，ビッグ・ファイブと類似した5因子に正直さ－謙虚さを加えたものであり，このモデルは各因子名をもとにHEXACOモデルと名づけられている（Lee & Ashton［2004］，図2-1）。

2点目の批判として，ビッグ・ファイブの5因子間にも弱い相関関係が見られることから，これを説明する2つの上位因子，α（または安定性：神経症傾向

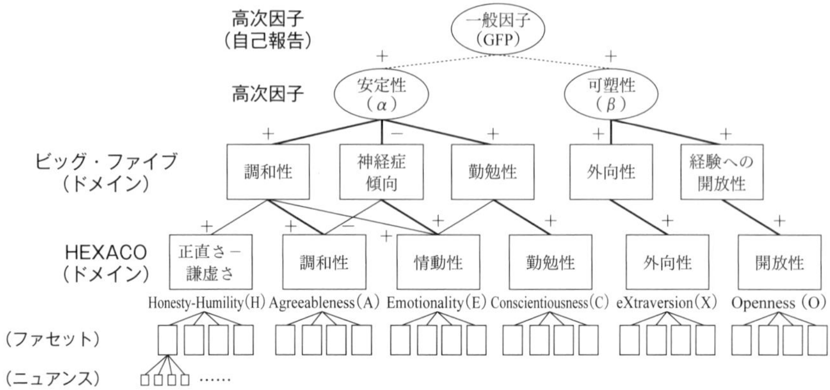

図 2-1　パーソナリティの階層構造

の低さと調和性・勤勉性の高さ）と β（または可塑性：外向性・経験への開放性の高さ）が存在する可能性が指摘されている。α と β を組み合わせた「パーソナリティの一般因子」の存在を主張する研究者もいるが，自己報告・他者報告データを組み合わせて回答のバイアスを排除したデータ（多特性多方法行列）を用いた研究では支持されていない。一方で，そのような研究においても α と β については一定の妥当性が支持されていることから，パーソナリティは，記述の抽象度に応じて，2 因子を頂点とし，5 因子（ドメイン）やその下位尺度（ファセット），さらにはそれを構成する項目（ニュアンス）に至る階層構造をなしていると考えられるようになっている（図 2-1）。

3 点目として，ビッグ・ファイブや HEXACO モデルの前提となっている語彙仮説は真であるとは限らないため，ビッグ・ファイブは実際のパーソナリティを記述しているのではなく，人間がパーソナリティをどのように捉えているのかというパーソナリティ認知を記述しているにすぎないという批判がある。たとえば，動物のパーソナリティの研究においてもビッグ・ファイブと類似した 5 因子が得られることがあるが，その 5 因子は実際の動物のパーソナリティを表しているのではなく，人間による認知を表していると考えることには十分な説得力がある。

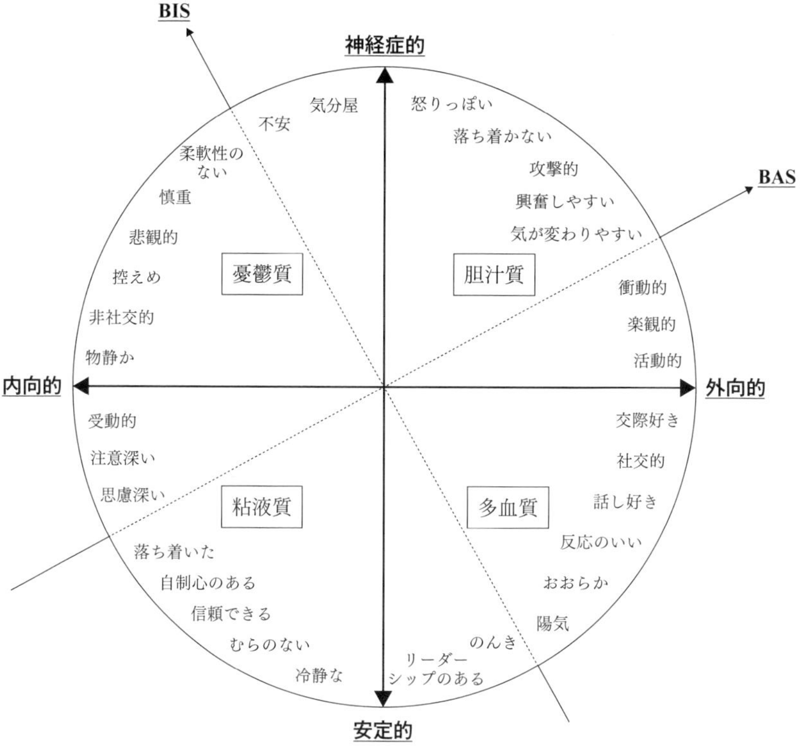

図 2-2　ガレノスの気質類型，アイゼンクの外向性・神経症傾向，グレイの BAS・BIS
出所）Eysenck［1983］をもとに作成。

3）生物学的アプローチ

この3点目の批判に対応するのが，パーソナリティ研究における生物学的アプローチである。生物学的アプローチは，語彙仮説を前提とせず，人間や他の動物に共通する生物学的メカニズムに関する知見を基に，パーソナリティ特性の概念化を行う。代表例として，アイゼンクの PEN モデルがある（Eysenck［1983］，図 2-2）。このモデルは，外向性（Extraversion），神経症傾向（Neuroticism），精神病傾向（Psychoticism）の3つの特性によりパーソナリティを説明する。特に外向性について精緻に生物学的基礎が仮定されており，外向性の個人差は，脳幹で脳内の覚醒水準を調節する上行性網様体賦活系（ARAS）の働きの違いにより生じるとされた。すなわち，内向的な人ではARASの活動が高い水準にあり脳内の覚醒水準が常に高いため，外部の刺激に対する反応性が大きい一方，外向的な人は逆に脳内の覚醒水準が常に低いため，外部の刺激に対する反応性が小さい。この結果，内向的な人は外部の刺激が少ない・弱い状態を好む一方，外向的な人は逆に刺激が多い・強い状態を好むために，内向的・外向的な人の行動上の差異が生じる。この覚醒仮説は，脳波や皮膚電位反応などの生理的指標を用いた研究，カフェイン・アルコールの影響を調べた研究により一定の支持が得られている。

生物学的アプローチのもうひとつの代表例が，グレイの強化感受性理論である（Gray & McNaughton［2000］）。グレイは，動物の学習に関する知見をもとに，行動接近系（Behavioral Approach System : BAS），行動抑制系（Behavioral Inhibition System : BIS），闘争－逃走－凍結系（Fight-Flight-Freeze System : FFFS）という3つの系によりパーソナリティをモデル化した。BASは，報酬刺激により活性化されて報酬への接近行動を生じさせ，人間の衝動的行動の基礎となる。FFFSは，嫌悪刺激により活性化され防御・回避反応や行動の凍結を生じさせ，人間の恐怖反応の基礎となる。BISは，BASとFFFSが同時に活性化したさいに現在の行動を抑制し，人間の不安感情の基礎となる。アイゼンクのモデルと比較すると，BASの強さは外向性と神経症傾向の高さに，BISの強さは外向性の低さと神経症傾向の高さにそれぞれ対応するとされている（図2-2）。グレイは，3つの系それぞれについて脳科学的基盤を提案している（たとえば，BASと腹側被蓋野・側坐核などの報酬系）。また，BAS，BISと類似した接近・回避の動機づけの個人差は，別の生物学的アプローチの代表例であるクロニンジャーの気質・性格の7次元モデルにおいても提案されており，新奇性探究（BASに類似）はドーパミン，損害回避（BISに類似）はセロトニンの代謝の個人差と関連づけられている（Cloninger et al.［1993］）。

パーソナリティの生物学的基礎は主にこれら生物学的アプローチにより研究されてきたが，ビッグ・ファイブが広く用いられるにしたがい，近年ではビッグ・ファイブの5特性の生物学的基礎についても検討が進んでいる（パーソナリティ神経科学）。

3　パーソナリティの発達と変化

1）遺伝と環境

パーソナリティの個人差はどのように生じるのだろうか。生後すぐの新生児にも行動に関する安定した個人差が見られ，乳幼児の気質は成人後のパーソナリティとも相関すること，また親子にはパーソナリティの類似性が見られるといった知見から，パーソナリティにはある程度の遺伝の影響があることが推察される。しかし，新生児の個人差は遺伝ではなく胎内環境の影響により生じるのかもしれないし，親子のパーソナリティが似るのは遺伝子ではなく家庭環境を共有しているからかもしれない。複雑に絡み合う遺伝と環境の影響を解きほぐし，それぞれの影響について調べるにはどうすればよいだろうか。

行動遺伝学と呼ばれる学問領域は，主に双生児や養子などの特殊な対象からデータを得ることで，この問いに取り組む。たとえば，一卵性双生児のきょうだい（遺伝的に同一）と，二卵性双生児のきょうだい（通常のきょうだいと同様に遺伝的多様性の50％のみ共有）を対象にパーソナリティを測定し，一卵性と二卵性できょうだい間の相関係数を比較する。この時，一卵性の方が二卵性よりも相関が高いならば，その違いは一卵性・二卵性の遺伝的類似度の違いに由来すると考えられるため，違いが大きいほどその特性には遺伝の影響があると考えられる。この考え方で推定される，ある特性の個人差が遺伝の影響で説明される程度のことを，その特性の遺伝率という。一方で，もし一卵性と二卵性の相関が同程度に高いならば，その程度に応じて，その特性には家庭環境（正確には，きょうだいが共有する環境という意味で共有環境と言う）の影響があると考えられる。また，もし一卵性のきょうだいにそもそも低い相関しかないならば，その程度に応じて，その特性には個々人に独自の環境（非共有環境）の影響があると考えられる。

この考え方を用いて行われた数多くの研究結果を統合した研究（メタ分析）では，自己報告データで測定されたさまざまなパーソナリティは，発達段階を通じて平均40～50％弱の遺伝率を示し，共有環境の影響をほとんど受けないことが明らかにされている。また，自己報告・他者報告データの両方を用いて

◆トピックス

非認知能力

心理学の歴史の中で，最も多くの社会的なアウトカム（結果）との関連が検討され，かつ安定して有効な影響力を示してきた，代表的な心理学概念は知能ではないだろうか。20世紀初頭に知能検査が開発されて以降，学業成績の高さ，学歴，職業パフォーマンス，収入，心身の健康，そして寿命など，さまざまな社会的アウトカムとの関連が検討され，そして一定の関連が報告されてきた。どのような心理特性であれ，社会的な好ましい結果に影響を示すことが報告される心理特性は「よい心理特性」「望ましい心理特性」だと考えられる傾向がある。

1960年代からアメリカのミシガン州で行われたペリー修学前プロジェクトでは，就学前の子どもたちを2群に分け，特別な教育を施す群と通常の教育を行う群を比較してその効果を検討する試みが行われた。そして，特別な教育を施した子どもたちはその後の数十年にわたる追跡調査の中で，高校卒業率や収入の向上が見られることが報告された。しかしながら，それらの背景要因として必ずしも知能指数の向上が関係しておらず，知能以外の何らかのスキルや能力の向上が，社会的なよりよい状態をもたらしたのではないかと考察された（Heckman［2013］）。

この知能のような認知能力（ここには学力も含まれる）以外の，さまざまな「好ましい」心理学的な特性を総称して，非認知能力や非認知スキル，非認知特性と呼ぶ。また，OECD（Organization for Economic Co-operation and Development：経済協力開発機構）は，これらと同様のまとまりを，社会情動的スキルと呼んでいる。なおこれらを能力と呼ぶか，スキルあるいは特性と呼ぶかについては，明確な区別がついているとは言いがたい。海外では非認知スキル（non-cognitive skills）と呼ぶことが多いのに対し，日本においてはなぜ非認知能力という言葉が好まれるのかについては，検討の余地が残されている。

いずれにしても，ここには3つの条件にあてはまる心理学的特性が含まれる。第一に測定可能であること，第二に何らかの社会的に望ましいアウトカムを予測する研究知見が存在すること，そして第三に教育や環境に働きかけることで変化しうる特性であることである。これらに加えて，知能や学力以外の特性であることを条件とすれば，心理学で研究されているきわめて広汎な心理特性が含まれることが理解されるだろう。なぜなら，心理学の多くの研究の過程のなかで，ある心理学的概念の測定尺度を構成し，現実

回答者のバイアスを統制すると，遺伝率はさらに高くなることも明らかにされている。タークハイマーは，パーソナリティのみならず認知能力や社会的態度を含むあらゆる個人差について一貫してみられる知見を要約し，①全ての人間の行動特性には遺伝の影響がある，②同一家庭に育つことの影響は遺伝子の影

の何らかの結果を予測し，介入効果を検討しているからである。また，たとえ社会的に望ましくない結果を予測する心理学的概念の検討であったとしても，得点の高低を逆転させれば（抑うつ傾向の低さ，対人不安の低さ，サイコパシー傾向の低さなど）社会的に望ましい特性を意味することになる。しかし，このような点についてはあまり考慮されていないようである。非認知能力という言葉は，その適用範囲の広さから「非認知能力」であると理解するとよいだろう。これはスキルでも能力でもなく，上記の条件を満たすさまざまな心理特性を含むものと考えるのが適切である（→第 7 章も参照）。

近年，非認知能力を包括的に捉えるために，広汎なスキルが社会・情動・行動的スキル（social, emotional, and behavioral skills）という名称で整理され，測定する尺度（Behavioral, Emotional, and Social Skills Inventory : BESSI）も開発されている（Soto et al. [2022]）。この枠組みには，自己調整スキル，社会参加スキル，協働スキル，情動的・レジリエンススキル，イノベーションスキルという上位のまとまりの下に 32 の下位側面が設定されており，きわめて広汎な内容が含まれる。また上位のまとまりはそれぞれ，人間のパーソナリティ特性を大きく 5 つの次元から捉えるビッグ・ファイブの各次元（外向性，神経症傾向，経験への開放性，調和性，勤勉性）に対応する。

非認知能力への注目は，心理学的な特性を社会の中で広く応用していく機会をもたらす。さらにこの枠組みは，知能や学力に偏重した保育や教育，家庭に対して（もしもそうなっているのであれば）再考を促すきっかけを与える機会をもたらすものとなるだろう。ただし，実際に応用を試みる中では，数多くの問題が生じると予想される。というのも，これまでの心理学の歴史において非認知能力に相当する心理学的概念は数多く（小塩 [2021]），それぞれの概念は固有の研究の背景をもつ。子どもたちを育成する現場におけるさまざまな方策と研究されている内容とをうまく結びつけ，保育や教育の内容をより望ましい方向へと導いていくことが期待される。（小塩真司）

引用文献

小塩真司編 [2021]『非認知能力——概念・測定と教育の可能性』北大路書房。

Heckman, J. [2013] *Giving Kids a Fair Chance,* MIT Press（古草秀子訳／大竹文雄解説 [2015]『幼児教育の経済学』東洋経済新報社）.

Soto, C. J., C. M. Napolitano, M. N. Sewell, H. J. Yoon & B. W. Roberts [2022] An Integrative Framework for Conceptualizing and Assessing Social, Emotional, and Behavioral Skills: The BESSI, *Journal of Personality and Social Psychology*, 123, 192–222.

響より小さい，③人間の複雑な行動特性の個人差のかなりの部分が遺伝子と家庭の影響では説明できない，の 3 点を「行動遺伝学の三法則」と呼んでいる（Turkheimer [2000]）。この三法則に示されるとおり，行動遺伝学の研究は，遺伝と環境の両方の重要性を明らかにしている点に注意が必要である。遺伝子で全てが決まると考える遺伝決定論が誤りで有害であることに疑問の余地はない。しかし，遺伝の影響などまったく存在せず，親の育て方や学校教育などの力でいかなる人間でも育てることが可能だと考える環境決定論・教育万能論も，口当たりがよいだけで実態を歪曲しているという点では等しく誤りで有害である。

2）順位安定性と平均水準安定性

パーソナリティはどの程度変化するのだろうか。この問いは，パーソナリティの順位安定性と平均水準安定性という2つの問いに大別することができる。前者は，発達に応じて年齢集団内の順位がどの程度変化するかという問いである（例：クラスで一番外向的だったA君は，30年後の同窓会でも一番外向的か？）。後者は，発達に応じて年齢集団の平均がどの程度変化するかという問いである（例：20歳と50歳の人は，平均的にどちらが外向的か？）。パーソナリティは総じていずれの安定性も高いものの，後者に関しては，発達とともに神経症傾向が低くなり，勤勉性・調和性が高くなる傾向があり，成熟の原理と呼ばれている。このような発達的変化が生じる理由としては，一定の発達段階に達して初めて生じる遺伝の影響（遺伝的革新）などの遺伝的プログラムの結果である可能性もあるが，周囲から求められる役割によってパーソナリティが変化する（例：社会人として勤勉であることを求められる結果，勤勉性が高まる）とする社会的投資仮説による説明が有力視されている。このほか，最新の研究は心理療法の前後でパーソナリティ（特に神経症傾向）が変化することや，自分が変えたいと望むパーソナリティ特性を変化させる介入プログラムを受けることで望んだ方向への変化が見られることを明らかにしており，これらも環境の影響の重要性を示している。

4　パーソナリティの影響力

1）パーソナリティを知る意味

パーソナリティを知ることには，どのような意味があるだろうか。パーソナリティ特性が，ある程度個別の状況における行動を予測することは第1節で述べた。「人間－状況論争」を経て発展したその後のパーソナリティ特性研究は，パーソナリティ特性がさらに，寿命や身体的・精神的健康，幸福感，学歴，学力，収入，職務成績，犯罪歴，結婚・離婚のしやすさなど，人生のさまざまな結果を予測することを明らかにしている（Roberts et al.［2007］など）。

一方で，パーソナリティ特性などの個人の特徴は，結果と単純な相関・因果関係をもつのみならず，個人の特徴と合致する環境や働きかけを経験することで初めて結果を生じさせる可能性がある。この個人差と環境の交互作用（→第4章）という考え方は，心理学や周辺領域においてさまざまな名称で研究されている。たとえば，行動遺伝学では「遺伝子環境交互作用」と呼ばれる現象がある。この例として，モノアミン酸化酵素Aという脳内物質の特定の遺伝子型をもつ人では，虐待を経験すると暴力的犯罪傾向が劇的に高まる一方，虐待を経験しない場合にはそうではないことが明らかにされている（Caspi et al.［2002］）。同様に，精神病理学には，特定の素因をもつ個人がストレスを経験した場合に精神病理を発生させるとする「素因ストレスモデル」，産業組織心理学には，個人の能力や興味，ニーズと職務内容や組織のリソースが合致している場合に最もパフォーマンスが発揮されるという「人と環境の適合（P-E fit)」という考え方がある。また，教育心理学には，ある適性をもつ個人がその適性と合致する教授法や学習環境を与えられた場合に最も学習効果が上がるという「適性処遇交互作用」と呼ばれる概念がある。アイゼンクの外向性の覚醒理論の検証のために行われた研究では，覚醒水準の違いにより，外向的な人は相対的に騒音が大きい時に，内向的な人は相対的に騒音が小さい時に課題成績がよいことが示されており，これはパーソナリティ心理学における適性処遇交互作用の一例とみなすことができる。

2）法則定立的アプローチと個性記述的アプローチ

個人差と環境の交互作用という考え方は，突き詰めれば，ひとつの特性にとどまらず一人ひとりの個人の独自性に応じて，最適な働きかけが異なることを意味する。個々人にあわせた最適な働きかけの重要性は教育・臨床場面や日常生活では明白であるが，この理想はどうすれば科学的に追求できるだろうか。

パーソナリティ心理学の研究手法は，法則定立的アプローチと個性記述的アプローチの2つに大別される。前者は，集団全員に共通する普遍的法則の解明を目的とし，主に調査・実験など自然科学に近い方法で得られたデータに対し量的分析を行うことにより仮説検証を行う。後者は，個人の独自性の詳細な理解を目的とし，主にインタビューなどの質的データの分析により，個人のより深い理解や仮説生成を行う。実際の研究では，知見の一般化可能性や必要な労力が相対的に少ないことから，法則定立的アプローチが主流をなしてきた。

しかし，近年，日々の感情や行動の変動などについて一定期間，各個人から稠密なデータを得る研究手法（経験サンプリングなど），およびネットワーク分析などの統計解析手法の発展により，量的データにもとづく新たな個性記述的研究が行われるようになっている。この手法は，通常の法則定立的研究が検討する個人間の相関関係（例：外向的な人ほど幸福感が高いか）ではなく，各個人ごとに得られる個人内の相関関係（例：外向的な時ほど幸福感を感じるか）を検討する。たとえば，ライトらは，パーソナリティ障害の患者約100名を対象に100日間毎日，その日に経験したさまざまな種類のストレスや対人的行動，ポジティブ・ネガティブ感情，自分が機能的だった程度を回答させた（Wright et al.［2019］）。そして，これらの変数間の関連性が，個人ごとに劇的に異なることを明らかにした（例：ある人ではストレスが支配的行動につながり，それがポジティブ感情を生じさせる一方，別の人ではストレスがネガティブ感情を生じさせ，それが支配的行動を抑制する）。このような個性記述－法則定立的（idionomic）アプローチ（Hayes & Hoffman［2021］）は，診断名など同一カテゴリに分類される個人の異質性を明らかにし，働きかけの対象となる過程を個人ごとに示唆する点，そのうえで個人の独自性のみならず一般的メカニズムの解明にも開かれている点で有望である。

おわりに――パーソナリティ研究の広がり

以上，パーソナリティ心理学の大まかな全体像について紹介してきた。ただし，紙面の制約から本章で扱えなかったトピックも多数存在する。第一に，パーソナリティ特性には膨大な数があり（完全主義，リーダーシップ，道徳性……），社会的態度・価値観・宗教性・知能・性指向などパーソナリティ特性としては典型的ではない重要な個人差にもまた膨大な数がある。そして，それぞれに理論やモデル，発達過程，応用可能性に関する研究の蓄積がある。第二に，パーソナリティには，特性のレベル以外に，固有の適応（各人ごとに異なる環境・文脈に応じた目標や発達課題など）や自伝的物語のレベルがある（パーソナリティの三層モデル。McAdams & Pals［2006］）。特性が誰にでも適用可能なものさしであるのに対し，固有の適応や自伝的物語は各人に特有のものであり，これらを抜きにして人間の独自性を理解することはできない。本章をきっかけにより深くパーソナリティについて学びたいと思った方は，日本語文献としてカルドゥッチ［2021］を参照されたい。　（山形伸二）

引用文献

カルドゥッチ，B. J.［2021］『カルドゥッチのパーソナリティ心理学――私たちをユニークにしているものは何か？』渡邊芳之・松田浩平監訳，福村出版。

ミッシェル，W.［1992］『パーソナリティの理論――状況主義的アプローチ』詫摩武俊訳，誠信書房。

Caspi, A, J. McClay, T. Moffitt, J. Mill, J. Martin, I. W. Craig, A. Taylor & R. Poulton［2002］Role of Genotype in the Cycle of Violence in Maltreated Children, *Science*, 297（5582), 851-854.

Cloninger, C. R., D. M. Svrakic & T. R. Przybeck［1993］A Psychobiological Model of Temperament and Character, *Archives of General Psychiatry*, 50(12), 975-990.

Costa, P. T., Jr. & R. R. McCrae［1992］*NEO PI-R Professional Manual*, Psychological Assessment Resources.

Eysenck, H. J.［1983］Psychophysiology and Personality: Extraversion, Neuroticism and Psychoticism, in G. Anthony & J. A. Edwards（eds.), *Physiological Correlates of Human Behaviour, Vol. 3: Individual Differences and Psychopathology*, Academic Press, pp. 13-30.

Fleeson, W.［2001］Toward a Structure- and Process-integrated View of Personality: Traits as Density Distributions of States, *Journal of Personality and Social Psychology*, 80(6), 1011-1027.

Funder, D. C.［2019］*Personality Puzzle,* 8th Edition, W. W. Norton & Company.

Gray, J. A. & N. McNaughton［2000］*The Neuropsychology of Anxiety: An Enquiry into the Functions of the Septo-hippocampal System*, Oxford University Press.

Hayes, S. C. & S. G. Hoffman［2022］"Third-wave" Cognitive and Behavioral Therapies and the Emergence of a Process-based Approach to Intervention in Psychiatry, *World Psychiatry*, 20(3), 363-375.

Lee, K. & M. C. Ashton［2004］Psychometric Properties of the HEXACO Personality Inventory, *Multivariate Behavioral Research*, 39(2), 329-358.

McAdams, D. P. & J. L. Pals［2006］A New Big Five: Fundamental Principles for an Integrative Science of Personality, *American Psychologist*, 61(3), 204–217.

Roberts, B. W., N. R. Kuncel, R. Shiner, A. Caspi & L. R. Goldberg［2007］The Power of Personality: The Comparative Validity of Personality Traits, Socioeconomic Status, and Cognitive Ability for Predicting Important Life Outcomes, *Perspectives on Psychological Sciences*, 2, 313–345.

Wright, A. G. C., K. M. Gates, C. Arizmendi, S. T. Lane, W. C. Woods & E. A. Edershile［2019］Focusing Personality Assessment on the Person: Modeling General, Shared, and Person Specific Processes in Personality and Psychopathology, *Psychological Assessment*, 31(4), 502–515.

Turkheimer, E.［2000］Three Laws of Behavior Genetics and What They Mean, *Current Directions in Psychological Science*, 9(5), 160–164.

第 3 章

教室における学びの基礎

「学び」という言葉からどのような内容が頭に浮かぶだろうか？「望ましい行動がとれるようになること」をイメージした人もいれば，「学校での勉強」を思い浮かべた人もいるかもしれない。あるいは，「新しい環境に適応すること」と捉えた人もいるかもしれない。共通する部分はあるものの，人によって学びの捉え方は異なっていると考えられるが，実は，心理学においても学びの捉え方はひとつではない。本章では，市川［1995］にならい，行動主義・認知主義・状況主義という 3 つの立場から学びがどのように捉えられるのかを紹介し，それぞれの立場からみた学びを理解するうえで必要となる概念や原理について説明する。その後，学びを促進するうえで必要なポイントを示す。

1　行動主義からみた学び

行動主義では，行動に着目した研究が蓄積されてきたが，学習すなわち学びが中心的なテーマとなってきた。この立場における学びとは，「遺伝的な素養を基礎にしつつ，経験によってさまざまなものを獲得していくこと」である。ここでいう「経験」や結果として獲得される「さまざまなもの」をより明確化すると，「ある状況の下で，活動したり，観察したり，聞いたりした結果，同じ状況や似た状況の下で生じる行動の変容」ということになる。「経験」には「活動」「観察」「聞くこと」などの幅広い内容が含まれ，「さまざまなものの獲得」とは「行動の変容」という形で現れることになる。なおここには，動機づけや疲労による一時的な変化や，成熟による変化は含まれない。

このように捉えられる学びは，どのようにして成立するのだろうか？　行動主義では，条件づけ（「連合学習」ともいう）によって成立すると考えるが，この条件づけには，古典的条件づけとオペラント条件づけの2つがある。以下，それぞれについて説明し，行動主義からみた学びを促進するためのポイントを示す。

1）古典的条件づけ

単独ではターゲットとなる反応を引き起こすことのない刺激（中性刺激）と，その反応を引き起こす刺激（無条件刺激）をセットにして呈示する（対呈示）と，最初は，無条件刺激によってその反応が引き起こされる。この時，その反応は「無条件反応」と呼ばれる。しかし，この対呈示を繰り返すと，中性刺激だけで同じ反応が引き起こされるようになる。この時，「古典的条件づけ」が成立しているとみなされ，中性刺激は「条件刺激」，それによって引き起こされた反応は「条件反応」と呼ばれることになる。なお，条件づけが成立した後に，条件刺激単独で呈示することを繰り返すと，次第に条件反応は弱まっていき，最終的には生じなくなる。これを「消去」という。

唾液分泌反応を例にとって説明しよう。ベルの音を呈示しても唾液は分泌されないことから，ベルの音は唾液分泌反応にとって中性刺激である。それに対して，肉粉を与えると唾液が分泌されることから，肉粉は唾液分泌反応にとって無条件刺激である。ベルの音を鳴らして肉粉を呈示するということを繰り返すと，最初は肉粉によって引き起こされていた唾液分泌反応が，ベルの音が鳴っただけで生じるようになる。この時，古典的条件づけが成立し，ベルの音は条件刺激となって条件反応である唾液分泌反応を引き起こしていると捉えられる。この後，ベルの音だけを呈示することを繰り返すと，最初は唾液分泌反応が生じるが，次第に反応は弱まり，いずれ生じなくなる。

2）オペラント条件づけ

環境内に，ある刺激（弁別刺激）が存在している時に，自発的反応を行った結果，反応主体にとって望ましい状態が生じれば，その後，弁別刺激が存在す

表 3-1　強化と罰（弱化）の種類

	正の強化子（好子）	負の強化子（嫌子）
出現（増加）	正の強化（好子出現による強化）	正の罰（嫌子出現による弱化）
消失（減少）	負の罰（好子消失による弱化）	負の強化（嫌子消失による強化）

□ 望ましい変化　□ 望ましくない変化

る状況下でその反応は生じやすくなる。これを「強化」という。一方，反応主体にとって望ましくない状態が生じれば，その反応は生じにくくなる。これを「罰」もしくは「弱化」という。このような反応の変化は「オペラント条件づけ」と呼ばれる。

呈示されるとターゲットとなる反応のその後の出現頻度が高まるような刺激を「正の強化子」もしくは「好子」という。それに対して，呈示されるとターゲットとなる反応のその後の出現頻度が下がる刺激を「負の強化子」もしくは「嫌子」という。表 3-1 にあるように，2 つの強化子の変化の方向（出現／増加するのか，消失／減少するのか）によって，ターゲットとなる反応がその後起こりやすくなるのか，起こりにくくなるのかが決まる。表 3-1 のうち，反応主体にとって望ましい変化にあたるのは，反応前にはなかった正の強化子が反応後に出現する場合と，反応前にはあった負の強化子が反応後に消失する場合である。これらのとき，その後，その反応は増加する。それに対して，反応主体にとって望ましくない変化には，反応前にはなかった負の強化子が反応後に出現する場合と，反応前にはあった正の強化子が反応後に消失する場合が該当する。これらのとき，その後，その反応は減少する。

それぞれにあてはまる例を考えてみよう。まず，正の強化（好子出現による強化）の例としては，見知らぬ人を助けたところ，お礼を述べられた結果，その後，頻繁に見知らぬ人への援助を行うようになったという例が挙げられる。ここでは，「見知らぬ人を助ける」という自発的反応の結果として，「お礼」という正の強化子（好子）が出現したことで，反応前に比べて望ましい状態となったことから，その後その反応が増加したと捉えられる。

正の罰（嫌子出現による弱化）の例としては，授業中におしゃべりをしたところ，担当教員から叱責を受けた結果，その後，その授業ではおしゃべりをしなくなったという例が挙げられる。ここでは，「おしゃべりをする」という自発的反応の結果として，「教員からの叱責」という負の強化子（嫌子）が出現したことで，反応前に比べて望ましくない状態となったことから，その後その反応が減少したと捉えられる。

負の罰（好子消失による弱化）の例としては，「ゲームは1日1時間まで」というルールを破ったところ，その月のお小遣いが減らされた結果，その後，そのルールを破ることが減少したという例が挙げられる。ここでは，「ルールを破る」という自発的反応の結果として，「お小遣い」という正の強化子（好子）が減少したことで，反応前に比べて望ましくない状態となったことから，その後その反応が減少したと捉えられる。

最後に，負の強化（嫌子消失による強化）の例としては，不快な音が鳴っている環境下でヘッドフォンをしたところ，不快な音が消失した結果，その後，同様の環境でヘッドフォンをすることが増加したという例が挙げられる。ここでは，「ヘッドフォンをする」という自発的反応の結果として，「不快な音」という負の強化子（嫌子）が消失したことで，反応前に比べて望ましい状態となったことから，その後その反応が増加したと捉えられる。

3）観察学習

行動の変化は，刺激に直接接したり，強化子を与えられたりすることがなくても，他者が刺激に接したり，強化子を与えられているのを観察することでも成立する。この現象は「観察学習」や「モデリング」あるいは「社会的学習」と呼ばれる。バンデューラとミッシェル（Bandura & Mischel [1965]）は，観察対象であるモデルが攻撃的行動をとった後の結果，すなわち代理強化が観察者のその後の行動の獲得および実行に及ぼす影響を検討した。モデルの観察後に，自発的な攻撃的行動を比較したところ，モデルが負の強化子を与えられている条件では攻撃的行動が他の条件に比較して少なかった。それに対して，観察した行動をとるよう促したところ，いずれの条件でも行動を再現することができた。これにより，代理強化の内容にかかわらず行動は獲得されるが，自発的に実行するかどうかに代理強化の内容が影響することが明らかとなった。

4）行動主義からみた学びを促すには

本節でみてきた行動主義からみた学び，すなわち，行動の変容を促すにはどうしたらよいだろうか？　接近の原理，効果の原理，練習の原理の3つの原理をふまえることで，行動主義からみた学びを促進するためのヒントが得られるだろう。

ひとつ目の「接近の原理」とは，時間的に近接しているほど学びが生じやすいことをいう。古典的条件づけは，中性刺激が呈示されてから無条件刺激が呈示されるまでの時間間隔が短いほど生じやすい。また，オペラント条件づけは，自発的反応と強化子の時間間隔が短いほど成立しやすい。人間は言語を用いることで時間間隔を橋渡しすることができるため，例外はあるものの，この原理をふまえると，ターゲットとなる反応の直後に強化子を与えたり，取り除いたりすることが学びを促すといえる。

2つ目の「効果の原理」とは，満足をもたらす反応は反復され，不満足をもたらす反応は除去されることをいい，「結果の知識の原理」とも呼ばれる。上述のようにオペラント条件づけでは，自発的反応によって主体にとって望ましい方向に変化が生じた場合にはその反応はその後生じやすくなり，望ましくない方向に変化が生じた場合には生じにくくなる。この原理をふまえると，自発的反応によってどのような結果が得られるかが明確ではない時には学びは生じにくくなり，得られた結果についての情報が詳細であるほど，生じやすくなる。また，上述の接近の原理とも関連して，結果の知識が反応後すぐに与えられた時に学びは生じやすくなる。以上より，ターゲットとなる反応のすぐ後に，詳細な情報をフィードバックすることが学びを促進するといえる。

3つ目の「練習の原理」とは，練習を繰り返すことによって学びが成立することをいう。古典的条件づけは，中性刺激と無条件刺激の対呈示が繰り返されることによって成立した。オペラント条件づけは，自発的反応の後に強化子が繰り返し与えられることによって成立した。いずれも，繰り返しがその成立には必要ということである。なお，上述の効果の原理と関連して，ただ繰り返すだけではなく，結果の知識が与えられる状況で繰り返すことが必要である。以上より，ターゲットとなる反応に対して，フィードバックを与えられながら繰り返していくことが学びを促進するといえる。

2　認知主義からみた学び

認知主義では，人間を情報処理体と捉え，いわゆる「頭の中」で情報がどのように処理されるのかが検討されてきた。この立場における学びとは，「知識構造を構築あるいは変化させること」である。行動主義では，行動という直接観察可能な側面における変化が扱われていたのに対して，認知主義では，直接観察できない側面に焦点があてられることになる。また，「学び」という言葉から「学校での勉強」が連想される人は少なくないと考えられるが，その内容と最も関連するのが認知主義からみた学びといえる。

このように捉えられる学びは，どのようにして成立するのだろうか？　知識構造を構築あるいは変化させるためには，情報を長期的に蓄える必要がある。情報を蓄えることは「記憶」と言い換えることができるが，以下，記憶に関する3つのモデルを紹介し，長期的に蓄えられる情報の区分，そして意味記憶の構造について説明する。その後，認知主義からみた学びを促進するためのポイントを示す。

1）二重貯蔵モデル

アトキンソンとシフリン（Atkinson & Shiffrin［1971］）は，二重貯蔵モデルによって人の記憶を捉えている（図3-1）。このモデルで重要なのは，情報を蓄えておく貯蔵庫がひとつではなく，「短期貯蔵庫」と「長期貯蔵庫」という2つの貯蔵庫に分かれている点である。この2つの貯蔵庫は，まず，情報を保持できる時間が異なっている。具体的には，短期貯蔵庫では頭の中で情報を声にして繰り返すこと，すなわちリハーサル（復唱）をやめてしまうと，15〜30秒程度しか保持されないのに対して，長期貯蔵庫ではリハーサルをしていなくても

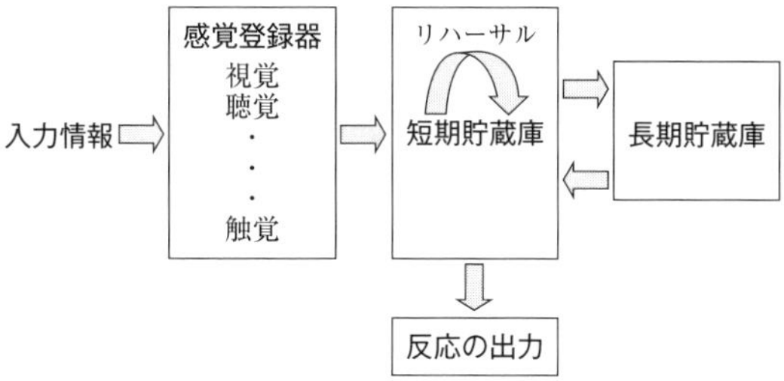

図 3-1　二重貯蔵モデル

出所）Atkinson & Shiffrin［1971］をもとに作成。

永続的に情報を保持しておくことができる。また，両者は，保持できる情報量（容量限界）も異なっている。具体的には，短期貯蔵庫には容量限界があり，7 ±2 チャンク，つまり，まとまりとして 5〜9 個程度の情報しか保持できないのに対して，長期貯蔵庫には容量限界はない。

このモデルでは，外界から情報を取り入れて蓄え，適宜取り出すプロセスも捉えられている。まず，外界からの情報は，選別されずに，すべて感覚モダリティ（視覚，聴覚といった感覚の種別）ごとの感覚登録器に入り，ごく短時間保持される。これを「感覚記憶」という。保持時間は感覚モダリティごとに異なっており，視覚的な感覚記憶（アイコニックメモリー）は 500 ミリ秒，聴覚的な感覚記憶（エコイックメモリー）は 5 秒程度である。この感覚記憶のうち，注意が向けられた情報のみが短期貯蔵庫に進む。注意の量には限りがあるので，一部の情報のみが短期貯蔵庫に進むことになる。そして，短期貯蔵庫の中では，上述のように，短い間だけ情報が保持される。この短期貯蔵庫で保持されていた情報のうち，リハーサルを多くされた情報ほど，もうひとつの貯蔵庫である長期貯蔵庫に転送されやすくなる。この長期貯蔵庫に入った情報はリハーサルされなくても保持されるとともに，永続的に消失することなく保持される。

2）処理水準アプローチ

クレイクとロックハート（Craik & Lockhart［1972］）によって提唱された処理水準アプローチでは，「深い処理がされるほど記憶されやすくなる」と主張さ

◆トピックス

「ながら○○」はなぜよくないのか

何か別のことをしながら勉強する「ながら勉強」の経験は誰しもあるのではないだろうか。特に近年は，1人1台スマートフォンを持つことが当たり前になり，動画を見たり音楽を聴いたりすることはますます手軽にできるようになった。勉強に限らず，運転中のスマートフォンの操作など，さまざまな場面で「ながら○○」はよくないものとして捉えられている。ここでは「ながら○○はなぜよくないのか」について取り上げる。

心理学では，何かをしながら別の何かをすることは「二重課題」と呼ばれる。二重課題は，2つの課題に同時に取り組むことであり，こうした状況下では，課題の遂行成績が低下することが多くの研究で示されている。二重課題状況下では，なぜ課題の遂行成績が低下してしまうのだろうか。

この疑問に答えるためには，人間の認知の性質や仕組みを考える必要がある。まず，人が記憶や思考といった課題に取り組むさい，同時に行える活動量には限界があるという性質が挙げられる。これは，課題を実行するためには処理資源（エネルギーの比喩であり，注意資源・資源とも呼ばれる）が必要だが，個人が使える処理資源の総量には限界があるためと考えられている。複数の課題に同時に取り組む場合には，この処理資源を分割してそれぞれの課題に割り当てることが必要になる。割り当てられる処理資源が少ないと遂行成績は低下することから，二重課題状況では遂行成績が低下するのである。

それならば，処理資源の総量が多ければ高い遂行成績を保てるのではないかと思うかもしれない。この疑問に答えるには，作業記憶（working memory）の仕組みを考慮する必要がある。作業記憶とは，情報を一時的に保持しながら処理するはたらきを担う心的なシステムである。作業記憶は，言語的・意味的な情報を保持する「音韻ループ」，視覚的・空間的な情報を保持する「視空間スケッチパッド」，エピソード記憶などを扱う「エピソードバッファ」という3つの下位システムから構成されており，それぞれで処理する情報の種類が異なっている。同じ下位システムを同時に使うと，情報同士に干渉が起

れている。アプローチ名にある「処理水準」とは，刺激に対して行われる処理の程度を意味しており，処理水準が深くなるほど，処理に対して払われるコストが大きくなる。すなわち，処理を行うための負荷が大きくなり，処理にかかる時間も長くなる。たとえば，「大文字で書かれているか，小文字で書かれているか」といった刺激の形に着目した形態的処理，「韻を踏んでいるかどうか」といった音に着目した音韻的処理，そして，「あるカテゴリに属しているかどうか」といった意味に着目した意味的処理の3つの処理を比較すると，後

きるという性質がある（Baddeley & Hitch［1974］）。たとえば，友達の話を聞きながらパズルをするのに比べて，話を聞きながら文章問題に取り組むのは難しい。話を聞くために使うのは音韻ループであり，パズルに使うのは視空間スケッチパッドであるため，情報同士の干渉は生じない。他方，文章問題に取り組むには音韻ループを使う必要があるため，情報同士の干渉が生じてしまう。つまり，使える処理資源の総量が多くても，同じ下位システム内で複数の処理を行う場合には，情報同士の干渉が生じるために遂行成績が低下するのである。

処理資源が分割されたり，下位システム内で複数の処理が行われることが問題なのであれば，2 つの課題をすばやく切り替えれば，その瞬間はひとつの課題に取り組んでいることになり，遂行成績は下がらないのではないかと考えることもできるかもしれない。この疑問に答えるためには，課題の切り替え（タスクスイッチング）に関する性質を考慮する必要がある。課題の切り替えを行うためには，集中すべき課題の方に意識を向け，もう一方の課題には意識を向けないようにしなければならない。しかし，意識を向けないようにしても，受動的に課題間の干渉が生じてしまう。たとえば，動画を見ながら勉強するとき，画面と課題を行ったり来たりしていると，課題に意識を向けたつもりでも，直前に目に入っていた動画の情報は頭に残ってしまい，課題だけに集中できていない状態になる。このように，課題をすばやく切り替えることそのものが，とても困難な課題なのである。

以上をまとめると，「ながら○○はなぜよくないのか」という問いは，少なくとも次の 3 つの観点から答えられる。すなわち①処理資源が分割されてしまうため，②作業記憶中の同じ下位システムを使う複数の情報が干渉するため，③無関連な情報を抑制して注意を切り替えることは難しいためである。このように，認知の性質を考えることで，「ながら○○」のデメリットがよく理解できるようになる。（山川真由）

引用文献

Baddeley, A. D., & G. Hitch［1974］Working Memory, in G. H. Bower（ed.）, *The Psychology of Learning and Motivation,* Vol. 8, Academic Press.

に行くほど処理水準が深くなる。したがって，同じ刺激であっても意味的処理をした時に最も記憶されやすいことになる。

3）作業記憶モデル

バドリー（Baddely［1986］）によって提唱された作業記憶モデルは，上述の二重貯蔵モデルを継承しつつ，発展させたモデルである（図 3-2）。具体的には，性質の異なる 2 つの貯蔵庫が存在するというアイデアは継承しつつ，短期貯蔵

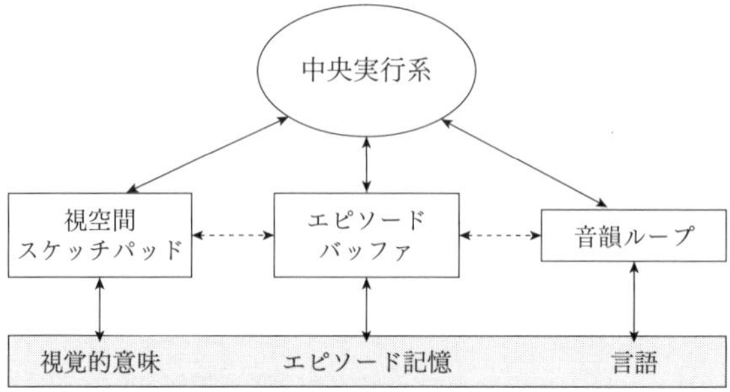

図 3-2　作業記憶モデル

出所）Baddeley［2010］をもとに作成。

庫にあたる部分を以下のように発展させている。

まず，二重貯蔵モデルでは，保持機能に焦点があたっていたのに対して，作業記憶モデルでは，より現実の認知処理に対応させるべく，保持機能に加えて処理機能も備わっている。私たちは多くの場合，単に情報を保持するだけではなく，処理しながら保持をする，あるいは保持しながら処理をしていることから，その活動を捉えるためのモデルとして精緻化されたということである。モデルの名前にある「作業（working)」にもその点が明確に表れている。

また，二重貯蔵モデルにおいては，短期貯蔵庫では，リハーサルによって情報が保持されると想定されていた。それに対して，作業記憶モデルでは，この「内なる声」による保持に加えて，「内なる目」による保持も想定されている。このように，情報コードが多様化したことに加えて，これらは別の構成要素によって担われていると考えられており，前者は「音韻ループ」，後者は「視空間スケッチパッド」によって担われる。これに加えて，長期貯蔵庫との情報のやりとりを担う「エピソードバッファ」がある。

さらに，処理機能が追加されたことにともない，「処理資源」という概念が導入され，その調整役として「中央実行系」が追加されている。認知的な処理を実行するためにはこの処理資源が必要となるが，個人が一度に使える処理資源の量には限りがある（→トピックス)。また，不慣れな処理や複雑な処理にはより多くの処理資源が必要となる。効率的に処理を行うためには，この処理資

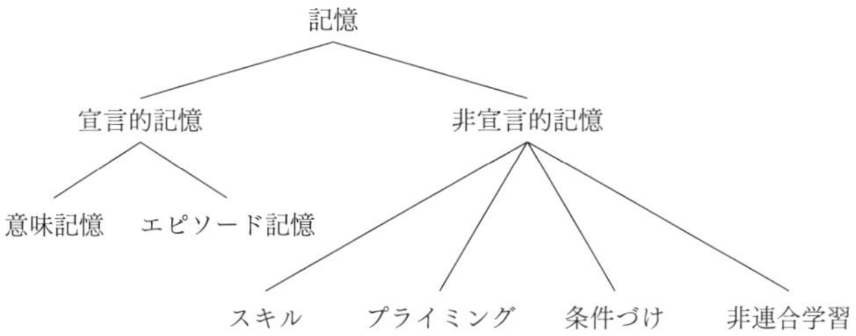

図 3-3　長期記憶の区分

出所）Squire［1992］をもとに作成。

源を調整する必要があるが，それを担うのが「中央実行系」である。この中央実行系は，情報の保持および処理を行う視空間スケッチパッド，エピソードバッファ，音韻ループの上位に位置づけられ，下位にあるそれらに処理資源の配分を行う。

4）長期記憶の区分

知識構造が構築されるのは，長期貯蔵庫においてである。ここに貯蔵される情報は「長期記憶」と呼ばれるが，図 3-3 のように区分される（Squire［1992］）。まず，「宣言的記憶」と「非宣言的記憶」に大別される。前者は，言語化することや意識的にアクセスすることが容易な情報の記憶であるのに対して，後者は言語化や意識的なアクセスが困難な情報の記憶である。宣言的記憶は，さらに，事実の記憶である「意味記憶」と出来事の記憶である「エピソード記憶」にわけられる。もう一方の非宣言的記憶には，やり方に関する記憶である「スキル」，先行経験が後続の活動に影響を及ぼす「プライミング」，行動主義からみた学びでふれた条件づけ，元からある刺激と反応の連合の強度が低下する馴化や逆に高まる鋭敏化を含む「非連合学習」といった幅広い内容が含まれる。

5）意味記憶の構造

長期記憶の区分のうち，知識構造の構築に最も密接にかかわるのは，意味記憶である。コリンズとロフタス（Collins & Loftus［1975］）によると，意味記憶

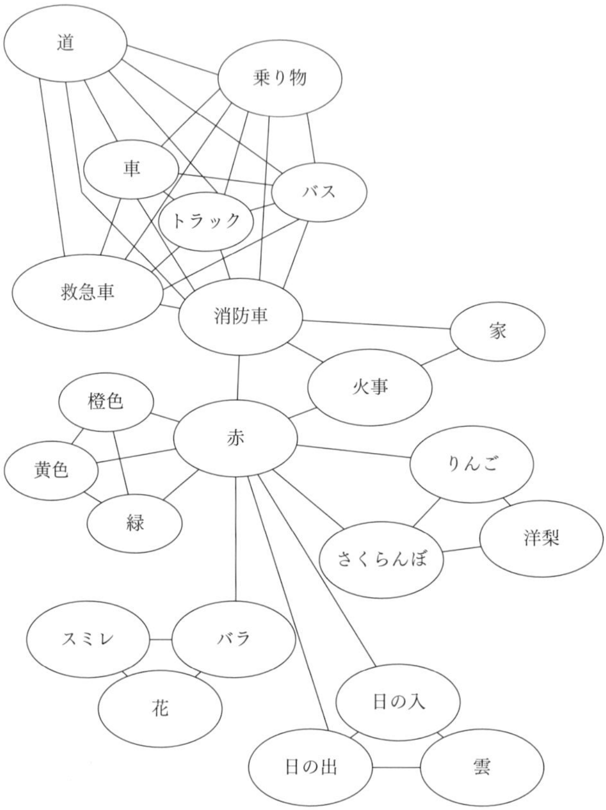

図 3-4　意味的ネットワークの例

出所）Collins & Loftus［1975］をもとに作成。

はネットワーク構造をなしており，ノードが記憶の要素を，リンクが要素間の関係を表している（図 3-4）。ここで，要素間に関連がある場合にリンクが張られているが，その長さは要素間の意味的距離を表している。つまり，距離が短いほど要素間の関連が高いことを意味している。

認知主義からみた学びは，知識構造を構築あるいは変化させることであるが，それは，この意味記憶のネットワークを作ることと言い換えられる。新たな情報を貯蔵するためには，すでに蓄えられている情報との関連づけを行い，ネッ

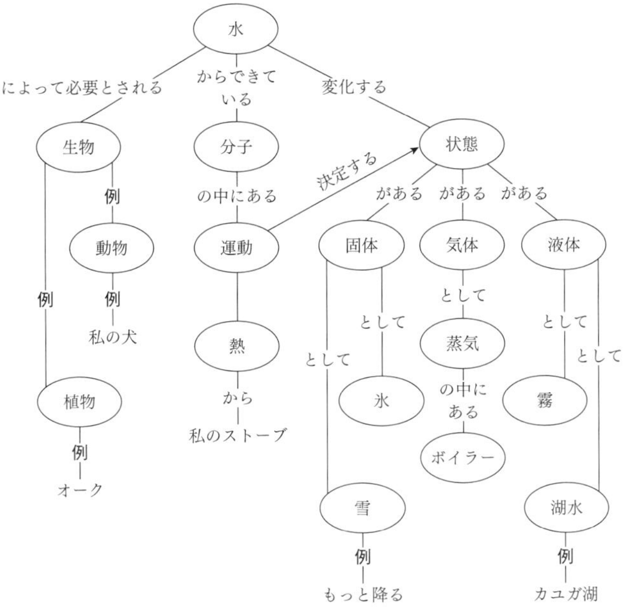

図 3-5　概念地図の例

出所）市川［1995］。

トワークの中に位置づけることが必要となる。

6）認知主義からみた学びを促すには

本節でみてきた認知主義からみた学び，すなわち，知識構造の構築あるいは変化を促すにはどうしたらよいだろうか？　まず，情報の取り入れの段階である符号化時に工夫することが挙げられる。情報を加工した上で行われるリハーサルを「精緻化リハーサル」という。処理水準アプローチにもとづくと，処理水準の浅い処理を繰り返しても記憶は促進されず，精緻化リハーサルを行うことが必要となる。この精緻化リハーサルには，いわゆる「記憶術」が該当するが，既有知識を利用して，まとまりに区切り直す「チャンキング」，語呂合わせのように意味を付加する「有意味化」，複数の情報を結びつけたイメージを作る「イメージ化」，物語を作る「物語化」などがある。いずれも，既有知識や複数の情報を用いて，情報から意味を見出したり，付加したりする点が共通している。これらの工夫を行うことによって，ただ何度も読み上げたり，何度も書き出すといった無精緻リハーサルよりも，長期記憶としての定着が促される。

これに加えて，情報を構造化・体制化することも効果的である。オーズベル（Ausbel [1960]）は，情報の関連を抽象化した文章を「先行オーガナイザー」として先に提示されると，記憶が促進されることを示している。これは，先行オーガナイザーの構造に沿って情報が取り入れられたことによるものと解釈できる。符号化時の工夫に加えて，長期貯蔵庫に保持されている情報を概念地図（Novak & Gowin [1984]）として描き出すことで記憶が促進されることも知られている。この概念地図は，概念を表すノードをラベルのついたリンクでつなぐことにより，学習者自身がネットワークを構成する（例として図 3-5）。これは，上述の意味記憶のネットワークと類似している。つまり，この方法は，学習者が自身の「頭の中」の状態をそれに対応した形で外に描き出し，自身で把握したり，操作しやすくしたりすることで，知識の構造化・体制化を促す方略といえるだろう。

3　状況主義からみた学び

状況主義では，主体を取り巻く人や事物といった状況や文脈を重視し，入念に記述するアプローチをとる。したがって，主体に目を向け，そこで起こった変化を捉えてきた行動主義や認知主義とは，異なる学びの姿が捉えられることになる。この立場における学びとは，「主体とシステムの間に協調関係が構築されること」である。

このように捉えられる学びは，どのようにして成立するのだろうか？　以下，まずキーワードとなる正統的周辺参加，社会的分散認知について説明し，状況主義からみた学びを促進するためのポイントを示す。

1）正統的周辺参加

実践共同体の正式なメンバーとして実際の活動に参加し，参加の形態を徐々に変化させながら，より深く実践共同体の活動に関与するようになる過程のことを「正統的周辺参加」という。リベリアの仕立て屋における徒弟制を検討したレイヴとウェンガー（Lave & Wenger［1991］）は，仕立て屋のメンバーは，最初は，アイロンかけや糸くずの除去のような製品の仕上げ段階の作業に従事し，経験を積むにつれて，縫製そして布の裁断へと，従事する作業が変化していくことを見出した。いずれの作業も仕立て屋の実践において必要なものであり，その点において，これらの作業は全て「正統的」である。しかし，実践における位置づけは異なっており，最初は失敗しても影響が小さいという意味において「周辺的」な作業に従事し，それが次第により中心的な作業へと移行していく。このように，正統的ではあるが周辺的な参加の仕方から，より十全的な参加へと実践への参加の仕方が変化することが学びと捉えられていることになる。

この参加の仕方が変化する過程では，他者からの足場かけ（スキャフォールディング）が重要な役割を果たす。これは，より有能な他者が学習主体の行為を社会に共有された様式へ方向づけていく過程をいう。

2）社会的分散認知

実践の現場で活動している人々と，そこに配置されている道具がひとつのシステムとして構造化されているという捉え方を「社会的分散認知」という。アメリカ海軍の艦船航行チームの共同作業の分析を行ったハッチンス（Hutchins［1994］）は，以下のことを明らかにしている。

ひとつ目は，チームの分業の構造とメンバー間のコミュニケーションの構造についてである。艦船の航行はひとりでできる作業ではない。船の現在地を測定する測定係から記録係，そして地図上にそれを記す作図係まで，複数の人がさまざまな役割の下，共同作業を行っている。この分業の構造と情報の流れ，すなわちコミュニケーションの構造を検討したところ，作業上の情報の流れに合わせて，経験の豊富なメンバーが順に割り当てられていることが明らかとなった。すなわち，比較的経験の浅いメンバーは，情報の流れの最初の方，す

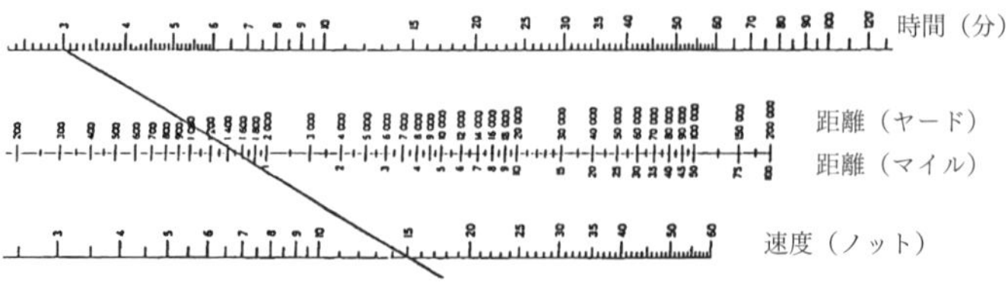

図 3-6　距離・比率・時間計算図表

出所）Hutchins［1994］。

なわち測定係を担っているのに対して，経験がより豊富なメンバーは情報の流れのより後の方，すなわち記録係や作図係を担っていた。この構造によって，経験が浅いメンバーによる作業を，より経験が豊富なメンバーが補うことが容易となっている。このように，作業が効率的に進行するよう，メンバーの配置がなされ，その中でコミュニケーションをとることで実際の作業が成り立っているのである。

2つ目は，道具の使用についてである。航行中は頻繁に船の速度を求める必要がある。速度は「距離＝速さ×時間」という公式を用いた演算によって求められるが，実際には，図 3-6 に示すような道具を用いて行われていた。この距離・比率・時間計算図表は 3 本の軸から構成されているが，1 番上の軸は時間を，2 番目の軸は距離を，3 番目の軸は速度を表している。たとえば，ある地点からある地点まで移動するのにかかった時間と移動距離がわかっているときに速度を求めたいとしよう。図 3-6 にある直線を，時間は 1 番上の軸，距離は 2 番目の軸上で，該当する値に合わせると，3 番目の軸との交点ができる。この値が速度を表している。よって，この道具を使えば，公式を用いた演算を行う必要はなく，軸上の値に正確に直線を合わせることと，正確に値を読み取ることだけできればよい。このように，速度を求めるという活動は，個人の「頭の中」では閉じておらず，道具によって支えられ，分散しているといえる。

3）状況主義からみた学びを促すには

本節でみてきた状況主義からみた学び，すなわち，主体とシステムの間の協調関係の構築を促すにはどうしたらよいだろうか？　上述の正統的周辺参加，足場かけ，社会的分散認知という概念から，状況主義からみた学びを促進するためのヒントが得られるだろう。

まず，状況主義では，学びは主体の中に閉じているのではなく，主体と周囲のシステムとの関係において生じるものとして捉えられる。すでにみてきたように，この考えは，正統的周辺参加という概念に端的に表れている。この考えをふまえると，主体の振る舞い単独では，それが意味するところを捉えることはできないことになる。主体の行動や知識だけでなく，主体を取り巻く学習の文脈に目を向け，両者の関係を検討することが重要と考えられる。

また，参加の仕方が変化する際には，その実践を行う共同体においてより有能な他者が重要な役割を担う。直接的な足場かけが与えられる場合もあれば，他者を観察することによる影響もあるだろう。いずれにしろ，学びは個に閉じたものではなく，周囲の他者とのやりとりによって促されうるという点を念頭に置いておくべきである。

他者に加えて，どのような道具が用いられるかということも考慮すべき点である。この点は，社会的分散認知という概念から導かれる。上述の距離・比率・時間計算図表の例を待つまでもなく，より身近な例としても，計算機を使える場合とそうでない場合，メモをとることが可能な場合とそうでない場合で，同じ「計算をする」という課題が与えられたとしても必要な処理は変わってくる。さまざまな技術が生み出され，利用可能となっていく現実世界において，学ぶべきスキルを考える上で，どのようなツールが利用可能かを考慮すべきである。

おわりに——多様な学びを促すために

本章では，行動主義・認知主義・状況主義という3つの立場からみた学びを紹介した。立場によってかなり異なる学びの捉え方がなされているものの，「どれが正しいかを判断する」というものでも，「どれかひとつを選ぶ」という性質のものでもない。着眼点や重視されている側面は異なるものの，いずれも現実世界で生じている，実際の学びの姿を捉えたものである。

どの捉え方の学びであっても，それを促すためには，まず，どのようにしてその学びが成立しているかを理解する必要がある。本章では，そうした点にかかわる基本的な概念や原理，モデルを説明した。「学びを促す」という観点からみると，これらの基礎的な内容は一見役に立たないものに思えるかもしれない。しかし，よい変化を起こすためには，そもそも学びとはどのようなもので，どのようにして成り立っているのかを理解しておくことが必要となる。本章で扱った基礎的な内容は，学びの成り立ちを理解する上で必要不可欠である。これに加えて，各節の末尾で指摘した学びを促進するためのポイントをふまえて，工夫をしていくことが有効かつ必要である。　（清河幸子）

引用文献

市川伸一［1995］『学習と教育の心理学』岩波書店。

Atkinson, R. C. & R. M. Shiffrin［1971］The Control of Short-term Memory, *Scientific American,* 225 (2), 82–91.

Ausubel, D. P.［1960］The Use of Advance Organizers in the Learning and Retention of Meaningful Verbal Material, *Journal of Educational Psychology,* 51(5), 267–272.

Baddeley, A. D.［2010］Working Memory, *Current Biology,* 20(4), R136–R140.

Bandura, A. & W. Mischel［1965］Modifications of Self-imposed Delay of Reward through Exposure to Live and Symbolic Models, *Journal of Personality and Social Psychology,* 2(5), 698–705.

Collins, A. M. & E. F. Loftus［1975］A Spreading-activation Theory of Semantic Processing, *Psychological Review,* 82(6), 407–428.

Craik, F. I. M. & R. S. Lockhart［1972］Levels of Processing: A Framework for Memory Research, *Journal of Verbal Learning and Verbal Behavior,* 11, 671–684.

Hutchins, E.［1994］「社会分散認知システムにおいて知はどこに存在しているか？」『認知科学の発展』7，67–80。

Lave, J. & E. Wenger［1991］Situated Learning: Legitimate Peripheral Participation, Cambridge University Press.

Novak, D. J. & B. Gowin［1984］*Learning How to Learn,* Cambridge University Press.

Squire, L. R.［1992］Memory and Hippocampus: A Synthesis from Findings with Rats, Monkeys and Humans, *Psychological Review,* 99, 195–231.

第 4 章

心理統計学の基礎

心理学は「心の科学」と呼ばれるように，科学的方法論によった研究が志向されている。科学的な研究手法を用いる上では，結果の再現可能性や一般化可能性が高くなるような研究方法を目指すことが重要である。すなわち，より確からしい根拠にもとづいて，仮説を検証しようとする態度が求められる。「より確からしい根拠」として，数量的なデータを取り上げることは，科学的な研究手法として一般的であり，そこで問題となるのは，測定の信頼性と妥当性である。

本章ではまず，教育心理学における統計的アプローチの基本的発想について述べる。その上で，教育心理学で頻出する量的データの分析手法について，変数がひとつの場合と 2 つの場合を説明する。また，心理学研究において頻出する「統計的仮説検定」の考え方と，差を生み出す効果の大きさの指標である「効果量」の概念についても紹介する。

1　教育心理学における統計の位置づけ

1 ）データを心理学研究で扱うための方法――統計分析とモデルの関係性

教育心理学における研究を進めるにあたり，研究者が想定した仮説は，多くの場合，複雑で多義的な心理学的概念を含むものである。それらの概念を整理し，検証したい事象がどのようなものであるかの見通しを立てるために，検証したい仮説を「モデル」として表現し，データからモデルの検証を行うことが一般的である。ここで設定される，研究によって当否を明らかにしたい仮説を

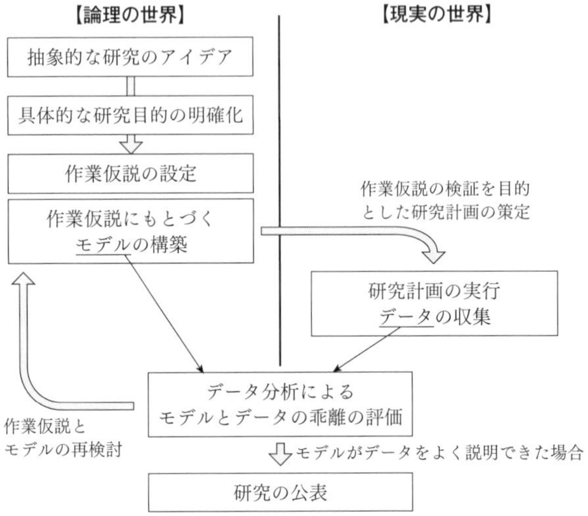

図 4-1　心理学研究の一般的プロセス

「作業仮説」と呼ぶ。

仮説をモデル化し，データを収集するプロセスは，図 4-1 のような順序で示される。通常，一度の研究だけでは検討すべき仮説の当否は完全に明らかになるわけではなく，多くの研究を重ねながらモデルを修正していき，より確からしい結論を得ようとするプロセスが求められる。また，「研究の前段階で仮説を立てておき，その仮説の当否を的確に表すデータ収集法を吟味したうえで，それからデータを収集し，分析する」という姿勢が重要である。「とりあえずデータをとってみて，後から仮説を考える」という態度は，不適切であると言わなければならない。

2）尺度水準――変数が表す意味を明確にする

作業仮説が決まると，調査研究（アンケート調査など）や心理実験を通じて，研究者は仮説を検証するためのデータを収集することとなる。データは一般的に「変数」と呼ばれる単位で収集される。たとえば調査参加者の居住地域名や性別といった情報も，それぞれがひとつの変数である。

表 4-1　4 つの尺度水準の違い

水準名	意　味	例
名義尺度	値の違いが，個体の属性の違いのみを表しており，大小関係以上の違いを表していない。値の大小関係の比較や，加減乗除した結果に意味はない。	性別をコード化した値，電話番号など
順序尺度	値の違いが，個体の属性の大小のみを表しており，個体間における属性の間隔の大きさを表していない。値の大小関係の比較は可能であるが，加減乗除した結果に意味はない。	競技結果の順位の数値，生まれ順など
間隔尺度	値の違いが，個体の属性の大小を表しており，それらは一定の尺度上で表される数値であるが，尺度の原点が定まっていない。値の大小関係の比較，加減した結果に意味はあるが，乗除した結果に意味はない。	標準学力テストの得点，温度（摂氏，華氏）など
比率尺度（比尺度）	値の違いが，個体の属性の大小を表しており，それらは統一された原点をもつ同一の尺度上で比較可能である。値の大小関係の比較，加減乗除した結果に意味がある。	身長，体重など

変数ごとに値のもつ意味を考える上で重要なのは，変数の値を比べることに意味があるか否か，である。たとえば調査対象者の性別をデータとして収集する場合，男性を「1」，女性を「2」という数字に置き換えて記録することがあるが，これらの数値の大小を比較することに意味はない。

データとして観測された値が比較可能であるか，あるいは計算可能であるかに着目して変数を分類する方法としては「尺度水準」による分類が知られている。尺度水準は表 4-1 に示す 4 つの水準によって表されることが多い。尺度水準の違いによって，値の比較や加減乗除した結果に意味があるか否かが変わる。このことは同時に，データがもっている情報が，より高次の尺度水準の変数であるほど多いことを意味している。一方で，高次の尺度水準の測定にあたっては，測定方法により多くの工夫が求められる。

2　心と行動を測定する①——単変量の要約統計量

たとえば，小学生1クラス30名の研究対象者に対し，標準学力テストを課すことを考える。この30個の数値をどのように整理・分析すれば，学力の全体像を把握することにつながるだろうか。

1）単変量の代表値——平均値・中央値・最頻値

表4-1から，標準学力テストの得点は間隔尺度とみなすことができる。そこで，これらの値をクラス全員について足し合わせることを考える。しかし，得点の合計はクラスの規模にも依存して変わる値であるため，「児童1人あたりの得点を代表する値」を得る必要がある。そこで，合計得点をクラス人数(30)で割った値をもって，そのクラスの学力の全体像を反映した値であると解釈する。この値は「平均値」と呼ばれる。一般に，ひとつの変数（この場合は学力テストの得点）について，その値の中心的傾向を代表する単一の値を「代表値」と呼ぶ。

平均値は，間隔尺度以上の尺度水準の場合においてのみ意味がある代表値である。名義尺度以上の場合，最も頻繁に出現した値，すなわち「最頻値」が代表値の候補となる。また，順序尺度以上の場合は「中央値」（後述）が代表値のひとつとなりうる。

2）散らばりの大きさを表すには——四分位範囲・ヒストグラム・標準偏差

変数の全体的な傾向を表す値としては，中心となる代表値だけではなく，全体的にどの程度の散らばりをもっているかを表す値を考えることもできる。たとえば，A町，B町，C町のそれぞれに何名の児童が居住しているかについて，

・A町＝3，B町＝13，C町＝14
・A町＝8，B町＝8，C町＝14

という2つの場合を比べると，両者ともに最頻値はC町の「14」で同じであるが，前者はB町とC町に偏っている傾向がみられるのに対し，後者はC町

だけに偏っている傾向がみられる。前者は最大値と最小値の差が 11 であるのに対し，後者は 6 であり，前者の方がより大きな散らばりであることがわかる。最大値と最小値の差は「範囲」（レンジ）と呼ばれている。

順序尺度以上のデータについては，データを小さな順に並べ，全体の 4 分の 1 に該当するデータの値を「第一四分位数」，全体の半分に該当するデータの値を「第二四分位数」，4 分の 3 に該当するデータの値を「第三四分位数」と呼ぶ（第二四分位数は，そのデータ値よりも小さな値をもつデータの数が全体の半分となることから，中央値とも呼ばれる）。ここで，「第三四分位数と第一四分位数の差」を「四分位範囲」と呼び，散らばりの目安とすることがある。たとえば，ある実験の対象者 11 名の反応時間のデータが

1.3　1.4　1.7　2.1　2.3　2.4　2.7　3.3　3.6　5.5　7.9　（秒）

である場合，第一四分位数は 1.7，第二四分位数（中央値）は 2.4，第三四分位数は 3.6 であり，四分位範囲は 3.6－1.7＝1.9 である。

間隔尺度や比率尺度のデータの場合，図 4-2 のように，横軸にいくつかの階級をとり，縦軸にその階級に該当するデータの頻度（度数）をとったグラフを描くことができる。これらは「ヒストグラム」と呼ばれる。ヒストグラムによって，図 4-2 の A や B の違いのように，データの詳細な分布の形状を明らかにすることができる。

間隔尺度以上のデータにおいて，散らばりの大きさを単一の数値で表す方法として「分散」や「標準偏差」が知られている。分散は，各データ値と平均値の差を求めて，これらの値を二乗したうえですべて足し合わせ，データ値の個数で割った値である。また標準偏差は，分散の平方根（ルート）で定義される。

分散や標準偏差の値には，「得られたデータの標本的特徴を表した値」として得られる「標本分散」「標本標準偏差」と，「得られたデータを用いて，母集団の特徴を推測するために求める値」として得られる「不偏分散」「不偏標準偏差」があり，後者の場合は「データ値の個数」ではなく「データ値の個数－1」で割ると得られる。この違いに関しては第 4 節でふれる。

代表値や散らばりの大きさを表す値はいずれも，ある変数についてその全体

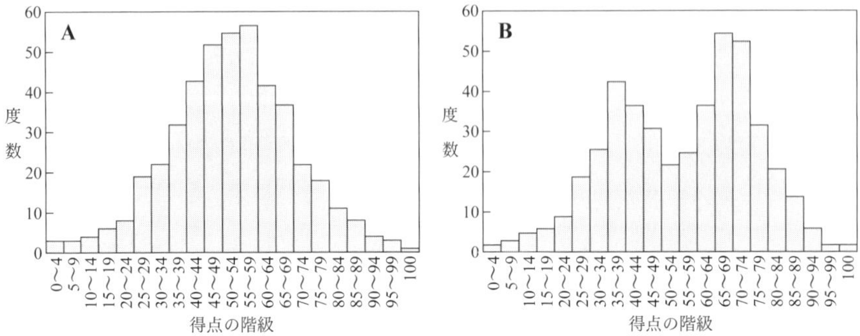

図 4-2　450 名の児童における標準学力テストの得点についてのヒストグラム

注）横軸は得点を 5 点刻みで区切ったカテゴリを「階級」として表しており，縦軸は当該階級に入った人数を「度数」として表している。A は単峰型の分布の場合，B はふた山の分布の場合を示した。

的傾向を要約する値であるため，これらを総称して「要約統計量」と呼ぶ。要約統計量を用いた統計学的検討を行う立場は「記述統計学」と呼ばれる。

3　心と行動を測定する②——二変量データの分析

たとえば身長と体重のように，互いに関連があることが想定される 2 つの変数について，その関連性の強さを検討するために，二変量データの分析が行われることがある。

1）クロス集計表

名義尺度どうしの二変数間で値の傾向を検討するさいには，「クロス集計表」にまとめることが行われる。表 4-2 左は，「毎朝，決まった時間に朝食を食べる」と回答した者の数を学校ごとに表している。また表 4-2 右は，あるテスト項目に対する解答状況を「0 = 非正答，1 = 正答」として学校ごとに記録した場合の例である。

2）ともなって変わる傾向を表す値——相関係数

順序尺度や間隔尺度，比率尺度どうしの二変量データの分析で代表的なもの

表 4-2　クロス集計表

	朝食をとった	朝食をとらなかった	計
学校A	63	8	71
学校B	46	17	63
計	109	25	134

	0（非正答）	1（正答）	計
学校A	47	24	71
学校B	19	44	63
計	66	68	134

として，「ともなって変わる二変数」の関連の強さを表す「相関係数」を求める手法がある。

変数が間隔尺度や比率尺度の場合に「ともに変動する」傾向を数値化するためには，それぞれの変数において，平均値からの隔たりがどの程度であるかを求める。図 4-3 左は，ある学年の中学生 20 名について，横軸に身長を，縦軸に体重をプロットしたものである。このように，2 つの変量をプロットした図を「散布図」と呼ぶ。二変数について，各変数の平均からの隔たりの値を掛け合わせ，全員分について足し，人数で割った値を「共分散」とし，2 つの変数の散らばりを合併した値のうち共分散がどれだけを占めるかの値を求めれば，「ピアソンの積率相関係数」と呼ばれる値が算出できる。相関係数はこれ以外にも，順序尺度の変数どうしの相関関係を求めるために用いられる「スピアマンの順位相関係数」がある。相関係数の大きさは −1 から 1 までの値をとり，−1 に近ければ「一方の変数が大きければもう一方の変数が小さくなる」傾向を，1 に近ければ「一方の変数が大きければもう一方の変数が大きくなる」傾向を表す。また 0 に近い場合，両変数の変動が独立している傾向を表す。

3）一方の変数から他方の変数を予測する——単回帰分析

身長と体重のように，ある程度相関関係がみられる二変数を用いて，一方の値を用いて他方の値を予測したい場合，たとえば身長を用いて体重を予測したい場合を考える。体重を説明するために身長を用いることから，予測する対象の変数は「基準変数」（ここでは体重），予測の道具とする変数は「説明変数」（ここでは身長）と呼ばれる。また，基準変数を「従属変数」，説明変数を「独立変数」と呼ぶこともある。

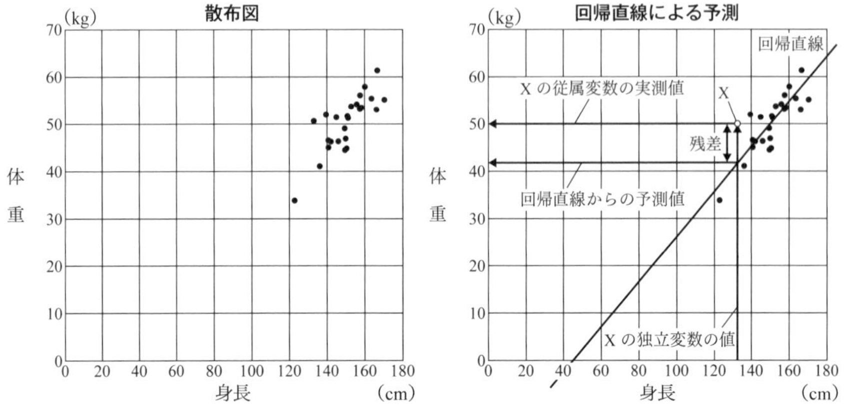

図 4-3　散布図と回帰直線による予測

図 4-3 右を見ると，従属変数をある値に固定したときに，それに応じた独立変数がばらついていることがわかる。ここで，従属変数の値を予測するにあたって，従属変数と独立変数の関係性をより代表的に表す直線で「従属変数のばらつき」を統一的に表現することで，独立変数の値から「従属変数の予測値」を求めることができるようになる。この直線は「回帰直線」と呼ばれる。

回帰直線の求め方としては，各人の従属変数を基準として，独立変数の値と，求める回帰直線の間の隔たりを「残差」と定義し，残差の二乗和が最小となる直線の傾きと切片を求める方法が多く用いられる。この方法を「最小二乗法」と呼ぶ（図 4-3 右）。

回帰分析によって，従属変数のばらつきが，従属変数の予測値のばらつきによってどの程度説明されるかを，数値の形で求めることができる。この値は「決定係数」と呼ばれ，単回帰分析の場合は二変数の相関係数の二乗であることが知られている。

回帰分析を行うことで，二変数の間において，分散の説明関係を「モデル」によって記述することができる。すなわち，従属変数のばらつきが，独立変数からの影響と，個体の都合でばらついた成分（残差）とに分解できるという「モデル」を検討している。

4 ）三変数以上の分析――分散分析・多変量解析

回帰分析において，説明変数が全て「離散変数」，すなわち名義尺度や順序尺度で，調査参加者のカテゴリの違いを表す変数（たとえば「性別」や「学校の違い」など）の場合であっても，従属変数のばらつきを要因ごとに分解することができる。この場合は「分散分析」と呼ばれている。独立変数 1 つひとつが「要因」に相当し，カテゴリの違いは「水準」の違いと呼ばれる。また，複数の要因が存在して初めて観測できる効果のことを「交互作用」と呼ぶ。たとえば，学力テスト得点の平均が「女性で，かつ学校 A の場合」に，他の条件に比べて大きな値である場合などが，それにあたる。

二変量よりも多い変数を扱った分析は「多変量解析」と呼ばれているが，同様に説明関係を「モデル化」した上で，データがモデルにどれだけ当てはまっているかを検討する。データという「現実」に，モデルという仮想的な単純化された現象の記述がよく当てはまっていれば，そのモデルは現実の説明の道具として妥当に機能することが期待される。

また説明変数は，観測されていなくてもよい場合がある。多数の従属変数の背後に共通して影響している説明変数が潜在的に仮定できる場合，それを「潜在変数」としてモデル化し，分析する手法が知られている。この方法は「因子分析」と呼ばれている。

5 ）相関関係と説明関係の違い――見せかけの因果と偏相関係数

たとえば，多数の小学生からデータを収集した結果，朝食をとる頻度が高い小学生は学力テストの得点が高い，という相関関係がみられたとしよう。この結果から，「小学生にとって朝食をとることは，学力を高める原因である」というように，原因から結果を説明するような関係性を明らかにすることはできない。なぜなら，朝食をとるか否かと学力との関係性を説明する枠組みは，下記のようなものも同様に考えられるためである。

逆因果：学力が高い小学生は，より朝食を摂取する可能性が高い。

相互影響：朝食を食べると学力が上がり，学力が上がったことでより朝食を食べるようになる。

疑似相関：学力の高さと朝食を食べる頻度は，いずれも別の変数，たとえば「家庭の裕福さ」という第三の変数の影響を受けている。

単なる偶然：サンプルの偏りにより，たまたま相関関係がみられただけである。

疑似相関の説明可能性を排除するために，「家庭の裕福さ」のような「第三の変数」を観測し，第三の変数の影響を除外した場合の，朝食をとる頻度と学力との相関係数を算出する方法が知られている。これは「偏相関係数」と呼ばれている。

4　「差がある」とはどういうことか──統計的仮説検定と効果量

心理学をはじめとする科学的な調査の方法として，ランダムサンプリングによる調査の実施がある。ある集団から調査対象者をランダムに抽出し，その集団の標本（サンプル）からデータをとって，集団全体の傾向を推測するという方法である。標本から得られたデータは，その背後に仮定される「母集団」の傾向を代表していると考える。すなわち，標本から平均値を求めれば，それが母集団における平均値（母平均）に近い値になっているはずである（図4-4）。

1）母集団の傾向を標本から予測する

母平均は，私たちにとって直接観測することができないものである。そのため，母集団からいくつかの標本をとって，標本の数値から母集団上の結果を推測する。

ある地域における学力テストの平均得点が50点であることがわかっているものとする。標本をどのようにとったとしても，標本から求めた平均得点は50点に近い値となることが期待される。しかしながら，標本から求めた標準偏差（標本標準偏差）は，母集団における「真の」標準偏差に一致せず，不偏標準偏差（第2節）のほうが近い値になることが知られている。このように，

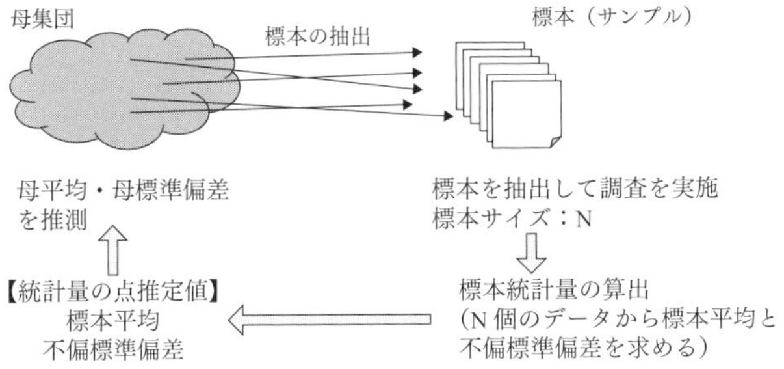

図 4-4　母集団の傾向を標本データから推測する手続き

標本の背後に母集団を仮定し，母集団上での統計量を推測しようとする立場は「推測統計学」と呼ばれている。

2）統計的仮説検定の考え方

いま「10kg 入り」と書かれた米袋が 10 袋あり，この重さをはかりで計ったところ，その測定結果が

13.2　13.5　13.3　12.9　11.5　13.3　11.8　11.2　10.7　11.2　（kg）

であったとする。その平均 12.3kg は明らかに 10kg からかけ離れている。この場合，母集団上での平均値は実際に 10kg であり，観測された結果は偶然重い標本を偏って抽出していたにすぎないのだろうか，それとも母平均は 10kg ではないと考えるのが妥当なのだろうか。

「母集団上で平均が 10 である」という仮説が正しいとしたときに，得られた標本平均よりも極端な平均が得られる確率が小さい（ある微小な値α，たとえば 0.05 よりも小さい）なら，ここで得られた標本平均は「統計学的に意味のある」差をもって 10 からかけ離れていると判断でき，先に正しいと置いたこの仮説は否定（棄却）される。これにより，「母集団上で平均が 10 ではない」という仮説を採択する。先に立てた「母集団上で平均が 10 である」という仮説は，本来示したい「差がある（10 ではない）」という事象を否定する仮説であり，無に帰することを期待されているため「帰無仮説」と呼ぶ。また帰無仮説

を否定した仮説を「対立仮説」と呼び，事前に設定するαの値を「有意水準」と呼ぶ。

実は，帰無仮説が正しいとした場合に，帰無仮説上での母平均，標本平均および不偏分散の値を以下の式

$$t=\frac{\text{標本平均}-\text{母平均}}{\sqrt{\dfrac{\text{不偏分散}}{\text{標本数}}}}$$

で変換した値tは，ある分布（この場合は自由度 9 の t- 分布）に従うことが知られており，得られた標本の平均値がどの程度極端な値であるかは，その分布を数学的な関数の形で表したもの（確率密度関数）を用いることで，確率として数値的に検討することが可能である。変換した値を「検定統計量」，帰無仮説が正しいとした場合に検定統計量が従う分布のことを「帰無分布」と呼ぶ。

具体的な検定の手順は，以下のとおりであるが，以下のように標本からのデータを根拠として母集団上の性質を推測する手続きは「統計的仮説検定」と呼ばれる。

① 帰無仮説と対立仮説を設定する。
② 有意水準を定める。
③ 帰無仮説が正しいとした場合に，標本のデータから検定統計量を求める。
④ 帰無分布の確率密度関数を参考にして，得られた検定統計量よりも極端な統計量が得られる確率を求める。
⑤ ④で求めた確率が②で定めた有意水準よりも小さければ，帰無仮説を棄却し，対立仮説を採択する。そうでなければ，帰無仮説を保持する。

統計的仮説検定を行うと，以下の 4 通りのうちのいずれかの結論が導かれる。

① 帰無仮説が正しいときに，帰無仮説を保持する。

② 帰無仮説が正しいときに，帰無仮説を（誤って）棄却し，対立仮説を採択する。
③ 対立仮説が正しいときに，帰無仮説を（誤って）保持する。
④ 対立仮説が正しいときに，帰無仮説を棄却し，対立仮説を採択する。

これらの 4 通りの結論のうち，②と③は，母集団上での帰無仮説・対立仮説の当否を正しく言い当てたものではない。これらの誤りのうち②の誤りを「第一種の過誤」，③の誤りを「第二種の過誤」と呼ぶ。第一種の過誤を犯す確率は，有意水準に等しい。また統計的仮説検定において重要なのは④のように，対立仮説を正しく採択できる確率が大きいことである。そのため，④となる確率は特に「検定力（検出力）」と呼ばれ，検定の「性能」を表す指標と解釈される。

3）独立した標本における平均値差の検定

実際の心理学研究においては，一変量について，いくつかの群（グループ）ごとに平均をとり，その間で差がみられるか否かを検討する場合が多い。たとえば，独自の教授法を課している学校 A と一般的な教授法を課している学校 B の各 10 名に対して，同じ学力テストを課し，得点を算出して集計したデータを考える。

一見すると一変量の分析であるかのようにみえるが，全 20 名のデータについて，「所属する学校」を名義尺度の変数，「学力テストの得点」を間隔尺度の変数とみなすと，二変量データの分析であることがわかる。学校の違いを独立変数，学力テスト得点を従属変数とした分析を行い，学校の違い（＝教授法の違い）という要因が，学力テスト得点の違いを説明できるかを検討するのである。

このような例の場合は，学校 A と B で別々の母集団を考え，学校の違いにより母平均が異なるといえるか否かを，各学校の標本のデータを用いて検討する。この場合の検定統計量は

$$t = \frac{\text{学校 A の標本平均} - \text{学校 B の標本平均}}{\sqrt{\text{合併分散} \times \left(\dfrac{1}{\text{学校 A の標本数}} + \dfrac{1}{\text{学校 B の標本数}}\right)}}$$

◆トピックス

Rを用いたデータ分析

心理学のさまざまな理論や知見は，研究により得られた「データ」をもとに議論され発展してきた。そのため，心理学では，データをいかに分析するかが重要であり，その基礎となる心理学統計法・心理計量学は心理学を学ぶ上で必須の知識・スキルといえる。

心理学の研究では，因子分析や分散分析，共分散構造分析などさまざまな分析手法が利用されるが，それらは統計ソフトウェアを用いることで簡単に実行でき，分析結果を求めることができる。統計ソフトウェアには，市販されているもの，オープンソース（無料）のものまで多種多様であるが，近年は，オープンソースのソフトウェアを用いる人が増えており，特にRと呼ばれるソフトのユーザーが増えている。大学によっては，市販の統計ソフトが在学中に限り利用できる場合もあるが，卒業してからそれらを利用するためにはかなりのコストがかかる。Rのようなソフトを利用できるようになっておくことは，卒業後にも役立つだろう。

Rの最大のメリットは，無料で利用できること，分析手法が多様であること，そしてインターネット上に情報が多いことが挙げられる。分析手法の多様性に関しては，公開されている「パッケージ」をダウンロードすることで，基礎的なレベルをこえた効率的な分析や，非常に高度で特殊な分析を実行することができ，エンドユーザーは自身で高度なプログラミングをすることなく，それらの分析を行うことができる。

一方，デメリットとしては，市販ソフトが，画面上でチェックボックスなどをクリックすることで，使用する変数や分析方法，オプションを指定することができるGUI（グラフィカル・ユーザー・インターフェイス）になっている一方で，Rでは，スクリプト（コード）と呼ばれる命令文を記述する必要がある。また，分析を進める上でさまざまなエラー出力があり，それらが英語表記であることも，初学者にとっては若干ハードルが高い部分といえる。

たとえば，心理統計法で頻繁に用いられる t 検定（従属変数をscore，独立変数を性別genderとする）は，以下のような記述で実行することができる。t.test（ ）は関数と呼ばれる部分であり，t.testが t 検定を意味する。

```
t.test（score~gender）
```

もちろん，より詳細なオプション設定や，出力結果の読み取りには心理統計学の知識が不可欠であるが，一度慣れてしまえば，さまざまな分析ができる点でメリットは大き

であり，合併分散は以下の式で求められる。

$$\frac{(\text{学校 A の標本数}-1)\times\text{学校 A の不偏分散}+(\text{学校 B の標本数}-1)\times\text{学校 B の不偏分散}}{\text{学校 A の標本数}+\text{学校 B の標本数}-2}$$

いだろう。詳細は，小杉［2019］，脇田ほか［2021］などの入門書や，オンラインで閲覧できる石井［2023］を参照してほしい。

先述した「パッケージ」は，分析に用いる関数が集まった集合体として理解するとわかりやすい。以下に，心理学研究で用いることが多いパッケージを示す。

psych パッケージ：因子分析や信頼性係数の推定（Cronbach の α）など，心理学で用いる分析が一通り網羅されている。

lavaan パッケージ：共分散構造分析（構造方程式モデリング）を実行できる。

anovakun：パッケージとしては公開されていないが，各種分散分析を行うさいに有用。井関龍太先生が作成されたスクリプトである（http://riseki.php.xdomain.jp/index.php?ANOVA 君）。

ggplot パッケージ：非常にきれいな図を作成することができる。スクリプトコードに少し癖があるため慣れが必要。図の軸の範囲やタイトル，凡例などもすべてコードで指定することができるため，使いこなせるようになれば Excel を用いた作図よりも便利で実用性が高い。

上記のパッケージは基本的に量的研究で用いられるが，質的研究でも R を用いることができる。たとえば，インタビューの逐語録や口コミといったテキストデータの分析には，テキストマイニングを利用することができる。R 環境では，RMeCab を利用して，形態素解析，単語の頻度カウント，共起ネットワーク，WordCloud などを実行することができ，こちらも実用可能性が高い。詳細は石田［2017］を参照してほしい。

R を用いたデータ分析について概観したが，同じようなデータを何度も分析するとき（たとえば学期ごとの成績データ）にも強力なツールとなる。繰り返しになるが，無料であり「試してみる」ハードルは非常に低いので，一度インストールして使ってみてもよいだろう。他のフリーの統計分析ソフトには JASP（https://jasp-stats.org）や Exploratory（https://ja.exploratory.io）があり，こちらも便利に利用することができる。　（脇田貴文）

引用文献

石井秀宗［2023］『統計解析ソフト R のスクリプト集［Ver.14.0］』（https://www.educa.nagoya-u.ac.jp/~ishii-h/materials/Rscripts_ishii.pdf）。
石田基広［2017］『R によるテキストマイニング入門（第 2 版）』森北出版。
小杉考司［2019］『R でらくらく心理統計　RStudio 徹底活用（KS 専門書）』講談社。
脇田貴文・浦上昌則・藤岡慧［2021］『心理学・社会科学研究のための調査系論文で学ぶ R 入門』東京図書。

検定統計量 t は，帰無仮説が正しいとした場合に「自由度が（学校 A の標本数＋学校 B の標本数－2）の t- 分布」に従うことが統計学的にわかっている。標本サイズによって「自由度」が決まり，t- 分布の形は自由度によって変化する。

ここで述べた例は「独立した2標本の t 検定」と呼ぶが，上記の検定統計量は「2群の母分散が等しい」と仮定される場合にのみ適用可能である。t 検定を行う前に，母集団上における分散（母分散）が等しいかを検定し，検定の結果，データから母集団上の分散が異なるとはいえないという結論が得られた場合に，上記の検定統計量を用いて検定を行う。母分散が有意に異なるという結果が得られた場合には，Welch の検定といった，等分散性を仮定しない場合の検定統計量を用いて検定を行う。統計的仮説検定のロジックや実践例など，詳細については山田・村井［2004］を参照のこと。

4）効果の大きさを評価する枠組み――効果量の考え方

以上述べてきたような統計的仮説検定のロジックは，これまで多くの研究で用いられてきた。しかしながら，ここで述べた統計的仮説検定には，以下に記す問題点が指摘されている。

まず，標本サイズが大きい場合は，差の絶対的な大きさがきわめて小さい場合であっても「母平均に差がない」という帰無仮説が棄却され，「有意に差がある」という結果になりやすい。次に，検定のロジックが直感的に理解しにくい。本来主張したい事柄は「母平均において差がある」ことであるのに，「母平均に差がない」という帰無仮説を否定するという論証を行うことは，いたずらに議論を複雑化させているとみられかねない。さらに，検定力をコントロールした分析が必要な場合があるが，統計的仮説検定の考え方では検定力をデータから直接数値で検証することは難しい。

上記の問題点を解決するために，これまで述べてきた統計的仮説検定の考え方とは異なる「差の大きさそのものを評価するための枠組み」が提案されてきた。すなわち，ある要因で平均値に差が生じた場合，「その要因によってもたらされた，標準化された効果の大きさ」を表す「効果量」によりその効果の大きさを表示し，その効果の影響力の大きさを検討する手法である。

先の学校Aと学校Bの学力テストの例において，平均値差の効果量は，以下の式で求めることができる。効果量の定義には数種あるが，ここではそのひとつとして Hedges の g を取り上げる。数理的な詳細については大久保・岡田

［2012］を参照してほしい。

$$効果量\ g = \frac{（学校 A の標本平均 - 学校 B の標本平均）}{\sqrt{合併分散}}$$

合併分散は 2 群を併合した場合の母集団上における標準偏差の推定値であると解釈されるため，この式の効果量は平均値差を標準化した値であり，効果量の大きさは，標準偏差を 1 単位としてどれだけ平均値が変動したかを示す指標といえる。たとえば効果量が 1 であるなら，その効果の大きさは両群を合併した母集団上における 1 標準偏差分の変動をもたらすと解釈される。

効果量の考え方を導入することで，前述の統計的仮説検定にみられた欠点を補うことができる。効果量の値には目安があり，たとえば 0.2 以上は「弱い効果」といったような解釈によって，その効果の大きさを捉えることができるようになる。また，有意水準，検定力，標本数，効果量のうち，いずれか 3 つの値を決めると，ほかの 1 種類の値が決まるという関係性が知られている。この関係性から，たとえば，効果量が 0.5 となるような実験が先行研究でなされている場合に，検定力が 0.9（＝第二種の過誤を犯す確率が 0.1），有意水準が 0.05 となるようなサンプルサイズを推測することができるようになる。

さらに，効果量の数値は，ひとつの実験にとどまらず，同じような題材を扱った複数の実験の間でも比較することができる。効果量を指標として複数の実験結果を統合的に検討する分析は「メタ分析」とよばれ，先行研究の傾向を探る目的で行われる。詳細については山田・井上［2012］を参考のこと。

おわりに

研究の初期段階で，作業仮説と，心理的なモデル，それに分析手法の関係性を十分に検討することは，科学的な心理学研究にとって必要不可欠であるといえる。そのためには，統計的な技法に関する知識だけではなく，新しいモデルの検証方法を開発すること，すなわち新しい統計的な分析手法の提案も必要である。心理学の発展のためには，心理統計学上の研究の積み重ねが大切であろ

う。　（光永悠彦）

引用文献

大久保街亜・岡田謙介［2012］『伝えるための心理統計――効果量・信頼区間・検定力』勁草書房。
山田剛史・井上俊哉編［2012］『メタ分析入門――心理・教育研究の系統的レビューのために』東京大学出版会。
山田剛史・村井潤一郎［2004］『よくわかる心理統計』ミネルヴァ書房。

第II部

学び・育ち・人間関係

第 5 章

児童生徒の心理社会的発達

子どもの心は，初等中等教育の学校段階 12 年間で劇的に成長・発達していく。この年齢段階は，児童期，青年期として位置づけられているが，子どもから大人への移行期としての意味をもつ。この移行期において経験される発達的変化は必ずしも急激で非連続なものとは限らないが，成人期のそれに比べるとはるかに顕著な変化であるとみなされている。本章ではこのような子どもの心の発達について，自我・自己と社会性の発達，家庭・学校の影響の観点から論じていくことにしたい。

1　児童期から青年期までの発達的移行

1）主要な発達的移行の諸側面

児童期から青年期までの発達的移行に関しては，多様な観点から理解することができる（図 5-1）。

子ども個人の主要な発達の側面を理解するさいには，身体的発達，認知的発達，心理社会的発達の 3 つの観点が重要である。まず身体的発達には，身体にかかわる全ての組織の発達が含まれるが，心理的に影響を与える最も大きなものは容姿，体格，運動能力，健康状態など，身体イメージ（body image）につながる側面である。身体イメージは後述する自己イメージの一部であり，身体や運動面での魅力が自己評価や満足度に大きな影響を及ぼすと考えられている。また，青年期においては，生殖機能の発達が，性的欲求や関心，性的行動を強めること，ジェンダーやセクシュアリティへの意識を高めることにつながる。

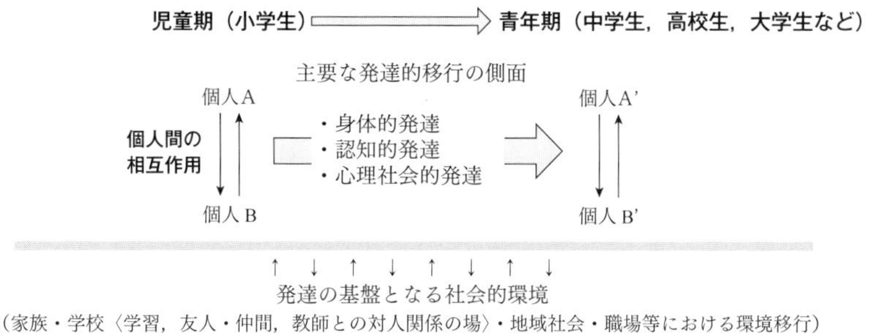

図 5-1　児童期，青年期における発達的移行と背景にある社会的環境

次に認知的発達は，脳機能を基盤とした知能の発達に関連したものである。ピアジェが提唱した認知発達の段階理論（→第 1 章）によれば，児童期は具体的操作期，青年期は形式的操作期と呼ばれる発達段階に位置する。具体的操作期には幼児期にはできなかった論理的思考が発達する。そして，形式的操作期においては仮説演繹的思考や，組み合わせ思考，命題的思考，批判的思考などが発達するとされている。このような児童期から青年期にかけての認知的発達は，学校において各教科の学習を遂行する上での重要な基礎的能力となるだけでなく，第 2 節以降で取り上げる自我・自己の発達，社会性の発達にも影響を与えている。

最後に心理社会的発達には，個人を特徴づけるさまざまな心理的側面が含まれる。たとえば，自我や自己，アイデンティティ，自律性などが代表的な心理学構成概念として知られている。また，社会的発達としては，乳幼児期に形成され生涯発達において重要となる親子関係の愛着や，社会的スキル，共感性など対人関係において重要となる社会性も含まれる。

2 ）心の発達に影響を及ぼす環境要因とその移行

児童期・青年期の心理社会的発達においては，さまざまな社会的環境が促進要因または阻害要因として影響を及ぼすことが明らかにされてきた。児童生徒にとって影響力のあるものとしては，家族・家庭，学校，地域社会，職場（アルバイトなど）などを挙げることができる。

その中でも相互作用の機会が最も多いのは家族と学校である。特に学校においては，児童生徒間の個人レベルあるいは小集団での対人関係，学級集団，教師との関係など，より複雑な対人関係のシステムが存在する。児童生徒の心理社会的発達を理解する上では，このような個人と環境との相互作用が，その個人にとってどのような意味のある経験になっているのか，という観点が大切である（→本章第 4 節および第 7 章）。

2　自我・自己の発達

1）自我の発達――自律性

自我は意識と行動を制御する主体とみなされている。自我の機能に関してはさまざまなものが提唱されてきたが，ここでは自律性（autonomy）について取り上げる。

自律性は，児童期から青年期にかけての心理社会的発達の指標として最も重視されている概念のひとつであり，主として「情緒的自律性」,「行動的自律性」,「価値的自律性」の 3 つに分類されている（Goossens［2006］）。

まず情緒的自律性は，精神分析家であるブロスが提唱した「第二の個体化過程（second individuation process）」の概念を，スタインバーグとシルバーバーグ（Steinberg & Silverberg［1986］）が実証的研究にまで発展させ，親子関係における発達の側面として扱ったものである。彼らは情緒的自律性を「親への脱理想化（de-idealization）」,「親を普通の人としてみなすこと（perceives parents as people）」,「親への非依存（nondependency）」,「個体化（individuation）」の 4 つの側面に分類し，それらを測定する心理尺度を開発した。そして，その心理尺度を用いた調査結果から，情緒的自律性は小学校高学年から年齢とともに上昇することが明らかにされた。

次に行動的自律性は，意思決定とそれにもとづいた行動をとることを指している。これは，大人や仲間などの他者からの圧力に同調または屈するのではなく，自らの強い意志にもとづいた決定と責任ある行動をとれるかどうかを指す概念である。

最後に価値的自律性は，個人の価値観や信念の発達に関する自律性で，道徳的推論や行動，個人的な信念，政治や宗教などに関する考えなどが含まれる。児童期までは，親や教師など権威のある大人に対する理想化と取り入れ，同一化にもとづいた価値の体系を形成するが，青年期に入ると，批判的思考や情緒的自律性の発達を背景にして，自らの意志で再考し，新たな価値の探求と形成を行うことになる。

2）自己の発達

客体として認識された自分自身は，自己イメージや自己概念として記憶される。その内容には，身体，性格，対人関係のスタイル，社会的役割，信念や価値観など，自分自身に関するあらゆるものが自己の一部として含まれる。また，自己に対するイメージにはそれが自分にとって肯定的か，それとも否定的かなどの評価が付随することが多い。この自己評価に関する心理学的概念には，自尊感情，自己受容，自己効力感などがある。ハーター（Harter［2012］）は，児童期と青年期における自己評価の対象となる主な領域として，身体的外観，運動能力，学業成績，対人関係（仲間からの受容，親密な友人，恋愛関係）などを挙げている。

子どもの自己に対する記述は，児童期から青年期にかけて大きく変化する。その特徴としては，①具体的・客観的・外面的な自己から抽象的・主観的・内面的な自己への変化，②単純で全体的，未分化な自己からより複雑に分化した自己への変化，などが指摘されている。

図 5-2 はハーターが研究成果の一部として示した 15 歳の女子青年の多面的に分化した自己の記述であり，青年期中期における自己の分化の特徴がよくわかる例である。この実験では，研究参加者は，親，友人，恋愛的な関心のある人，教室内という 4 つの異なる関係性における自分の特徴について，重要度の程度から 3 段階に区別して記述するように求められた。そして，記述後に，反対の特徴を示す言葉を実線で結び，さらに心理的葛藤を感じるような反対語は矢印で結ぶように求められた。この図に記載されているいくつものパーソナリティの特徴から，自己には異なる他者との関係性の文脈における違いだけでな

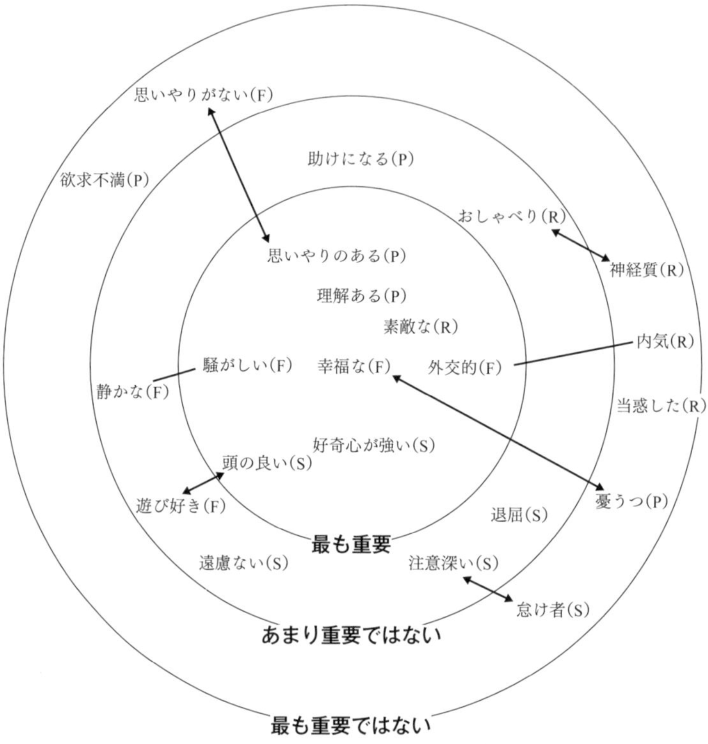

図 5-2　15歳女子の多面的な自己の例

出所）Harter［2012］をもとに作成。
注）P：親と一緒にいる時の自分，F：友人と一緒にいる時の自分，R：恋愛的な関心のある人と一緒にいる時の自分，S：教室内での生徒としての自分，矢印の実線：葛藤をともなう反対の特徴，実線：反対の特徴。

く，同一の他者との関係においてすら多面性が存在することがうかがわれる。ハーターは，これらの研究結果から，青年期前期までは自己は未分化で対立や葛藤は少ないが，中期になるとさまざまな関係性によって自己の対立と葛藤が強まり，後期においては，自己の対立はあっても葛藤は少なくなることを見出している。そして，これは認識されている自己が未分化なものから分化し，対立や葛藤を経ながら，最終的により上位の自己概念に統合されていくプロセスを表していると述べている。

3）アイデンティティ形成

エリクソン（Erikson［1959］）は，青年期の心理社会的発達の課題を「アイデンティティ 対 アイデンティティ拡散」であるとしている。アイデンティティとは「私は私である」という確信をともなった感覚である。アイデンティティの感覚とは単なる自己概念や自己定義ではない。エリクソンはアイデンティティの感覚について，「内的な斉一性（sameness）と連続性（continuity）を維持しようとする各個人の能力と，他者に対する自己の意味の斉一性，連続性とが一致した時に生じる自信」と定義している。この定義には，個人の内的な自己の斉一性や連続性の感覚に加え，他者との関係性の次元も含まれている。私が私であることに自信がもてるかどうかは，他者によって支えられているのである。

アイデンティティにはさまざまな領域が存在する。たとえば，分かりやすい例としては，職業的アイデンティティが挙げられる。自分がどのような職業に関心があり，将来どのような職業に就きたいのか，そのために何を学ぶ必要があるのか，など，進路と職業の選択および決定は職業的アイデンティティに関連した問題であるといえる（第 9 章）。

エリクソンのアイデンティティ理論は，マーシャ（Marcia［1966］）のアイデンティティ・ステイタスモデルの実証研究によって発展した。マーシャはアイデンティティ形成においては，アイデンティティの危機または探求と，現在のコミットメントの 2 つの側面が重要であると考えた。危機または探求とは，児童期までの過去の同一視の否定や再吟味，そしてその後の意味ある選択肢の探求と自己決定の経験を指している。また，コミットメントとは自己決定したものへの自己投入を意味している。マーシャはこの 2 つの観点から，個人の政治的イデオロギー，宗教，職業の領域に対するアイデンティティを 4 つのステイタスに分類した。4 つのステイタスとは「達成（危機または探求の経験後にコミットメントあり）」，「フォークロージャー（危機または探求の経験がないが，コミットメントあり）」，「モラトリアム（危機後の探求の最中であり，コミットメントはない）」，「拡散（危機または探求の経験はあることもないこともあるが，コミットメントはない）」である。これらのステイタスは，青年期の発達的プロセスの

表 5-1　3 次元アイデンティティプロセスにもとづいたアイデンティティ・ステイタス

アイデンティティ・プロセス	アイデンティティ・ステイタス				
	達　成	早期完了	モラトリアム	探索型モラトリアム	拡散
コミットメント	高	中程度または高	低	高	低
深い探求	高	低	低または中程度	高	低
コミットメントの再考	低	低	高	高	低

出所）Crocetti & Meeus［2015］をもとに作成。

中で最終的に「達成」に辿りつく前進的な方向に進んでいくのが望ましい発達経路としてみなされているが，実際には「達成」から「モラトリアム」および「拡散」にシフトするような退行的変化を示すパターンや，変化しないパターンも見出されている。

アイデンティティ・ステイタスモデルは，近年，アイデンティティ・プロセスの次元研究としてさらに発展し，モデルの精緻化が図られている。その代表例のひとつが，クロチェッティら（Crocetti et al.［2008]）によって提唱された 3 次元モデルである。クロチェッティらは前述したマーシャのアイデンティティ・ステイタスモデルに対して，コミットメントの再考という次元を追加し，3 つの次元の観点から「探索型モラトリアム」という新たなステイタスを見出している（表 5-1)。この 3 次元モデルは，二重のサイクル（dual cycle）を含んでいる。すなわち，コミットメントとそれに対するさらなる深い探求は「アイデンティティ形成とその維持のサイクル」となるが，深い探求の結果，コミットメントを再考する必要性が高まり，現在のアイデンティティの見直しが行われる場合には「アイデンティティの修正サイクル」に入ることになる。このようにアイデンティティ形成のプロセスはダイナミックな心のサイクルの連鎖の中で理解することができる。

3　社会性の発達

1）友人の機能

学校生活において，同年代の友人関係は，教師との関係以上に子どもたちの心理的適応にとって重要な要因であると考えられる。コールマン（Coleman [2014]）は，10 代の子どもたちにとっての友人の機能として，①仲間づきあい（ともに行動する人），②信頼できる同盟（味方でいる人），③援助（必要なときに助けてくれる人），④親密さ（物事を共有している人），⑤自己の確認（あなたは大丈夫，友人に好かれ，友人をつくることができる，といったことを確認できる人），⑥情緒的安心（精神的に弱くなっている時に支えてくれる人）を挙げている。このように，友人は学校生活において実際的な手助けや情緒的な喜び，安心感を与え，学級や部活動等での集団適応に欠かせない重要なソーシャルサポートの担い手であるといえる。また，自己評価に影響を及ぼす重要な他者でもあり，学校生活だけでなく家庭生活における悩みの解決においても相談相手になるなど，さまざまな役割を担っていると考えられる。

他方で，友人関係における困難さは，学習上の困難さと同様に主要な学校ストレスのひとつである。いじめや嫌がらせ，孤立，友人に嫌われないための過剰な同調，友人との比較で感じる辛さなど，学校における対人関係上の問題は，心理的適応におけるリスク要因にもなる。

2 ）視点取得能力と対人関係スキルの発達

良好な友人関係を形成，そして維持するためには，相手の考えや気持ちへの理解，そして共感や思いやり，尊重などの態度が必要である。この他者の考えや感情を理解する能力は，視点取得能力（perspective taking）と呼ばれている。

セルマン（Selman [2003]）は，視点取得能力とそれにもとづく対人関係スキルの発達的変化を 5 つのレベルで示した（表 5-2）。レベル 0 の幼児は自他の視点の区別がつかない自己中心的な視点しか有していない。小学生はレベル 1 から 2 に相当するが，自他の視点が分化し，人が主観をもつ存在であることを理解するとともに，他者の視点から自分の主観的な視点を理解するという二人称的・互恵的視点取得の段階になる。レベル 3 は，中学生（青年期前期）段階であるが，彼あるいは彼女という第三者の視点から私たちの視点を理解することが可能となる。すなわち，二者関係から三者関係への移行である。そして，高校生ではさらに多様な視点を理解することが可能となり，自分の経験を超えた，

◆トピックス

ポジティブな青年の発達

中学生，高校生，大学生といった青年時代を含む青年期は「疾風怒濤の時代」と評され，青年をめぐる研究においては，しばしば青年の問題行動が注目されてきた。非行などの問題行動やさまざまな不適応といった「問題」という観点から青年を捉え，いかに問題を予防するかを示す知見は，青年の発達を支援し理解するさい，重要な情報を提供してきたといえる。また生涯発達の枠組みからは，発達の可塑性や個人と環境の輻輳的で統合された視点を考慮して青年を捉えることの重要さが指摘されるようになってきた。

青年期を迎えようとするわが子について，親がどのような願いを言葉にするか想像してみてほしい。「非行をしない子に育ってほしい」や「学校でとにかく不適応にならないように」という願いも確かにあるだろうが，むしろ「この子の良さを発揮してほしい」や「さまざまな困難をもこの子の将来に活きるような乗り越え方をしてほしい」といった，青年の能動的な資質の発露や環境との相互作用にかかわるより根底的な願いをイメージするのではないだろうか。

近年，青年の非行や不適応といった「問題の欠如（～しないこと）」を出発点とするのではなく，青年を取り巻くコミュニティや青年自身が有する「ポジティブな資質や資源（～すること）」に着目し，青年期を「（青年がコミット可能な）多様な機会とチャンスに満ちた時間」と捉えて青年の発達を議論する視点が提案されている（Lerner [2009], Dimitrova & Wiium [2021]）。ポジティブな青年の発達（Positive Youth Development : PYD）と呼ばれるこの新しい視点は，従来の「問題を最小化する」ということ以上に，青年が有するポテンシャルを開発し，最大化させることに関心が向けられ，青年と青年を取り巻くコミュニティ（学校や地域）との肯定的な循環を通じた問題の抑制が期待されており，こうした仮説がこの視点の根幹をなしている。

PYD は単一の理論ではなく，上記の視点から構成される多様な研究・実践を束ねる概念として理解する方がよい。ここでは北米において実施された 4-H スタディと呼ばれるプロジェクトを例に PYD を紹介する。4-H スタディは，PYD における代表的なプロジェクトであり，アメリカにおける 42 州の 7000 名を超える青年を対象とした縦断的研究実践である。このプロジェクトにおける PYD の中核的な概念として，5Cs と称される 5 つの要因と 6 つ目の C としての「Contribution：貢献」についてみていく（図）。

4-H では，コミュニティに属する大人との持続的で肯定的な関係性の下，① Competence（勉学のみならず生活全般における個人の行動に関する肯定的な実感），② Confidence（自己効力および自己存在に関する全般的な肯定的感覚），③ Connection（仲間，家族といったコミュニティにおける交流に反映される肯定的な絆の感覚），④ Character（社会的・文化的規範の尊重や正しい行動基準，善悪の感覚〈道徳〉，誠実さといった個人の特性），⑤ Caring（他者への共感や思いやりの感覚），この 5 つの要因，すなわち 5Cs を促進する「機会」に対してアプローチがなされる。具体的なプログラムとしては，青年が自宅にて受けられるオンラインのコンテンツに加え，クラブ活動やキャンプと

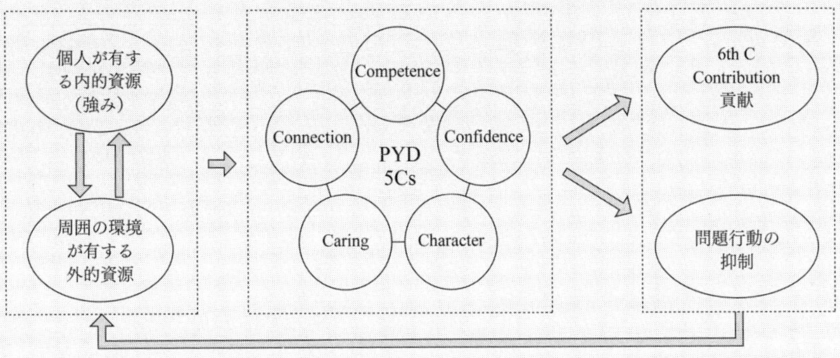

図　4-H スタディにおける PYD モデル

注）Bowers et al.［2015］をもとに作成。

いった地域活動が提供されている。

これらの 5Cs の各要因は，青年のもつ可能性として位置づけられ，これらの発露と促進によって，青年は所属するコミュニティの中で「(6 つ目の C として) Contribution（貢献：個人・家族・コミュニティにおける活動への貢献)」に導かれる。個人の資質を基盤として，青年とそれを取り巻くコミュニティとの好循環が青年の PYD をさらに促進するとするモデルである。

青年の肯定的な発達は単一の軌道を示すものではなく，むしろ個々の個性に満ちた多様な軌道が少なくとも青年期初期から展開することが示唆されている（Lerner［2009］)。さまざまな体験と出会う青年期だからこそ，どのような「機会」を青年とそのコミュニティに所属する大人が共有するかということが重要であると考えられる。

5Cs の諸要因は本邦においてもポジティブな青年期発達を理解し促進するうえで重要な視点となるだろう。とはいえ，青年を取り巻く背景要因として文化の影響は非常に大きいと考えられる。日本における青年のポジティブな発達とその背景に関する検討が進むことで，若者への前向きな支援や日本の青年に関する新しい知見の蓄積が期待される。

（川島一晃）

引用文献

Bowers, E. P., G. J. Geldhof, S. K. Johnson, L. J. Hilliard, R. M. Hershberg, J. V. Lerner & R. M. Lerner（eds).［2015］*Promoting Positive Youth Development: Lessons from 4-H Study*, Springer.

Dimitrova R. & N. Wiium（eds).［2021］*Handbook of Positive Youth Development: Advancing Reaserch, Policy, and Practice in Global Context*, Springer.

Lerner, R. M.［2009］The Positive Youth Development Perspective: Theoretical and Empirical Bases of a Strengths-Based Approach to Adolescent Development, in S. J. Lopez & C. R. Snyder（eds.), *The Oxford Handbook of Positive Psychology*, Oxford University Press, pp. 149–164.

表 5-2　視点取得能力と対人関係スキルの発達

発達レベル	視点取得能力	対人関係スキル（社会的視点の協応）	
		対人交渉方略（自律性）	共有体験（親密性）
0：就学前（3〜5 歳）	一人称的（自己中心的）視点取得：自己中心的な視点で理解する	身体的な強要：衝動的な力の行使あるいは逃走，凍りつき	未分化で非内省的な模倣，絡み合い
1：小学校低学年（6〜7 歳）	一人称的・主観的視点取得：自分の視点とは区別される他者（あなた）の視点を理解する	一方的な決定：命令あるいは服従	非内省的な表出的熱中
2：小学校中・高学年（8〜11 歳）	二人称的・互恵的視点取得：他者（あなた）の視点から自分の主観的な視点を理解する	協力的な交換による互恵性	類似した知覚や経験を内省的に共有
3：ミドルスクール（12〜14 歳）	三人称的・相互的視点取得：第三者の視点から私たちの視点を理解する	相互的な歩み寄り	共感的に信念や価値を共有
4：ハイスクール（15〜18 歳）	三人称的・一般化された他者の視点取得：多様な視点の文脈の中で自分自身の視点を理解する	関係のダイナミクスを協働的に統合	相互依存的な共有

出所）Selman［2003］をもとに作成。

法律や道徳といった社会的慣習などの一般化された他者の視点でも自分自身の視点を理解することができるようになる。

また，セルマンは，対人関係のスキルを親密性と自律性の 2 つの能力の相互作用によってとらえている。親密性は他者と経験を共有することであり，互いの考えや気持ちを分かり合う能力である。そして，自律性は互いの主張した意見や欲求が対立し，葛藤した際に互いの視点を協応させ交渉する能力である。このような対人関係のスキルも視点取得能力のレベルに応じて，未分化な自己中心的段階から，分化した互いの視点をより多様な立場や文脈の観点から理解することができ，関係性をより高次の視点から捉え，協働的・相互依存的に自律性と親密性のバランスをとれるような段階へ発達するとされている。

4　家庭と学校

1）家　庭

家庭は子どもの心身の健康や発達に最も大きな影響を与える環境である。親子関係の機能を説明する最も影響力のある理論としては，ボウルビィ（Bowlby [1988]）が提唱した愛着理論（attachment theory）がある。ボウルビィは乳幼児期の親子の相互作用における，愛着と呼ばれる情緒的絆の形成の重要性を主張した。そして，親が養育行動を通じて行っている役割の最も中心的なものは，安全基地（secure base）の提供であると述べている。安全基地は子どもに安心と安全の感覚を与える基地であり，そこから外の世界を探索して，冒険することができる。また，疲労困憊した時にはいつでも基地に帰り，元気を取り戻すことができる。また，ボウルビィは愛着形成のプロセスの中で，子どもが心の中に自己と愛着の対象に関する表象モデルである内的作業モデル（internal working model）を形成すると仮定した。子どもはこの内的作業モデルによって，他者が安心でき，信頼できる存在か否かを判断する。そのため，内的作業モデルは対人関係のスタイルの個人差を生む大きな要因となる（→第 16 章）。愛着は乳幼児期における発達課題として提唱されているものであるが，これは生涯にわたって重要な心理的メカニズムであると考えられている。たとえば児童期・青年期においては，愛着の対象は主たる養育者から友人や恋人へと拡大し，再体制化されるという発達的変化を経験する。

親子関係のあり方は，児童期から青年期にかけて大きく変化する。そのひとつとして考えられるのが，親子の権威関係の変化である。批判的思考や情緒的自律性の発達は，親に対する見方と態度を変化させる。また，行動的自律性は子どもに自由や決定権，裁量権を拡大させたいという欲求を抱かせる。そのため，子どもは親の権威に従うのではなく，自分の権限や対等な関係を求めるようになる。この親子の権威関係の変化のプロセスにおいては，一時的に親子間葛藤が高まることが指摘されている。たとえば，スメタナ（Smetana [2011]）は，日常生活における青年と親との言い争いや意見の対立の多くは，青年が親の権限の範囲を再交渉しながら自律性を拡大しようとする試みの中で生じていると述べている。また，青年が個人の自由や裁量権，決定権があるとみなす問題に対して，親はそれを子どもの個人的な問題ではなく，道徳的，慣習的な問題，あるいは親にも発言権がある問題とみなすため，そうした両者の見解の不一致が言い争いを生むと説明している。なお，親子関係における自律性は愛着と対立するものではなく，むしろ愛着を基盤として健全な自律性が発達するという考えが主流となっている。

ところで，青年期の特徴として第二反抗期という言葉が広く知られ，用いられている。この心理学用語は本来，青年の意志の発達を指すものであり，自己主張期と言い換える方が適切であるかもしれない。青年が示す反抗的行動の背景には，健全な発達の指標としての自律性の表現だけでなく，権威主義的な態度，放任，ネグレクトなどの不適切な養育環境や激しい学校ストレスなどの外的な要因が存在している場合がある。そのため，青年の親や教師など大人に対する反抗的行動は，第二反抗期の特徴として捉えるのではなく，その背景要因について丁寧に検討する必要がある。

2）学　校

学校は家庭と同様，児童生徒の心理社会的発達に大きな影響を与える環境である。子どもたち一人ひとりにとって，個人の権利と尊厳が尊重され，安心と安全を提供することができる居場所となっている場合，学校は発達促進的な環境となる。しかし，学校に関しては，子どもたちの心理社会的発達や適応のリスクになる可能性のある問題も存在する。そのひとつとして，学校移行（school transition）が挙げられる。日本の学校制度では多くの子どもたちが6・3・3制の下で学校段階を上昇しており，短期間に連続して学校環境の移行を経験している。文部科学省をはじめとした教育関係者は，それぞれの学校段階の1年生が直面している困難な課題や状況を「小1問題」，「中1ギャップ」，「高1クライシス」という言葉を用いて表している。とりわけ，小学校と中学校の教育環境の違いは大きく，環境の変化への適応に困難を抱える子どもも少なくない。

学校が発達促進的環境になるかどうかは，子どもの発達的特徴と学校環境の特徴との適合性に影響を受ける。エックルスら（Eccles et al.［1993］）は，「発達段階－環境適合 stage-environment fit」という概念を提唱し，特に青年期の発達段階としての特徴と学校環境の特徴との不適合を問題にしている。たとえば，小学校に比べて中学校では，学習内容の困難度が上がるだけでなく，成績重視の学習上の要求や期待が高まり，良い点を取るための記憶を中心とした学習が重視される傾向がある。また，校則などによる生徒の行動規制も強まることがある。しかし，生徒の青年期的な発達の特徴は，発達しつつある高次の思考力と課題解決能力を行使することや自律的な自己決定への欲求であり，教育プログラムと生徒の内発的な欲求との間にずれが生じる可能性がある。エックルスらは，このようなずれは発達的なミスマッチであり，生徒に心理的葛藤を生じさせることになると述べている。

しかし，個人と学校環境との適合性に関しては，個人差を重視する必要もある。同じ学校環境でもそれを気に入る子どもとそうでない子どもが存在する可能性がある。また，学校環境への適応に関しては，「過剰適応」に注意を払うべきである。風間・平石［2018］は，過剰適応を他者志向性と自己抑制の二側面からとらえている。この二側面がともに非常に高い場合は，他者に合わせて極端に自己抑制を続けることになり，心のバランスが崩れ内的不適応に陥りやすい。そして，最終的には外的な適応も困難になり，不登校などの状態に陥る可能性もある。そのため，過剰適応は不適応を引き起こすリスクのある状態であると考えられる。このような過剰適応状態は，学校内での友人との関係，教師との関係，家庭における親子関係などさまざまな関係性の中で生じる。そのため，子どもが経験しているそれぞれの関係性の文脈において，子どもがどのような状態にあるか，無理をして人に合わせてはいないかを注意深く観察することが大切である。

3）家庭と学校のつながり

家庭と学校は独立した社会的文脈であるが，子どもたちはその間を行き来しているため，家庭と学校が相互に影響を与えることがある。このような複数の社会的文脈間における影響は，スピルオーバー効果（spillover effect）と呼ばれている。たとえば，ティモンスとマーゴリン（Timmons & Margolin［2015］）は，両親と青年（平均 15.4 歳）を対象にして約 2 週間，毎日の親子関係における葛藤（意地悪な発言など）とネガティブな気分，学校での問題（悪い成績，宿題が終わらなかった，遅刻，欠席など）の関連を検討した。その結果，同時点での親子間葛藤と学校での問題は有意な相関関係にあるとともに，親子間葛藤と学校での問題はいずれも，一方が翌日，翌々日のもう一方を数値は低いものの有意に予測していることが示された。また，学校での問題は翌日のネガティブな気分を媒介して親子間葛藤に関連していることも明らかにされた。このように子どもが家庭での問題を学校に持ち込むこと，あるいは逆に学校でのストレスやトラブルを家庭に持ち込むということがある。

おわりに

本章では，児童期から青年期までに位置する児童生徒の心理社会的発達の諸側面と発達的移行，そしてそれに影響を及ぼす家庭と学校の問題について論じた。ここで取り上げてきた心理社会的発達の理論と概念は，学校における教育目標としても重要な役割を果たすと考えられる。たとえば，広義の生徒指導は，問題行動に対する指導に限定されず，児童生徒の全人的発達に寄与するための教科横断的な教育活動として位置づけられている。本章で取り上げたさまざまな心理社会的発達の概念は，子どもたちの心の発達のあり方を正しく理解し，目標として設定することができる有効な指標である。

（平石賢二）

引用文献

風間惇希・平石賢二［2018］「青年期前期における過剰適応の類型化に関する検討――関係特定性過剰適応尺度（OAS-RS）の開発を通して」『青年心理学研究』30, 1-23。

Bowlby, J.［1988］*A Secure Base : Clinical Applications of Attachment Theory*, Tavistock/Routledge（二木武監訳［1993］『母と子のアタッチメント――心の安全基地』医歯薬出版株式会社).

Coleman, J.［2014］*Why won't My Teenager Talk to Me?*, Routledge.

Crocetti, E., M. Rubini, K. Luyckx & W. Meeus［2008］Identity Formation in Early and Middle Adolescents from Various Ethnic Groups: From Three Dimensions to Five Statuses, *Journal of Youth and Adolescence,* 37, 983-996.

Crocetti, E. & W. Meeus［2015］The Identity Statuses: Strengths of a Person-centered Approach, in P. E. Nathan (chief ed.), K. C. McLean & M. Syed (eds.), *The Oxford Handbook of Identity Development,* Oxford University Press, pp. 97-114.

Eccles, J. S., C. Midgley, A. Wigfield, C. M. Buchman, D. Reuman, C. Flanagan & D. MacIver［1993］Development during Adolescence: The Impact of Stage-environment Fit on Young Adolescents' Experiences in Schools and Families, *American Psychologist*, 48, 90-101.

Erikson, E. H.［1959］*Identiy and The Life Cycle*, Selected Papers, in *Psychological Issues*, Vol. 1, International Universities Press（小此木啓吾訳［1973］『自我同一性――アイデンティティとライフサイクル』誠信書房).

Goossens, L.［2006］The Many Faces of Adolescent Autonomy: Parent-adolescent Conflict, Behavioral Decision-making, and Emotional Distancing, in S. Jackson & L. Goossens (eds.), *Handbook of Adolescent Development*, Psychology Press, pp. 135-153.

Harter, S.［2012］*The Construction of the Self: Developmental and Sociocultural Foundations,* 2nd Edition, The Guilford Press.

Marcia, J. E.［1966］Development and Validation of Ego-identity Status, *Journal of Personality and Social Psychology*, 3, 551-558.

Selman, R. L.［2003］*The Promotion of Social Awareness: Powerful Lessons from the Partnership of Developmental Theory and Classroom Practice*, Russell Sage Foundation.

Smetana, J. G.［2011］*Adolescents, Families, and Social Development: How Teens Construct Their Worlds,* Wiley-Blackwell.

Steinberg, L. & S. B. Silverberg［1986］The Vicissitudes of Autonomy in Early Adolescence, *Child Development*, 57, 841-851.

Timmons, A. C. & G. Margolin［2015］Family Conflict, Mood, and Adolescents' Daily School Problems: Moderating Roles of Internalizing and Externalizing Symptoms, *Child Development*, 86, 241-258.

第6章

学ぶ意欲をどう高めるか

教室の前で頭を抱え，先生の問いに返答できずに困っている子ども。先生は，簡単な問題なのに何で答えないのだろうと考えている。授業はいったん立ち止まる。隣の子どもは，「この子は当てられると黙ってしまったりするな」と思いながら，時間が過ぎるのを待っている。

勉強ができる，できないという学力には，勉強をやろうとするか，勉強をやりたいと思うか，という心理的要因が大きく影響している。このような心理的要因は，一般的には「動機づけ（motivation）」とよばれる。動機づけとは，「人の行動を一定の方向に生起させ，維持，調整する過程」と定義される。本章でみるように，学びへの動機づけは，子どもの学習の過程や成果に大きくかかわっている。

1　学びへの意欲——動機づけとは

1）好きだから学ぶ／いやいや学ぶ——2つの動機づけ

好きな教科があり，面白いと感じる子どもがいる一方で，嫌いな教科でいやいややっているという子どももいる。好きだから，という意欲は「内発的動機づけ」と呼ばれ，内的な興味や関心によって，自ら行動が生じる。そして勉強したからといって報酬を求めることはなく，行動自体に報酬が含まれている。

一方，いやいや取り組む子どもは「外発的動機づけ」によって学んでいるといえる。自分ではなく，教師や親など周囲によって強いられ，統制された動機づけのことである。そして勉強は，叱られないため，あるいは不合格にならないため，という別の目的のための手段であり，何らかの報酬（ほめられる，別の目標が達せられる，高く評価されるなど）が求められる。

2）ごほうびはやる気を高めるか――認知的評価理論

「ごほうびがある方がやる気が出る」と考える人も多いだろう。確かに，勉強やお手伝いをがんばったとき，親からお菓子やお小遣いをもらうなどすると，嬉しくてやる気になった，という経験がある人もいるかもしれない。社会人ではいわゆる“インセンティブ”などというように，報酬（金銭，権利，地位など）によって人を動機づけようとする試みは子どもに限らず広くみられる。

しかしデシらの実験は，このような報酬が動機づけに及ぼす影響について新たな知見を提供した（Deci & Ryan［1975］）。デシらは幼児を対象として，自由遊び場面で絵を描いていた子どもに，絵を描くという行動に対して報酬（金銭）を与えるという操作を行った。その後，同じ自由遊び場面で絵を描く時間が内発的動機づけによる行動の指標とされた。その結果，絵を描くことに報酬を与えた群では，何も与えない群に比べ，絵を描く枚数が低下する傾向がみられた。このことは大学生のパズル課題など，さまざまな年齢や方法で検証されている。

なぜ報酬を与えることで内発的動機づけが低下するのだろうか。デシらは，金銭などの報酬が与えられると，報酬の情報的側面（報酬を得ることが，その行動が正しい，適切なものであるという情報となる）よりも制御的側面（報酬によって行動が統制されていると感じさせる）が強くなり，因果の所在が内部から外部に変化して自己決定感を失うためだという。もともと好きで行っていた絵描きやパズルといった活動に対して，金銭的報酬を与えられると，その後同じ活動に対して内発的動機づけが減じられるようになる効果はアンダーマイニング効果と呼ばれる。一方，ほめ言葉などの社会的報酬によって，内発的動機づけが高まることは，エンハンシング効果と呼ばれる。

3）内から外への動機づけ――自己決定理論

内発と外発という 2 つの動機づけは反対のものであり，たとえば内発的であ

動機づけのタイプ	非動機づけ	外発的動機づけ				内発的動機づけ
調整の段階	非調整	外的調整	取り入れ的調整	同一化的調整	統合的調整	内的調整
行動の質	非自己決定的					自己決定的

図 6-1　自己決定の連続体としての動機づけ段階

出所）Deci & Ryan［2002］.

れば外発的動機づけは低いとして，対立するゼロサムの関係と捉えられてきた。しかし現実には，「志望校合格のために勉強する」「好きではないけどやると自信がつくから勉強する」などのように，内発ではないが，典型的な外発的動機づけでない意欲も多く存在している。このような 2 つの動機づけの対立的関係を見直し，内発と外発を連続したものと捉えた理論が，自己決定理論である。

自律と統制を対極に置いた連続帯上において，動機づけの調整段階は，統制の程度が強い順に，外的調整（「やらされるから」など外からの統制），取り入れ的調整（「やらねばならないから」などの義務感），同一化的調整（「目的のため」などの重要性・必要性），統合的調整（「価値観に合っているから」などの価値と自己の統合）と 4 つの異なる動機づけの調整段階を経る。そして，内的調整（「面白いから」などの興味・関心），すなわち内発的動機づけへと至る。このような外発的から内発的動機づけへの変容を，「動機づけの内在化（internalization）」と呼ぶ（図 6-1）。

自己決定理論は，認知的評価理論，有機的統合理論，因果志向性理論，基本的心理欲求理論，目標内容理論，関係動機づけ理論という 6 つの下位理論から構成されており，先の報酬と動機づけの関連については認知的評価理論が，動機づけの内在化については有機的統合理論が主にかかわっている。自己決定理論は，自律的動機づけの概念を中核に，人のパーソナリティ形成（→第 2 章）と発達（→第 1 章）にかかわる包括的な心理学理論であり，今日，動機づけ研究の代表的な理論体系である（Deci & Ryan［2021］）。

また，リーブら（Reeve et al.［2022］）は，自己決定理論にもとづく実証研究の知見をふまえ，子どもの自律的な動機づけを支え促すための 8 つの観点について論じている（表 6-1）。生徒の視点に立つ，興味の追究を支援する，自律性，

表 6-1　自律的動機づけを促す 8 つの観点

観　点	具体例
①生徒の視点に立つ。	生徒の考え，欲求，感情をたずねる。生徒の見方を表明する機会を提供する。授業を生徒の好みに合わせるよう調整する。
②生徒が自身の興味を追究するよう促す。	学習のどこに焦点をあてたいか，今日のトピックのどこに興味をもったのかを生徒にたずねる。
③生徒の基本的欲求を満たすように学習活動を示す。	自律性（自ら選択し決定する），有能感（自分が有能である），関係性（友人や教師など重要な他者から受け入れられている）を求める基本的欲求にかなう教材，教え方，評価，応答をする。
④納得できる説明を提供する。	単に課題や指示を出すだけでなく，それを行うために，生徒が納得できる理由や得られる成果を伝える。
⑤否定的な感情を理解し受け入れる。	生徒が自身のネガティブな感情に気づき，理解して受容するよう手助けする。
⑥動機づけを誘発する言葉を用いる。	強制的言語（pressuring language,「○○しなさい」「○○でなければいけません」など）ではなく，動機づけ的言語（motivating language,「○○してみよう」「○○するよい機会かもしれない」など）を用いる。
⑦忍耐強さを示す。	生徒の適切でない考えや行動にも耳を傾け理解する。生徒に教師の助けが受け入れられ感謝されるというシグナルが出るまでは，助言は先延ばしにする。
⑧規律を課し，構造を与え，行動を変える。	全ての生徒に適切な行動と有能な機能へと導く明確な枠組みとして規律（校則など）の方針を置く。学習で何が求められているのかという期待を明確化し，段階を踏んだガイダンスを提供し，フィードバックを行う。

出所）Reeve et al.［2022］をもとに作成。

有能感，関係性という 3 つの基本的欲求に合致するよう課題や指導といった学習活動をアレンジすることなどによって，生徒の自律的動機づけを効果的に促すことが可能になるという。このような知見は，教育現場でのよりよい指導のあり方に示唆を与えるものである。

2　欲求がやる気を高める――動機づけの情動論

動機づけに関しては，認知論，情動論，そして欲求論など，動機づけの中核を異なる立場から捉える諸理論が存在する（鹿毛［2013］）。なかでも，情動論，すなわち動機づけの中核を情動から捉える見方は，動機づけに対する私たちの日常的経験にも近く，研究の蓄積もなされている。何かにわくわくしたり，面白いと感じたりすることは，情動的な要因の働きであり，それなくして内発的，自律的な動機づけの喚起は生じないだろう。

1）学ぶことは面白い？――興味とその発達

興味（interest）とは，ある課題や活動など，特定の対象に注意を向け，それに対して積極的に関与しようとする心理状態のことである。興味は内発的動機づけの起源と考えられる知的好奇心（curiosity interest）の中核であり，内発的，自律的な動機づけのための必須要素である。

興味について，これまでの研究では主に２つのタイプが提起されている（Knapp［2002］）。ひとつは，その人自身がパーソナリティとして比較的安定的にもっている興味であり，その人自身の自己概念や価値観にも密接にかかわるもので，個人的興味（personal interest）と呼ばれる。比較的時期や場所を問わず，ある活動をすることが好きだ，という場合，活動への特性的興味を有すると考えられる。一方，状況的興味（situational interest）とは，その場面や環境によって喚起される興味のことであり，比較的状況に依存して楽しさや集中を感じることをいう（図 6-2）。

個人的，状況的いずれの興味も重要であるが，短期的，状況依存的な興味から，より長期的で安定した興味への発達的モデルが提案されている（Hidi & Renningrer［2006］）。発達段階を順にみていくと，まず「状況的興味の喚起」は，テレビや動画で見た歴史の人物や事件に興味をもつ，理科の実験操作が面白いと感じる，など状況的興味が生じる段階である。次は「状況的興味の維持」であり，教材や実験などの学習環境や協同的な学びのあり方などにより持続的な状況的興味につながる段階である。続く「個人的興味の出現」では，興味が状況的なものから安定した特性的なものへと移行する段階であり，“好み”の発現や，個々の単元や領域からある教科全体への興味へと広がる現象がみられる。最後に「発達した個人的興味」の段階では，課題への十分な知識や肯定的感情を背景に，慣れ親しんだ課題にも持続的な興味を抱くことや，困難な課題にも，注意や見方を変え，自己調整的に取り組むことなどが可能となるという。

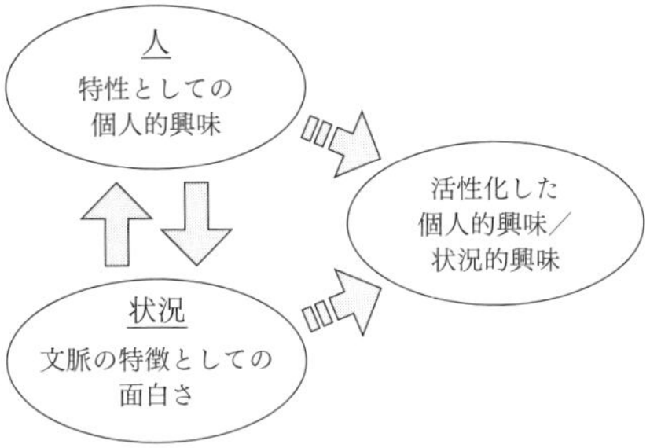

図 6-2　興味研究の概念的枠組み

出所）Krapp［2002］.

2 ）没頭して取り組む――フロー

私たちは何かに没頭しているとき，我を忘れ，周囲の様子も気にならずに取り組んでいることがある。好きな作家の小説を読んでいるとき，得意なスポーツの試合に出ているとき，瞬く間に時間が過ぎていることに驚いた経験が多くの人にあるだろう。

このような，あることに没頭した，活動への集中的な関与の状態を「フロー（flow)」と呼ぶ。チクセントミハイは，チェスやロッククライミング，ダンスといった競技でのハイ・パフォーマーに関する経験抽出法（EMS）などを用いた研究において，共通した意識状態が述べられることに注目した。すなわち，今現在の活動への高度に焦点化した集中，行動と意識の融合，内省的な自己意識，自分の行為をコントロールできるという感覚，時間感覚の変容，そして活動が内発的に報酬づけられているという経験，などである（Nakamura & Csikszentmihalyi［2002]）。

このようなフロー経験は，知覚された「スキル（skill)」のレベルと知覚された「挑戦（challenge)」のレベルによって規定されるという。すなわち，スキルと挑戦の組み合わせにより経験される感情状態を表した 8 チャンネルフローモデル（Nakamura & Csikszentmihalyi［2002]，図 6-3）によれば，自分の能力を十全に発揮できる課題や競技であれば，難易度も適度に高いものの方が，やりがいもあり高いパフォーマンスにつながるという。

このように，自身のスキルが高く，スキルと挑戦のレベルが釣り合った最適経験の状態において，「フロー」が経験されやすい。一方で苦手な課題や競技であれば，スキルのレベルは低く，挑戦もしないという「無関心」となる。得

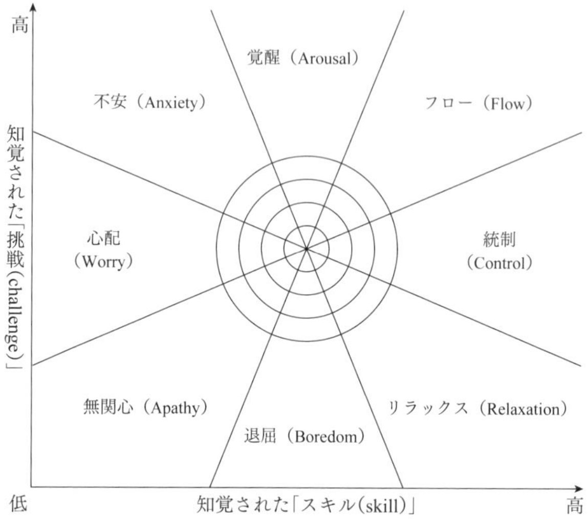

図 6-3　8チャンネルフローモデル

出所）Nakamura & Csikszentmihalyi［2002］.

意な課題でスキルのレベルは高いものの，挑戦レベルは低かったという場合には，集中する必要もなく「リラックス」を経験し，一方でスキルは低いにも関わらず，挑戦レベルが高い場合には「不安」を経験することになる。

フロー経験はそれ自体が高度に集中した動機づけ状態であるとともに，その経験を重ねていくことによって，さまざまな知識やスキル，特質を身につけてゆく，自己成長のメカニズムでもある。

3　やる気を高める見方・捉え方——動機づけの認知論

1）「できそうだ」という自信——自己効力感

これから新たな学習に取り組もうとするとき，皆さんはどう考えて取り組むだろうか。「できないだろう」と思うと，なかなかやる気は出ず，結果にもつながらないかもしれない。一方「できそうだ」と考えるなら，成功し，やりとげられる可能性は高くなるであろう。このように，何かに取り組むさい「できそうだ」と考えることは，動機づけや成果に大きく影響する。

バンデューラ（Bandura［1997］）は，行動の習得や変容において，人がもつ期待を2つの概念により区別した（図6-4）。ひとつは，ある行動によって求める結果が得られるかどうかという期待であり，結果期待と呼ばれる。もうひとつは，自分がある行動を遂行することができるかどうかという見通し，主観的評価であり，効力期待と呼ばれる。この効力期待は「自己効力（self-efficacy）」として知られ，目標達成のためにどのくらい自分自身がうまく行動することができるか，という個人の確信，すなわち自己効力感（feeling of self-efficacy）にかかわっている。毎日5時間勉強すれば，目標の学校に合格できることはわかっている（結果期待）が，自分はそれができそうか（効力期待＝自己効力）といえば自信がない，といった事態は多くの人に経験があるだろう。

それでは，自己効力感を高めるにはどうすればよいだろうか。バンデューラは，自己効力感を高めうる要因として，4つの情報源を取り上げている（表6-2)。ひとつ目は実際に自分が成功する経験をもつことであり，問題が解けるようになったり，テストでよい点を取れるようになることを意味する。学習者のレベルやタイプにあった問題を示したり，解き方のヒントを与えたりすることなどによって，本人が成功を経験することは，自己効力感を高める働きをもつ。

次に代理経験が挙げられる。自分でなく友だちなど身近な他者が成功している様子を見ることで，見ている本人の自信につながるとされる。ペア学習で相手のよいところをまねる機会をもったり，クラスのなかで同じような間違いをした子どもが，先生の支援によって正解に辿りつくなどすれば，自分のことでなくとも「できるかもしれない」という見通しに近づくだろう。モデリングや観察学習といった社会的学習の働き（→第3章）が，代理経験を可能にするといえる。

さらに，たとえうまくいかなかったときでも，教師が言葉をかけて失敗を理解し，どうすれば成功できるようになるかを伝えること，すなわち言語的説得も挙げられる。友だちからの，あるいは自分自身への言葉かけ（自己暗示）も効力感を高めることに貢献する。

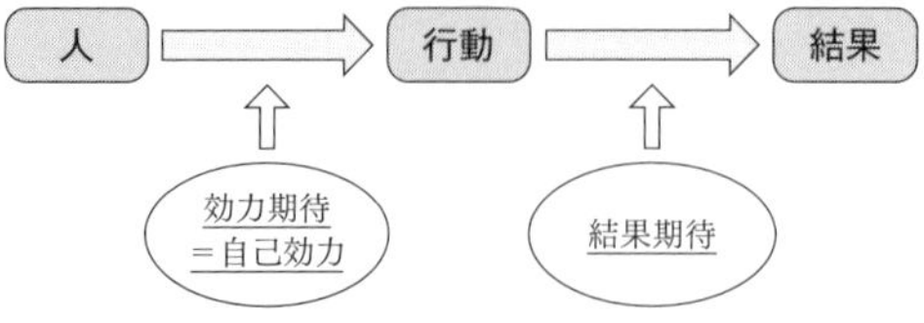

図 6-4　課題遂行にかかわる 2 つの期待

出所）Bandura［1997］.

表 6-2　効力感を高める要因（効力感の情報源）

情報源（規定因）	具体例
成功体験	実際に自分がよい得点を取ること
代理経験	うまくいった友達を参考にすること
言語的説得	友達や先生からの説得や自己暗示
情動的喚起	気持ちを落ち着かせ，集中すること

出所）Bandura［1997］.

最後に情動的喚起があげられる。緊張して汗をかいているような心理状態ではなく，成功をイメージし，深呼吸などによりリラックスして学習やスポーツに取り組むことで，成功する可能性を高めることができる。これらの要因を教師や大人が意識し，子どもの現状にあった形で指導，支援することによって，「できるかもしれない」「できそうだ」といった自信につなげることが可能になる。

2）目標と動機づけ――達成目標理論

目標（goal）は動機づけの量や質にさまざまな影響を及ぼすが，目標の捉え方や理論的な枠組みにはさまざまな立場がある（鹿毛［2013］）。そのなかでも近年代表的なものが達成目標理論（achievement goal theory）である。

たとえば，テストに向かうさいの目標志向性（goal orientation）を考えてみよう。「前回は 80 点だったから，今回は 100 点を目指して勉強するぞ」といった，高いパフォーマンスを目指して努力する子どもがいる一方，「恥をかかない程度に勉強しよう」など，周囲から低く評価されないことを意識して勉強に向かう子どももいる。勉強で何を目指すかにまつわるこうした目標は，その後の学習行動や成果を大きく左右することが，多くの研究で知られてきた。

達成目標（achievement goal）とは，ある課題や活動に対する目標志向性のことであり，「理解したい」「うまくなりたい」といった熟達目標（mastery goal）と，「よい点を取りたい」「頭がいいと思われたい」といった遂行目標（performance goal）の 2 つのタイプがある。近年，これに加えて，理解や高い遂行に

表 6-3　2 × 2 の達成目標モデル

	基　準	
	個人内／絶対的	相対的
接近	熟達接近目標 (例：わかるようになりたいから)	遂行接近目標 (例：よい成績がとりたいから)
回避	熟達回避目標 (例：習得できないのがいやだから)	遂行回避目標 (例：無能だと思われたくないから)

出所）Elliot & McGregor［2001］.

向かう接近志向と，失敗や低能力への評価を避ける回避志向という，人のもつより基底的な動機づけ象限を加えた 2 次元モデルが提案され，より説明力のあるモデルとして広く知られるようになっている（表 6-3）。同じ遂行目標をもつ子どもであっても，よい点を目指すか（遂行接近目標），失敗しないことを第一にするか（遂行回避目標）によって，行動の質や学習方略，結果は異なるものとなる。さらに，学業だけでなく，社会領域の目標，すなわち社会的目標の機能や役割に注目した研究動向もみられる（例：中谷［2007］）。

4　未来に向かう学びへの意欲

1）学びを自ら調整する——自己調整学習

グローバル化や技術革新が著しく進む先行き不透明な社会情勢において，次世代にはどのような学びの力が求められるのだろうか。そのような次世代の学びの考え方の代表例として，OECD（経済協力開発機構［2020］）により「ラーニング・コンパス」が提唱され，主体的な学びがその中核に据えられている（→トピックス）。

また主体的な学びの心理学理論のひとつとして，自己調整学習の理論的枠組みがあげられる。メタ認知，動機づけ，行動において，学習者自身が学びに対して能動的に関与する自己調整学習に関しては，学びの取り組み，すなわち目標設定や見通しを立てる「予見段階」から，学習が進行し自らメタ認知・調整する「遂行－コントロール段階」を経て，結果を振り返り，自己評価や効力感

◆トピックス

主体的な学びのすがたとは

学ぶ意欲について考えるさいには，「主体的」ということが重視されやすい。「主体的に学ぶ姿勢が大事だ」といったような言葉を耳にしたことがある人は多いかもしれない。では，「主体的」とはどのようなすがたを指すのだろうか。

日本の学校教育では，主体的に学習に取り組む態度が大事にされている。2017〜18（平成29〜30）年告示版の学習指導要領では，授業改善の視点として，主体的・対話的で深い学びの実現が重視されるようになった。そこでは学習評価の観点のひとつとして，主体的に学習に取り組む態度が位置づけられている（→第11章）。主体的に学習に取り組む態度には，①粘り強い取組を行おうとする側面に並んで，②自らの学習を調整しようとする側面がある（国立教育政策研究所［2019］）。①はGritの考え方（目標に対する情熱や粘り強さを表す心理特性）で示されている学習者のすがた，②は自己調整学習の理論で理想とされてきたすがたである。つまり，メタ認知や学習方略をもとに学び方を工夫しながら学習のサイクルを回し，根気強く学習に取り組むのが，主体的に学ぶすがただということになる。学習を調整するすがたは，2021（令和3）年の中央教育審議会の答申で示された「令和の日本型学校教育」における個別最適な学びの中でも大事にされている。

世界の教育動向に目を向けてみると，エージェンシーという考え方が注目されている。OECDは，次世代の教育の方向性を示すためのOECD Education 2030プロジェクトの中で，「ラーニング・コンパス」という学習の枠組みを提唱している。ラーニング・コンパスは，日本語で言うと「学びの羅針盤」であり，学習の方向性を指し示すものという意味が込められている。OECDのウェブサイト（https://www.oecd.org/education/2030-project/teaching-and-learning/learning/learning-compass-2030/　2023年1月31日閲覧）でラーニング・コンパスのイメージ図を見てもらいたい。そこでは，ひとりの生徒が手に羅針盤を持っている。羅針盤の針は，知識，価値観，スキル，態度といったコンピテンシー（学びを進めるための資質能力）である。羅針盤の中には，中心に発達の基盤が示され，その周囲に新たな価値を創造する力，対立やジレンマに対処する力，責任ある行動をとる力という3つの変革をもたらすコンピテンシーが置かれている。生徒はこの羅針盤を使って，見通し（Anticipation）－行動（Action）－振り返り（Reflection）というAARサイ

を得るなどの「省察段階」に至る3段階が，循環的に働くモデルが提唱されている（Zimmerman［1989］）。

2）自己調整学習者になるために――自己調整促進プログラム

自己調整学習研究の応用対象領域は広範なものであるが（中谷ほか［2021］

クルを回しながら，個人と社会のウェルビーイングに向かっていく。
この羅針盤を使って学ぶ主体を表すのが生徒エージェンシー（student agency）である。エージェンシーとは，「変化を起こすために，自分で目標を設定し，振り返り，責任をもって行動する能力」である（白井［2020］）。単に人から与えられる知識を取り入れるだけではないという点は，日本で言う「主体的」と重なる。しかし，エージェンシーの考え方では，それに加えて他者との関係性や社会の中で果たす責任が重視される。自分がもつさまざまなコンピテンシーをもとに，他者と協力しながらよりよい選択や判断を行い，新たな学びを作っていくすがたが，これからの学習者像として描かれている。

教育心理学でもエージェンシーは注目されている。リーブとシン（Reeve & Shin［2020］）は，学習に対する積極的な取り組みを示すエンゲージメントのひとつの側面として，エージェンティック・エンゲージメント（agentic engagement）を挙げている。これまでのエンゲージメントには，行動，認知，情動の3つの側面があり，学習内容に興味をもちながら深く考え，実際に行動しているのが学習に対する積極的な取り組みだとされてきた。一方，エージェンティック・エンゲージメントは，学習環境に働きかけるものである。自分の学びたいことや関心があることを教師に伝え，自分なりの学び方を提案し，必要に応じてサポートを求める。このようにして，自分の学習環境自体を最適なものにしていこうとする取り組み方が，エージェンティック・エンゲージメントである。

主体的に学ぶすがたの捉え方は変わってきている。教師や大人からの指導や支援によって意欲を高め，学習に取り組むというモデルは，以前のものになりつつあるのかもしれない。エージェンシーの考え方で描かれているように，支援者であったはずの教師や学ぶ環境自体を自分の学習に合わせて最適化していこうとするすがたが，これからの学習者には求められているのである。　（岡田　涼）

引用文献

国立教育政策研究所［2019］『学習評価の在り方ハンドブック――小・中学校編』文部科学省国立教育政策研究所教育課程研究センター。
白井俊［2020］『OECD Education 2030 プロジェクトが描く教育の未来――エージェンシー，資質・能力とカリキュラム』ミネルヴァ書房。
Reeve, J. & S. H. Shin［2020］How Teachers can Support Students' Agentic Engagement, *Theory Into Practice*, 59(2), 150–161.

など），そのうち学習に課題のある中高生を対象とした介入研究として，自己調整促進プログラム（The Self-Regulation Empowerment Program：SREP）がある（Cleary et al.［2017］）。日常の学校場面における試験や課題の中で，学習への動機づけや自己調整を支援するこのプログラムは，学習におけるモニタリングやモデリングを促し，フィードバックを支援することによって，自己調整学習の過程と動機づけへの介入を行うもので，主に低学力など学習リスクのある生徒への介入を試みるものである。現実の教科学習や課題内容に即した，コーチによる少人数の自己調整促進プログラムは，学習における方略的・自己調整的な思考や，2年にわたる達成テストでの積極的な傾向をもたらすことなどが示されている。

3）学びへの主体的取り組み――エンゲージメント

動機づけにはさまざまな概念があるが，実際に今現在，学びに主体的に取り組んでいる姿とはどのようなものだろうか。学習や仕事など，活動への積極的取り組みを示す概念として，近年エンゲージメント（engagement）が注目されている。エンゲージメントとは，課題や活動に専心し，没頭して取り組んでいる心理状態であり，教育領域や産業・組織領域において「ワークエンゲージメント」などの研究が積み重ねられてきた。

これまでエンゲージメントの枠組みとして，行動的側面，情動的側面，そして認知的側面の3側面が知られている（表6-4）。これらの諸側面は，単一でなく統合的に働き，質の高い学習や社会的・認知的・パーソナリティ的な発達にも貢献する。そしてこのような子どもの多面的なエンゲージメントの実現には，学校や教師，友人などの教育環境が影響していると考えられる（Skinner et al.［2009］）。

最近の研究（Skinner et al.［2022］）では，動機づけとエンゲージメントに関する環境要因の重要性に注目し，ブロンフェンブレンナーのモデルをもとに，動機づけの発達にかかわる複合社会的エコロジー（complex social ecologies）が提起されている。子どもの学習動機づけを直接取り巻く第一階層（マイクロシステム）として，日々子どもが対面で交流する場である学校や家庭を置き，第二階層（メゾシステム）として，学校や家庭での教師，友人，親との相互作用，第三階層（マクロシステム）として，各階層と階層間における組織化に影響するより高次の社会的・文化的要因を想定している。階層的・複合的な社会的影響の中で，子どもの動機づけやエンゲージメントが支え促されており，社会的環境の重要性が改めて注目される。

表 6-4　エンゲージメントの 3 側面とその内容例

下位側面	内容の例	学習場面の具体例
行動的エンゲージメント	・行為の開始 ・努力 ・持続的取り組み	・自分から進んで課題を行う ・難しい問題でも忍耐強く取り組む
感情的エンゲージメント	・興味・関心 ・楽しさ ・満足	・学習内容に興味をもつ ・課題を理解できたことに満足する
認知的エンゲージメント	・目的・目標 ・注意と集中 ・積極的参加	・目標を設定する ・方略を用い適切に調整する ・結果を振り返る

出所）鹿毛［2013］，Skinner et al.［2009］をもとに作成。

おわりに

本章では，子どもの学ぶ意欲について，教育心理学的な諸理論とそれにもとづく支援，指導のあり方について考えた。

学ぶ意欲，すなわち学習動機づけの理解のために，まず内発的・外発的動機づけという基本的な枠組みにふれ，近年の動機づけ研究の主流のひとつである自己決定理論とその諸概念について概説した。そして動機づけの情動論として，興味の発達，フロー理論について論じ，さらに動機づけの認知論として，自己効力感，達成目標理論について議論した。日ごろ，学校教育や子どもの学習に関しては，「あの子はやる気がある」「なんであの子はやる気がないのだろう」といった，直感的な言葉遣いや捉え方がなされるが，学習動機づけ研究からすると，そうした現象については情動や認知，そしてそれらの発達的・環境的な側面も含め，多角的視点による理解が必要であることがわかる。

そして子どもの自己調整学習の支援や促進，エンゲージメントの理解と支援は，これからの学校や教育機関における質の高い学びや成長のためにとくに重要なものといえるだろう。

くわえて，子どもどうしが関わりあう協同・協働的な学び，すなわちピア・ラーニング（中谷・伊藤［2013］）は，学校だからこそできる，子どもの発達と学びの両面を育てうる有効な学びである。さらには，わが国では今日，多文化化や多様性の拡大が急速に広がっており，多様性を包摂する教室環境と子どもの力（多文化包摂コンピテンス）の重要性が指摘されてきている（中谷ほか[2022]）。グローバル化の度合いに加え，不確実性がこれまでとは異なる次元で高まりつつある現在のわが国の学校教育において，多様性の理解と包摂を進めること（→第 10 章），そしてそのような変化する環境の下で，子どもの中に主体的に学習へと取り組む意欲を育むことは，学校教育の新たなる，そして不可欠な課題となるだろう。　（中谷素之）

引用文献

鹿毛雅治［2013］『学習意欲の理論——動機づけの教育心理学』金子書房。

中谷素之［2007］『学ぶ意欲を育てる人間関係づくり——動機づけの教育心理学』金子書房。

中谷素之［2022］「多文化を受け入れる教室を目指して　多文化を包摂する力の発達と教室の目標構造」松本真理子・野村あすか編著『外国にルーツをもつ子どもたちの学校生活とウェルビーイング』遠見書房。

中谷素之・伊藤崇達［2013］『ピア・ラーニング——学びあいの心理学』金子書房。

中谷素之・岡田涼・犬塚美輪［2021］『子どもと大人の主体的・自律的な学びを支える実践　教師・指導者のための自己調整学習』福村出版。

Bandura, A.［1997］*Self-efficacy: The Exercise of Control,* Freeman.

Cleary, T. J., B.Velardi & B. Schnaidman［2017］Effects of the Self-Regulation Empowerment Program（SREP）on Middle School Students' Strategic Skills, Self-efficacy, and Mathematics Achievement, *Journal of School Psychology,* 64, 28–42.

Deci, E.［1975］*Intrinsic Motivation,* Plenum Press（安藤延男・石田梅男訳［1980］『内発的動機づけ——実験社会心理学的アプローチ』誠信書房）.

Deci, E. & R. Ryan［2021］*Self-Determination Theory: Basic Psychological Needs in Motivation, Development, and Wellness,* Guilford Press.

Elliot, A. J. & H. A. McGregor［2001］A 2×2 Achievement Goal Framework, *Journal of Personality and Social Psychology*, 80, 501–519.

Hidi, S. & K. A. Renninger［2006］The Four-Phase Model of Interest Development, *Educational Psychologist,* 41, 111–127.

Krapp, A.［2002］An Educational-psychological Theory of Interest and Its Relation to SDT, in E. L. Deci & R. M. Ryan（eds.）, *Handbook of Self-Determination Research,* University of Rochester Press.

Nakamura, J. & M. Csikszentmihalyi［2002］The Concept of Flow, in C. R. Snyder & S. J. Lopez（eds.）, *Handbook of Positive Psychology,* Oxford University Press.

Reeve, J., R. Ryan, H. Cheon, L. Matos & H. Kaplan［2022］*Supporting Students' Motivation: Strategies for Success,* Routledge.

Schunk, D. H. & B. J. Zimmerman（eds.）［1998］*Self-regulated Learning: From Teaching to Self-re-*

flective Practice, Gilford Press（塚野州一編訳／伊藤崇達・中谷素之・秋場大輔訳［2007］『自己調整学習の実践』北大路書房）。

Skinner, E. A., T. A. Kindermann, J. P. Connell & J. G. Wellborn［2009］Engagement and Disaffection as Organizational Constructs in the Dynamics of Motivational Development, in K. R. Wenzel & A. Wigfield（eds.）, *Handbook of Motivation at School,* Routledge, pp. 223–245.

Skinner, E. A., T. A. Kindermann, J. W. Vollet & N. P. Rickert［2022］Complex Social Ecologies and the Development of Academic Motivation, *Educational Psychology Review,* 34, 2129–2165.

Zimmerman, B. J.［1989］A Social Cognitive View of Self-regulated Academic Learning, *Journal of Educational Psychology*, 81, 329–339.

第 7 章

学校をめぐる人間関係と子どもの社会性

本章では，子どものいじめや問題行動，不登校の背景に社会性，とりわけ非認知能力（→第 2 章トピックス）の問題があることに着目し，学校をめぐる人間関係が非認知能力に与える影響について，学校外も視野に入れつつ概観する。非認知能力には，自らの行動の統制であるセルフコントロール，共感性，規範意識，自尊心などが該当し，近年，教育心理学においても，子どもの学校適応にかかわる重要な概念として取り上げられている。

1　子どもの社会性――非認知能力に焦点をあてて

1）コロナ禍と子どもの危機

子どもの非認知能力は，当人を取り巻く対人環境から多大な影響を受けるが，なかでも 2019 年末から 3 年以上にわたって猛威を振るった新型コロナウイルスによるパンデミックは，学校を含む子どもの対人環境に深刻な打撃を与えた。初めてウイルスが観測されてから一定期間が経過した 2020 年 2 月 27 日，日本政府は全国の小学校，中学校，高等学校，特別支援学校に対して，3 月 2 日から春季休業までの臨時休業を要請した。約 80 % の学校において休業期間は 5 月末まで延期されることとなり，その結果として子どもたちは長期の自宅待機を余儀なくされる事態となった。

こうした感染症対策としての長期自宅待機により，子どもを取り巻く対人環境は大きく変化したことが報告されている。自宅待機による家庭における子どもへの虐待の増加が世界で指摘されており，国内でも 2020 年犯罪情勢統計において，児童への虐待通告が前年比 8.9％の増加で過去最多となったことが報告されている。長期自宅待機により，学校の教師や友人とかかわる機会も制限され，当然のことながら子どもが住む地域の住民との交流もほぼなくなっていた状況である。

また近年，学校内におけるいじめや問題行動，不登校については，増加の一途にあることが報告されている。長期自宅待機やその後の対人的交流の制限により，2020 年度の児童生徒の問題行動・不登校等生徒指導上の諸課題に関する調査においては，一時的にいじめや暴力の発生件数が低下したものの，2021 年度の報告では再び増加に転じ，いじめや不登校は過去最高を記録，暴力行為は低下前の水準に戻っている。こうした生徒指導上の課題の危機的状況は 2022（令和 4）年度に改訂された『生徒指導提要』（文部科学省発行）においても指摘されており，その背景には，児童生徒個人の性格や社会性，および学習障害・注意欠陥多動性障害・自閉症などの発達障害といった個人的要因，ならびに児童虐待・家庭内暴力・家庭内の葛藤・経済的困難などの家庭的要因，また友人間での人間関係に関する要因など，さまざまな要因が絡んでいることが指摘されている（→第 III 部）。

2）非認知能力からみた子どもの社会性

児童生徒の個人的要因における社会性の問題は，非認知能力の問題と言い換えることができる。冒頭で述べたように，非認知能力にはセルフコントロール，共感性，規範意識，自尊心などが該当し，子どものいじめ，問題行動，不登校などとも密接に関連する。セルフコントロールの低さが多様な非行の予測因であること，共感性の低さは反社会的行動の有力な予測因であること，反社会的行動を肯定する認知的な問題であり規範意識にも該当する反社会的な認知バイアスは多様な反社会的行動を予測することが，繰り返し実証されている。

非認知能力は，経済学の研究において IQ や学業達成などの認知能力と区別して概念化されている。学歴（認知能力）では賃金の差を説明できないこと（Heckman & Rubin［2001］），そして統制の所在，攻撃性や内気さといった個人の特徴（非認知能力）が賃金に関連していること（Bowels et al.［2001］）が報告されたことを契機に，近年非常に関心が高まっている。OECD は，非認知能力に近似する概念として「社会情動的スキル」を提唱しており，「(a) 一貫した思考・感情・行動のパターンに発現し，(b) フォーマルまたはインフォーマルな学習体験によって発達させることができ，(c) 個人の一生を通じて社会経済的成果に重要な影響を与えるような個人の能力」と定義している。これは，目標を達成する力（忍耐力，自己抑制，目標への情熱など），他者と協働する力（社交性，敬意，思いやりなど），そして感情をコントロールする力（自尊心，楽観性，自信など）で構成される。

このように非認知能力を構成する概念は多岐にわたるため，以下の節では，子どもの問題行動に直結する非認知能力と，非認知能力に影響する人間関係について，主要な研究を中心に概観する。

2　校内における子どもの人間関係

校内における人間関係としては，学級集団における学級担任をはじめとする教師との関係やクラスメイトとの関係が主要なものに数えられる。教師の期待が子どもの学力を含むさまざまなパフォーマンスを高めることは，教師期待効果として非常によく知られている。

1）教師との関係

教師の期待やリーダーシップが子どもの非認知能力に与える影響については，多くの研究がある。キーンバウム（Kienbaum［2001］）は，観察者が評定した，教師が示す情緒的で温かい働きかけにより，子どもの共感性が向上し，思いやり行動が増加することを確認している。中学生を対象とした国内の研究（玉井ほか［2016］）でも，教師から厳しい指導を受けることで子どもの共感性の一側面である情動共有が高まることが明らかにされている。加えて，仲間関係が共感性の一側面である視点取得（→第 5 章）に及ぼす影響において，仲間関係に恵まれない子どもであっても，教師による生活・学習の指導がなされることで，視点取得が高まるといった教師の補完的な役割も明らかにされている。教師の影響については，基本的にはポジティブな影響が検証されることが多いが，学級経営が効果的になされないことで起きる学級崩壊は，教師が子どものセルフコントロールや規範意識などの非認知能力を低下させることで生じている現象とみなすことができる。

2）クラスメイトとの関係

クラスメイトからの影響は，重要なソーシャルサポートとして肯定的な役割を担う。問題を解決するための具体的な資源を提供したり，解決のための情報を提供する場合は道具的サポートとなり，問題に直面しているクラスメイトの傷つきや喜びといった情緒面に働きかけたり，その行動や考えを是認する場合は情緒的サポートとなる。その一方で，クラスメイトは対人葛藤を生じさせる原因ともなり，子どもがストレスを感じて学校不適応に陥るなど，否定的影響を与えることもある。

クラスメイトとの人間関係は，子どもの非認知能力にも影響する。親友や仲間集団から反社会的傾向の影響を受ける過程において，反社会的認知バイアスの問題が共有されることを示す研究（Thornberry et al.［1996］）や，仲間からの排斥が反社会的認知バイアスを助長することを明らかにした研究（Dodge et al.［2003］）などがある。仲間集団の影響は，セルフコントロールに関する研究でも見出されており，個人のセルフコントロールの低さと仲間集団の逸脱の程度とが相互に影響を及ぼし合うことが確認されている（McGloin & Shermer［2009］）。

こうした規範意識の低さは，学級規範として学級内の子どもたち全体に影響する。規範意識の低さに相当する道徳不活性化が学級内において集団で共有され，その結果としていじめが高率で発生するようになることが報告されている（Thornberg et al.［2021］）。こうした知見は，非認知能力である規範意識が学級で共有されることで学級規範を形成し，子どもに肯定的・否定的両面での影響を及ぼすことを示唆するものである。

◆トピックス

全国学力・学習状況調査と心理学的個人差

全国学力・学習状況調査は日本の全学校の児童生徒の教育水準や学習状況を幅広く調査し，教育政策の成果と課題を検証・改善することを目的として行われている，教育心理学に関する国内最大規模の調査である。また，各教育委員会や学校レベルでの児童生徒への教育指導の充実や学習状況の改善などに役立てることや，教育に関する継続的な検証改善サイクルを確立することも目的とされている。開始より20年以上が経過し，その結果は児童生徒の学力や学習状況の把握，教育施策の成果および課題の検証などに役立ってきたと考えられる。一方，目的が多数存在している（政策改善と指導改善など）ために焦点化が難しい，悉皆調査として実施する意義が弱い，その活用方法が不十分である，といった批判や問題もしばしば指摘されている。

調査は，国語や数学などの基礎的な学力テストだけではなく，思考力や生活習慣などの側面を含む，児童生徒を対象とした質問紙調査や学校調査も行われている。この質問紙調査の項目の中にはさまざまな心理学的個人差を測定する項目が存在する。たとえば，令和4（2021）年度全国学力・学習状況調査において小学生の児童が回答する質問紙調査の中には，右に表掲した項目が含まれている。

いずれも①当てはまる，②どちらかといえば当てはまる，③どちらかといえば当てはまらない，④当てはまらないといった選択肢を用いた回答様式である。項目の内容を確認すると，項目7と8は自尊感情，項目10と11はセルフコントロールやGrit（やり抜く力→第6章トピックス），項目12と13と15は向社会的行動といった心理学的個人差を測定する心理尺度に含まれる項目と類似しており，これらを反映していると考えられる。したがって，各項目を用いた研究を行うことによって，学力と心理学的個人差との関連を見出すことができ，教育心理学研究に大きく寄与することが期待できるだろう。たとえば，性差や地域差，学力との関連などを大規模なデータによって明らかにすることが考えられる（以下，データを活用した心理統計手法については第4章も合わせて参照されたい）。

これまでの児童生徒質問紙調査の分析においては，度数分布とその経年変化，クロス集計が中心となって報告されてきた（国立教育政策研究所［2022］）。一方，谷ほか［2018］は全国学力・学習状況調査における平成27（2015）年度児童質問紙調査データに対して一連の心理統計手法を用いた分析を試み，心理的個人差を表す構成概念因子の抽出とそれらによる学力の説明を試みた。項目を精査したうえで，各項目の記述統計量

3　校外における子どもの人間関係

1）保護者・地域社会との関係

校外における子どもの人間関係として，保護者が子どもの非認知能力に及ぼ

表　令和4年度全国学力・学習状況調査の児童質問紙調査の一部

番号	項　目
7	自分には，よいところがあると思いますか
8	先生は，あなたのよいところを認めてくれていると思いますか
9	将来の夢や目標を持っていますか
10	自分でやると決めたことは，やり遂げるようにしていますか
11	難しいことでも，失敗を恐れないで挑戦していますか
12	人が困っているときは，進んで助けていますか
13	いじめは，どんな理由があってもいけないことだと思いますか
14	困りごとや不安がある時に，先生や学校にいる大人にいつでも相談できますか
15	人の役に立つ人間になりたいと思いますか

や項目間の相関係数を算出し，探索的因子分析を行った結果，11因子が見出された。先述の心理学的個人差変数である自尊感情に相当する因子などが含まれており，各因子のα係数（→第11章）は十分に高く，各教科の学力テストの間には.129～.213の相関係数が示された。すなわち，全国学力・学習状況調査により，教育心理学領域で多く扱われている動機づけ（→第6章）やパーソナリティ（→第2章）などの個人差変数と学力の関連性を検討できる可能性が示唆されたのである。

全国学力・学習状況調査の将来展望としては，さらなる調査の精度向上に向けてその実施方法や活用方法，対象の見直しなどが検討されており，今後も改善や変更が継続される見込みである。これまでの調査結果では，平均と比較して学力などに大きな差がみられる地域や学校の存在が示されているため，教育格差是正のための対策が求められている。そのためにはより発展したデータ解析が必要であろう。心理学領域では全国学力・学習状況調査を有効に活用した研究が少ないのが実情であるが，インパクトの高い研究が生み出される可能性があり，今後の活用が期待される。（谷　伊織）

引用文献

国立教育政策研究所［2022］『令和4年度　全国学力・学習状況調査　報告書・調査結果資料』（国立教育政策研究所　https://www.nier.go.jp/22chousakekkahoukoku/　2023年1月15日閲覧）。

谷伊織・吉澤寛之・杉本英晴・松本明日香・寺尾香那子・田村知子［2018］「全国学力・学習状況調査における質問紙調査の再分析（1）——平成27年度児童質問紙データを用いた因子構造と学力との関連の検討」『日本パーソナリティ心理学会第27回大会発表論文集』31。

す影響は幼少期から長期間にわたるものであり，きわめて重要な役割を果たす。たとえば，親の応答性や統制などのポジティブな養育態度が，子どもの養育認知を介して子どもの反社会的認知バイアスを抑制し，共感性を高めることが明らかにされている（浅野ほか［2016］）。セルフコントロールに関しては，特に母親の行動に焦点をあてた研究が数多く存在する。肯定的・感受性豊かな養育態度が子どものセルフコントロールの発達を促進するといったポジティブな影響が数多く報告されるなかで，過剰なしつけが子どものセルフコントロールの発達を妨害する（Calkins［2004］）などネガティブな影響も報告されている。

地域社会の影響に関しては，共同体での暴力に関する研究において，暴力との接触が情動制御や反社会的認知バイアスを媒介して，反社会的行動などの社会的不適応を生じさせることが確認されている（Schwartz & Proctor［2000］）。一方，地域住民の集合的有能感（非公式の社会的統制，社会的凝集性・信頼）といったポジティブな働きかけが，子どもの反社会的認知バイアスやセルフコントロールの問題を抑制することで，反社会的行動を減少させることも明らかとなっている（吉澤ほか［2009］）。

2）自宅待機が子どもに与える影響

吉澤ほか［2023］は，新型コロナ対策の長期自宅待機の前後で，これまで述べた多様な人間関係が子どもの非認知能力の変化に及ぼす影響を縦断調査のデータにより検証した。4 年生以上の小中学生を対象に，自宅待機前と学校再開後 2 時点の全 3 時点で調査を行い，対人環境として家庭の養育と暴力，教師リーダーシップ（目標達成の P 機能・集団維持の M 機能），友人関係，地域住民の集合的有能感の 4 側面を測定し，反社会的傾向としてセルフコントロール，共感性の低さを示す冷淡・情動の欠如，反社会的認知バイアス（選択的道徳不活性化・利己的認知的歪曲・規範的攻撃信念）の 3 側面を測定している。

子どもの対人環境をグループ分けすることで，図 7-1 に示されるように，全体的な交流の多寡に特徴づけられるグループや，家庭などの特定の環境に問題があるグループなど，異質な対人環境のプロフィールが見出された。この調査では，長期自宅待機前後の子どもの反社会的傾向の変化が，先行研究で指摘されているような一様な悪化ではなく，反社会的傾向の側面によって異なることが明らかにされた。この知見は，自宅待機を画一的に問題視する世論への警鐘といえよう。また，自宅待機前に置かれていた対人環境の違いにより，反社会

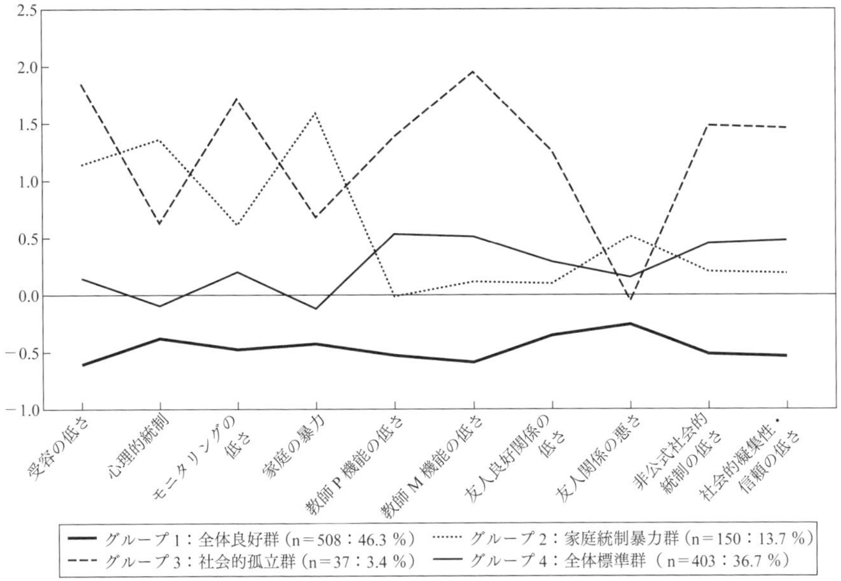

図 7-1　各グループにおける対人関係の得点のプロフィール

出所）吉澤ほか［2023］をもとに作成。

的傾向は異なる変化をみせていた。セルフコントロールを例にあげると，図 7-1 の家庭の心理暴力的統制の強いグループ 2 では，自宅待機を経て減少（自己をさらに統制）していることが明らかとなった。一方，環境に問題のないグループ 1 や 4 は，セルフコントロールが低下していた。この結果は，待機後の行動制限が解かれるにつれ，当初の恵まれた対人環境に戻ることで交流機会が増えるために，セルフコントロールが低下したと説明できる。子どもたちは自らが置かれた環境に順応するために，反社会的傾向を変化させた可能性が示唆されている。

4　子どもの社会性をはぐくむ人間関係のあり方

子どもの社会性に影響する人間関係については，校内と校外双方の人間関係をあわせて考える必要がある。近年，学校が教育課程の改善などを実現し，複雑化・多様化した課題を解決していくために，学校の組織としてのあり方や，学校の組織文化にもとづく業務のあり方などを見直し，「チームとしての学校」を作り上げていくことが大切であると言われている。このチーム学校を実現するためには，「専門性にもとづくチーム体制の構築」，「学校のマネジメント機能の強化」，「教職員一人一人が力を発揮できる環境の整備」の視点に沿って各校が検討を進めることが必要とされる。ひとつ目の「チーム体制の構築」においては，「チームとしての学校」の範囲として，地域との連携や地域人材との連携は欠かせないとされる。

今日の小中学校では，保護者や地域住民による学校教育への積極的な参加が推奨されている。この方針を実現するための制度として設けられたコミュニティ・スクールを設置する学校は年々増加している。コミュニティ・スクールは「地方教育行政の組織及び運営に関する法律」の改正により，2017（平成29）年4月1日に施行された制度で，地域住民や保護者の代表が参加する「学校運営協議会」が，学校の運営方針の決定に中核的な役割を担う学校を指す。学校運営協議会は，地域連携行事をはじめとする学校運営に関して，地域住民や保護者などの関係者の理解および連携を深めるよう努めることが定められている。

学校の教育課程において，子どもの非認知能力を向上することには，教員の多忙化を背景とした時間的な制約もあり限界があると言わざるをえない。一方で，保護者に関しても，共働き家庭の増加を背景に，子どもにかかわる時間を多くもつことができないのが現実である。こうした教師や保護者のかかわりが限られるなか，地域住民と連携して，効果的に子どもの非認知能力を高める役割として期待されているのがコミュニティ・スクールである。

国内でも，コミュニティ・スクールなどの地域連携に関する研究が多くなされはじめているものの，地域住民に加え，保護者，教師，友人を含めた多様な人間関係が子どもの非認知能力にどのような影響を与えているか検討した研究は少ない。そのなかで，親，教師，友人，地域住民の働きかけが子どもの反社会的認知バイアスに与える影響について検討した研究に吉田ほか［2019］がある。この研究では，中学生とその保護者を対象とした調査を実施し，親の養育，教師の指導，友人の非行，集合的有能感が，反社会的認知バイアスである認知的歪曲，ならびに攻撃行動全般を肯定する一般攻撃信念に与える影響を検討している。地域住民による集合的有能感の非公式社会的統制は，親の認知する養育，子どもの認知する養育を介して反社会的認知バイアスを抑制し，社会的凝集性・信頼は子どもの認知する教師の受容的な指導を介して反社会的認知バイアスを抑制し，友人の非行は反社会的認知バイアスを促進するといった結果が報告されている。

地域住民が教育にかかわることは，直接的に子どもの非認知能力に影響を及ぼすが，他方，教師など他職種と地域住民との連携は，それ自体において効果を発揮する場合がある。吉田ほか［2022］では，学級担任教員の認知する地域連携におけるチームワークの影響が検討されている。小学校 6 年生と中学校 3 年生の児童生徒および教員を対象に調査を実施した結果から，教員の認知する地域連携におけるチームワークは，教室における規範やルールを守り，円滑な対人関係をもとうとする社会的目標構造を促し，個々の子どもの内発的動機づけ（→第 6 章）および学級適応感（→第 5 章）を促進することが示されている。

こうした知見は，地域住民の支えにより，保護者や教師が効果的に子どもへかかわることができるようになることを示しており，人間関係の交流のあり方を見直すことで，コミュニティ・スクールが果たすことができる重要な役割を示唆するものである。

おわりに

本章では，子どものいじめや問題行動，不登校の背景に社会性，とりわけ非認知能力の問題があることに着目し，人間関係が非認知能力に与える影響について概観した。とりわけ，新型コロナの影響により，子どもの人間関係が制限され，社会性の低下が問題視された社会状況に焦点をあてると同時に，問題行動，いじめ，不登校に直結する非認知能力について論じた。

本章では，多様な人間関係が子どもの非認知能力に影響することが示されたと同時に，これらの人間関係のありようが，感染症対策の長期自宅待機により偶発的に制限されることで，子どもがその環境に適応するために自らの非認知能力を柔軟に変化させている可能性にも言及した。新型コロナの制約により低下していた子どもの非認知能力を回復し，今後の社会構造の変化への対応に必要とされる非認知能力をさらに高めるためには，保護者や教師に加えて，地域住民の役割にも期待されるところは大きい。そうした場面でこれらの多様な役割の間における連携が重要になることは確実であり，こうした教育のあり方を，教育行政や教員研修を通じて広く周知していくことも求められるであろう。

（吉澤寛之）

引用文献

浅野良輔・吉澤寛之・吉田琢哉・原田知佳・玉井颯一・吉田俊和［2016］「養育者の養育態度が青年の養育認知を介して社会化に与える影響」『心理学研究』87，284-293。

玉井颯一・吉田琢哉・原田知佳・吉澤寛之・浅野良輔・吉田俊和［2018］「仲間関係と教師の指導が中学生の共感性に及ぼす影響——2 時点の縦断データに基づく検討」『東海心理学研究』12，47-54。

吉澤寛之・笹竹佑太・酒井翔・松下光次郎・吉田琢哉・浅野良輔［2023］「対人環境が子どもの反社会的傾向の変化に及ぼす影響——COVID-19 対策としての長期自宅待機前後の縦断的検討」『実験社会心理学研究』62，149-168。

吉澤寛之・吉田俊和・原田知佳・海上智昭・朴賢晶・中島誠・尾関美喜［2009］「社会環境が反社会的行動に及ぼす影響——社会化と日常活動による媒介モデル」『心理学研究』80，33-41。

吉田琢哉・吉澤寛之・浅野良輔・玉井颯一・吉田俊和［2019］「社会化エージェントが社会的認知バイアスに及ぼす影響——親の養育，教師の指導，友人の非行，地域の集合的有能感を指標とした検討」『教育心理学研究』67，252-264。

吉田琢哉・吉澤寛之・浅野良輔・玉井颯一［2022］「教員の認知する地域連携におけるチームワークと学習動機づけおよび学級適応感との関連」『心理学研究』93，300-310。

Bowles, S., H. Gintis & M. Osborne［2001］The Determinants of Earnings: A Behavioral Approach, *Journal of Economic Literature,* 39, 1137-1176.

Calkins, S. D.［2004］Temperament and Emotional Regulation: Multiple Models of Early Development, *Advances in Consciousness Research*, 54, 35-60.

Dodge, K. A., J. E. Lansford, V. S. Burks, J. E. Bates, G. S. Pettit, R. Fontaine & J. M. Price［2003］Peer Rejection and Social Information-processing Factors in the Development of Aggressive Behavior Problems in Children, *Child Development*, 74, 374-393.

Heckman, J. J. & Y. Rubinstein［2001］The Importance of Noncognitive Skills: Lessons from the GED Testing Program, *American Economic Review,* 91, 145-149.

Kienbaum, J.［2001］The Socialization of Compassionate Behavior by Child Care Teachers, *Early*

Education and Development, 12, 139-153.

McGloin, J. M. & L. O. Shermer [2009] Self-control and Deviant Peer Network Structure, *Journal of Research in Crime and Delinquency*, 46, 35-72.

Schwartz, D. & L. J. Proctor [2000] Community Violence Exposure and Children's Social Adjustment in the School Peer Group: The Mediating Roles of Emotion Regulation and Social Cognition, *Journal of Consulting and Clinical Psychology,* 68, 670-683.

Thornberg, R., L. Wänström, G. Gini, K. Varjas, J. Meyers, R. Elmelid, A. Johansson & E. Mellander [2021] Collective Moral Disengagement and Its Associations with Bullying Perpetration and Victimization in Students, *Educational Psychology*, 41, 952-966.

Thornberry, T. P., A. J. Lizotte, M. D. Krohn, M. Farnworth & S. J. Jang [1996] Delinquent Peers, Beliefs, and Delinquent Behavior: A Longitudinal Test of Interactional Theory, in D. F. Greenberg (ed.), *Criminal Careers,* Vol. 2, Dartmouth Publishing Company Limited, pp. 339-375.

第8章
対人コミュニケーションのダイナミックス

「人間は社会的動物である」とは，古代ギリシャの哲学者，アリストテレスの言葉である。人間は古来，他者の存在を前提とする共同体（コミュニティ）の中で，日々の生活を営んできた。個人の「心」についての理解（→第1章）を深めるうえで，社会や集団，他者とのつながりがもたらす影響について考えることは，絶えず変化する周囲の社会環境とのかかわりを通じて個人のあり方を捉えるための包括的な視点を提供する。本章では，社会心理学の知見をベースに，集団，個人，ネットワークの3つの視点から，個人と対人的・社会的環境のダイナミックスによって構築される「心」について考察し，教育場面でのさまざまな現象をより多面的に理解することを目指す。

1　集団とその性質——集団行動のダイナミックス

1）同調行動

授業中，教師が生徒に複数の選択肢を提示し，正しいと思う解答について挙手を促したとしよう。あなたが不正解だと思う解答を他の生徒が正しいと思って挙手した場合，あなたは自分の答えが正しいことを信じて手を挙げずにいるだろうか。それとも他の生徒に釣られて手を上げてしまうだろうか。これは，私たちの意思決定が周囲の他者の意見と無関係ではいられないことを示す，ひとつの例である。

周囲の他者の影響を受けて個人の態度や信念，行動が変化することは，社会的影響（social influence）と呼ばれる。シェリフ（Sherif［1935］）は，知覚の自動運動と呼ばれる現象を巧みに利用した実験を行い，人々が他者の影響を受けて自分の意見を変えてしまうことを実証した。知覚の自動運動とは，暗室の中で静止した光点を凝視し続けると，実際には動いていない光点が動いて見える現象であるが，光点の動きの知覚には大きな個人差がある。この実験では，暗室で参加者が個別に光点の動きを報告した後，3 名が同じ暗室に集まって集団で同様の報告を行い，その後また個別に報告を行った。最初の報告では，光点の動きの知覚に 3 名の間で大きなばらつきがみられたが，集団で報告を行った場合は，お互いが報告する動きの知覚が徐々に一致するようになり，この傾向はその後に行った個別の報告でも継続していた。つまり，参加者は，本来は個人ごとに異なる形で知覚されるはずの環境を，他者が報告する内容に適合させることで，共有された現実を知覚し，創発していたのである。このように，正解がわからない場合，他者の意見を参考にして自分の意見を修正するというプロセスは，情報的影響（informational social influence）とよばれる（Deutsch & Gerard［1955］)。

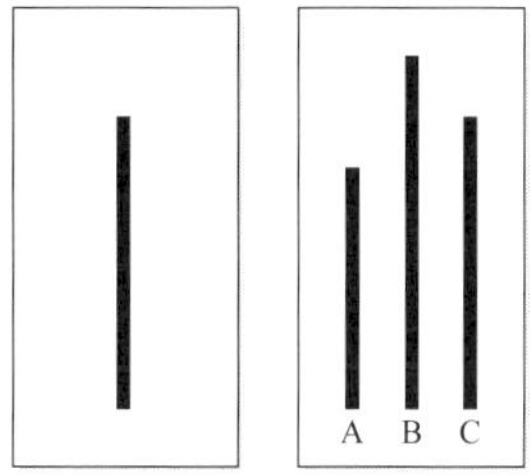

図 8-1　アッシュの実験で用いられた図のイメージ

正解がわかり，他者の意見が明らかに誤っている場合でも，多数派への同調（conformity）が起こってしまうこともある。アッシュの実験（Asch［1956］，図 8-1）では，3 本の線分が描かれたパネルを参加者に呈示し，別のパネルに呈示されたターゲットの線分と同じ長さの線分をひとつだけ報告することが求められた。12 回の試行のうち，個人で解答した場合の平均誤答率は 0.7 % であったのに対し，6 名のサクラ（研究協力者）と 1 名の参加者が一同に会し，サクラが全員一致して誤った解答を行った場合，平均誤答率（＝誤答への平均同調率）は 36.8 % まで上昇した。これは，他者からの批判や罰を避けるために，個人が誤った意見に対して同調を行うプロセスとして解釈でき，規範的影響（normative social influence）とよばれる。なお，同調に関する文化差はそれほど明確ではなく，日本人が他の国の人々と比べて特に同調しやすいとは言えないことも指摘されている。

2）規　範

規範（norm）とは，集団内の大多数が意識的，あるいは無意識的に共有している判断の枠組みや思考様式であり，集団成員として期待される行動の標準を示す。ここでの集団とは，学校や職場など，成員どうしがお互いのことを認識して活動する組織に加えて，社会や文化など，構成員が共通のルールや信念にもとづいて行動や態度を決定する，より包括的な集合体も含む。持続的な規範は慣習として受け入れられる。慣習からの逸脱の基準が罰則を含んで明文化され，コミュニティの構成員にその遵守を要請するのが法や条例である。

規範は，私たちが日頃何気なく使う「ふつう（normal)」という言葉が指す内容だと考えるとわかりやすい。「ふつう」の基準は集団や文化によって異なるが（たとえば，日本では土足で室内に入ることはまずないが，アメリカでは「ふつう」のことである)，アッシュの実験からわかるように，ある場面で大多数の人が従う「ふつう」のことが，別の観点から見て「正しい」ことだという保証はどこにもない。社会心理学の観点から見ると，「ふつう」とは，あくまでもある時点・ある場面で多くの人が受け入れている基準にすぎない。

規範に従うことのメリットは，逸脱への罰をともなう共通のルールを受け入れることで，相手の真意を探るような駆け引きを行う必要が弱まり，意思決定にまつわるさまざまなコストを減らし，既存の社会集団システムの維持を容易にすることにある。一方で，デメリットとしては，既存の規範を打破し，新たな「ふつう」の基準を生み出すことが難しくなることが挙げられる。モスコビッチら（Moscovici et al.［1969］）は，社会や集団に大きな変化をもたらすような革新（イノベーション）が，常に少数派によってもたらされると指摘し，少数の人々が示す一貫した行動が，少数派の影響（minority influence）を強めることを明らかにした。革新は，その場限りの孤軍奮闘ではなく，筋の通った行動による連帯を通じて達成されるのである。

ある場面における人々の行動は，どのような規範に注目するかで方向づけられる。たとえば，校舎の見えない場所での掃除当番を真面目にやるか，それともサボるかは，周囲の人々が掃除当番をサボっている様子に注目するかどうかに強く影響される。チャルディーニら（Cialdini et al.［1990］）は，規範的行為の焦点化理論（a focus theory of normative conduct）において，所与の状況で「何をすべきか」を指し示す命令的規範（injunctive norm）と，「何がなされているか」を指し示す記述的規範（descriptive norm）を区別し，大学の駐車場で，ゴミが多いか少ないか（命令的規範の有無）と，ポイ捨てをする人を見かけるかどうか（記述的規範の有無）を操作したフィールド実験を行った。その結果，ゴミだらけの駐車場でポイ捨てを見かけた参加者は，つられてポイ捨てをする確率が特に高まっていた。個人の道徳性や社会的ルールとは別に，他者の行為の観察を通じて「悪いことをしても罰せられない」という状況を認識することで，逸脱行為は容易に模倣されてしまうのである。

3）社会的ジレンマ

集団場面において，他者との協力が必要になる場面は多い。では，集団における相互協力はどのようにして達成されるのだろうか。ここではまず，社会的な事例として節電問題を取り上げる。現代社会は電力を消費して快適な生活を送ることを前提に設計されている。日本の都市部で猛暑の夏や厳寒の冬を過ごすのに，冷暖房をまったく使わないことはなかなか考えにくい。電力の消費量に応じた費用を支払うことで，快適さを追求することは個人の自由である。その一方で，電力は貯めておくことが難しい共有の資源であり，電力需要が供給を上回ると，地域全体が停電（ブラックアウト）してしまう。こうしたシナリオを避け，できるだけ多くの人々がエネルギーを有効に活用するためにも，個人の節電行動は重要である。しかし，自分ひとりだけが暑さや寒さに耐えて節電したとしても，その貢献は全体からすれば非常に小さなものである。そのため，「他の人が節電しているなら，自分ひとりくらい節電しなくても大丈夫だろう」という気持ちが働いてしまうこともあるだろう。しかし，もし全員がこのように考えてしまったら，ブラックアウトは避けられない事態となる。

こうした状況は，社会的ジレンマ（social dilemma）の枠組みで説明できる。社会的ジレンマは，①一人ひとりの人間が，「協力（cooperation）」か「非協力（defection）」を選択できる，②一人ひとりの人間にとっては，「協力」を選択するよりも，「非協力」を選択する方が望ましい結果が得られる，③全員が「非協力」を選択した場合は，全員が「協力」を選択した場合の結果よりも悪くなる，という3つの条件が揃った状況である。節電を例に取ると，社会全体の利益を考慮して自分が節電（協力）しても，他人が節電しない（非協力）場合，結局，自分は暑さ寒さを耐え忍ぶことになる。むしろ，自己利益の追求を第一に考えて節電行動をとらなければ，自分は望ましい快適な生活を送ることができる。しかし，全員が自分の利益ばかりを考えて行動すると，ブラックアウトによって地域全体の電力が使えなくなり，医療や公共交通機関などに大きな支障が出てしまう。これは，自己利益の追求と選択の自由がもたらす共有地の悲劇（tragedy of the commons）として知られている。

現実には，最悪のシナリオを避けるための仕組みが社会には備わっている。そのひとつが罰（sanction）システムである。非協力者に罰を与えることで，その後の行動はより協力的になることが知られている。ただし，非協力者を検知するための監視の手間や，非協力者に罰を行使する手間は，仮に全員が協力的であれば支払う必要のない余分なコストである。こうしたコストを集団の成員がどのように受容するのかは，解決が難しい問題である。また，より単純な話として，他の人から見られているという手がかりがあるだけでも，個人は非協力的な振る舞いをしなくなる。これは個人が集団内での評判を気にするためだと言われている。

これらの知見には，学校やクラスなどの集団場面において，個人が相互協力をどのように達成するのかのヒントが含まれている。学校では多くの行動にルールが定められており，非協力者には一定の罰が与えられる（たとえば，掃除当番をサボった生徒は先生に叱られる）ことを皆が自覚しているのであれば，基本的には相互協力の規範が維持されるだろう。しかし実際には非協力者を常に監視することが難しい場合や，罰を与えることが適切でない場合もあるだろう（生徒の全ての行動をチェックするのは，手間がかかる上に望ましいことではないし，体罰は法律で禁止されている)。こうした制約の中で，ふとしたはずみで非協力的な逸脱行動が許容されると，雪崩をうつように相互協力の規範が消失することもありうる。これを防ぐには，協力行動がなされているかをお互いに観察し合い，協力的な規範を維持するための雰囲気を作り出すことが重要である。

4）集団意思決定

学校では，多くの場面で話し合いや投票による集団意思決定の手続きが採用されている。「3人寄れば文殊の知恵」ということわざにみられるように，集団合議による意思決定が個人での意思決定よりも優れたパフォーマンスを生み出すという信念は，広く共有されている。集団意思決定は，お互いの意見を主張し尊重するボトムアップ型の手続きであり，一部の人々が決定を下すトップダウン型の手続きよりも民主的かつ公正（fair）であることから，人々の満足感を高める。その一方で，集団意思決定のプロセスには，情報共有や関係の調整など，さまざまなコストが必然的に付随するため，集団のパフォーマンスがかえって低下する可能性は決して無視できない。

特に，集団のまとまりが強い一方で，成員の立場が平等ではない場合，一部の成員が他の成員に自己の優位性を誇示したいがゆえに，あえて常識はずれの意見や奇をてらった意見を主張し，他者がそのリスクを過小に見積もって賛同するといったことが起こりうる。こうした一連のプロセスは集団思考（group-think）と呼ばれ（Janis［1971］），まとまりの強い集団であるがゆえに自分たちの能力を過大評価し，より妥当な他の選択肢を十分に検討しない結果，失敗が引き起こされる典型的な例である。有名な事例としては，1986年のスペースシャトル・チャレンジャー号爆発事故の主要な原因が，NASA（アメリカ航空宇宙局）の専門家が十分な情報共有を行わずに集団討議に臨み，一部のメンバーが打ち上げ失敗のリスクを過小評価して打ち上げが強行された点にあるという，物理学者のファインマンの指摘がある。

2　友人や他者をどう見るか——社会的認知のダイナミックス

1）印象形成

学習や教育の場では，友人や教師など，他者とのかかわりがつきものである。では，他者の印象はどのようにして形成されるのだろうか。アッシュの印象形成に関する実験は，パーソナリティ特性を表す形容詞（明るい，信頼できるなど→第2章）が，他者の全体的な印象をどのように決定するのかを検討しており，いくつかの重要な知見が得られている（Asch［1946］）。まず，ひとつの特性にもとづく個別印象が全体印象に強く影響を与える場合と，そうでない場合がある。前者は中心特性（central characteristics，例：あたたかい－つめたい），後者は周辺特性（peripheral characteristics，例：丁寧な－ぶっきらぼうな）と呼ばれる。また，同じ特性が全体の印象に及ぼす影響は，特性の呈示順によっても異なる。最初に呈示された特性が強い影響をもつことは初頭効果（primacy effect），最後に呈示された特性が強い影響をもつことは新近効果（recency effect）と呼ばれる。

アッシュの知見は，個別印象が生み出す全体印象が相対的なものであることを明らかにしたとともに，全体印象が個別印象の組み合わせを超えた総体として立ち現れるゲシュタルト・モデル（Gestalt model）として概念化されている。これに対して，個別印象に重み付けを行い（たとえば，中心特性は周辺特性に比べて，全体印象に対して n 倍のインパクトをもつ），変数と演算子を用いた演算によって全体印象を統合的に表現する加法モデル（additive model）も概念化されている（Anderson［1962］）。

2）ステレオタイプ

ありのままの他者を観察し，その印象を正確に記憶に留めることは可能なのだろうか。このプロセスは対人認知（person cognition）と呼ばれ，情報処理的アプローチにもとづく多くの研究が行われている。

対人認知のプロセスでは，スキーマ（schema）と呼ばれる体系化された知識構造が利用される。代表的なスキーマとしては，他者や人間一般に関する知識を含む人物スキーマ（person schema），ある場面での振る舞い方に関する一般的な知識（スクリプト）を含む出来事スキーマ（event schema），自己に関する体系的な知識を含む自己スキーマ（self schema），人々の社会的地位や役割に関する知識を含む役割スキーマ（role schema）が挙げられる。なかでも，役割スキーマはステレオタイプ（stereotype）と密接に関連する。

ステレオタイプとは，職業や性別，人種など，ある社会的カテゴリに属する

表 8-1　ステレオタイプ内容モデルで表される集団のイメージ

		知的能力	
		低　い	高　い
あたたかさ	高い	高齢者，障害者，専業主婦など ・温情的な偏見 ・社会的地位が低い ・あわれみ，同情	内集団の人々，親しい仲間など ・あこがれの対象 ・社会的地位が高い ・プライドの充足
	低い	生活保護受給者，貧困層など ・軽蔑的な偏見 ・社会的地位が低い ・軽蔑，嫌悪，怒り，怨恨	富裕層，フェミニストなど ・嫉妬的な偏見 ・社会的地位が高い ・ねたみ，やっかみ

出所）Fiske et al.［2002］をもとに作成。

人々の集団に対して，（その集団の内外の）人々が抱いている固定化されたイメージである。ステレオタイプ内容モデル（stereotype content model）によると，ステレオタイプはあたたかさと知的能力の二次元で構成される（Fiske et al. [2002]）。このモデルは，ステレオタイプが両面的（ambivalent）な価値をもち，多くの外集団はあたたかさと知的能力のどちらかのみが高いと評価されやすいこと，さらに対象となる集団と知覚する側の集団の社会構造関係（social structure）によってステレオタイプが決定されることを示している。具体的な例としては，専業主婦はあたたかいが知的能力は低い，フェミニストは高い知的能力をもつがつめたい，といったイメージをもたれやすいことが挙げられる。その一方で，社会における周縁的な存在であるホームレスのように，能力もあたたかさも低いと評価される社会的カテゴリも存在する（表 8-1）。

教育現場において，多様性への寛容さは重要な意味をもつ。異なるバックグラウンドやアイデンティティをもつ他者を個人がどのように受容していくかは，ステレオタイプをどのように乗り越え，個別的な存在としての他者を理解しようとするかにかかっている。ステレオタイプは自動的に活性化されやすく，対人認知においてその影響を取り除くことは困難であるが，量と質にすぐれた集団間接触によってステレオタイプは低減可能だとする接触仮説（contact hypothesis）も提案されている（→第 10 章）。

◆トピックス

助け合う心の裏側に

学業不振，人間関係の軋轢や劣等感，ネットでのトラブル，将来への不安など，児童生徒の日常は，さまざまな問題や悩みにあふれている。それらを乗り越えるためには，各個人の内面的成長のみならず，友人，教師，家族との支え合い，助け合いも重要であることは言うまでもない。身近で親しい人々との支え合いから，不特定多数とのオンラインコミュニケーションに至るまで，対人関係が心身の健康に少なからず影響することは，ソーシャルサポート，社会的排斥，孤独感，ウェルビーイングなどの研究領域で，これまで数多く指摘されている。

人間は，助け合うことで適応度を高め，高度な文明を培ってきた社会的動物であり，進化と文化のプロセスを通じて，助け合うための心と社会の仕組み，すなわち社会性一式を獲得してきた（クリスタキス［2020］)。ここでいう社会性一式とは，アイデンティティ，家族の愛情，友情，社会的ネットワーク，協力，内集団への好意，ゆるやかな平等主義，そして文化や教育の包括的概念である。これらの心と社会の仕組みを基盤として，学校教育でも助け合いや支え合い，そして思いやりや共感の重要性について学ぶことは，至極当然であるように思われる（→第 7 章)。

ただし，どうやら助け合いや共感は，いつでもどこでも誰にとっても有益である，というわけでもなさそうである。近年の研究では，援助すること，共感することが，ときに思わぬネガティブな影響をもたらしうる可能性についても，さまざまに指摘されている。

たとえば，身元のわかる犠牲者効果（identifiable victim effect）と称される現象がある。これは，苦境に直面している特定他者についての詳細を知ることで，その人への援助提供が促進されやすくなる一方で，それ以外の，しかし同様の事情を抱える不特定他者への援助提供はかえって抑制されやすくなり，結果的に援助の公平性が損なわれてしまうという現象である。そしてこの効果の背景には，情動的共感による影響がある。

共感という概念は，心理学でも多種多様な意味で用いられているが，感情ミラーリング（推測された他者感情を自身も経験すること）である情動的共感と，視点取得（自身

3）態　度

試験前に苦手な科目を勉強していると，「実は自分はこの科目が好きだったのだ」と感じることがあるかもしれない。これは，その科目に対するネガティブな印象が，試験勉強を行うことでポジティブに変容したひとつの例といえる。こうした心理的メカニズムは，態度（attitude）という概念を用いて考えるとわかりやすい。

と異なる他者の視点から物事を認識すること→第 5 章）である認知的共感は，基本的に区別されるものである。そして，たとえ相手の心情が分からなくても，苦境にあると覚しき他者を気遣うことは日常茶飯事であろう。このことは，援助の道徳判断や思いやりのために，情動的共感は必須というわけではないことを示唆している。

そして情動的共感は，想像するのが容易な人々や，身内や内集団に対して喚起されやすいという性質がある（ブルーム［2018］）。苦境に直面している特定個人の物語が，その人を助けたいという思いを喚起するのは，情動的共感のこのような性質による。しかし，不遇な物語の主人公への強い思い入れは，同様の事情を抱える多くの無名の人々よりも，その主人公を不当に優先してしまう不公平な判断につながりかねない。通俗的には助け合いの本質として言及されがちな情動的共感であるが，実は助け合いのための必須条件というわけでもなく，ときには公平性を損なう原因にもなりかねないのである。

援助や共感を促進する心の仕組みが，思わぬ副作用をもたらす例は他にもある。非緩和共同性（unmitigated communion）と称されるパーソナリティもそのひとつである。これは，「誰かに助けを求められると断れない」「他人の問題に悩むことが多い」といった，他者に過剰に配慮し，自分より他者を優先しやすいパーソナリティ傾向（→第 2 章）のことである。しかし，他者を過度に優先しての自己犠牲は，結果的に自身のウェルビーイングを損なうことにもなりかねない。

もちろん，助け合いは重要である。だからこそ，助け合いを促進するための教育も重要であり，広義に考えれば，教育そのものが助け合いの一種とも言えよう。しかし，助け合いや共感といった言葉は，その響きの良さゆえに，潜在的な副作用の可能性を矮小化してしまい，結果的に思わぬ逆効果をもたらすこともある。助け合いを語るさいにはそのことに留意して，硬直的な理想や紋切り型の正解を安易に是としてしまう陥穽に陥らない慎重さも求められるかもしれない。　（橋本　剛）

引用文献

クリスタキス，N.［2020］『ブループリント――「よい未来」を築くための進化論と人類史』上・下，鬼澤忍・塩原通緒訳，NewsPicks パブリッシング。
ブルーム，P.［2018］『反共感論――社会はいかに判断を誤るか』高橋洋訳，白揚社。

態度とは，特定の対象に対するポジティブ（好意や好みなど）あるいはネガティブ（嫌悪や回避など）な評価を指す。態度の形成は，常に意識的に行われるわけではない。「やりたくないことをやっている」というように，外的に観察可能な自分の行動と，内的な状態として観察不可能な（その行動への）態度とが矛盾している状態（不協和）を個人が認知すると，不快な感情が生起してしまう。このような状況から逃れるため，個人は内的な態度を外的な行動に一致するよう無意識的に変容させる。この例では，「今勉強をしているのは，実はその内容が面白いからだ」と考えることができれば，不快な感情は生じない。こうした態度形成の心理的メカニズムを統合的に説明するのが認知的不協和理論（cognitive dissonance theory）である（Festinger［1957］）。これに対して，不快な感情の生起を前提とせず，自分の行動を単に知覚し，その原因を解釈しようとする場合も，同じように態度変容が生じうるとするのが自己知覚理論（self-perception theory）である（Bem［1972］）。

他者の態度を自分が望む方向に変容させようとするコミュニケーションは，説得的コミュニケーション（persuasion）とよばれる。代表的な例としては，自ら進んで他者に好意を提供し，それに対するお返しを期待する返報性（reciprocity）の原理，小さな要請を先に承諾してもらい，その後さらに大きな要請を承諾してもらうフット・イン・ザ・ドア・テクニック（foot-in-the-door technique），大きな要請を断られた後に小さな要請を承諾してもらうドア・イン・ザ・フェイス・テクニック（door-in-the-face technique），「見せ球」として先に好ましい内容を提示し，その後に不利な内容を提示して断りにくくするローボール・テクニック（low-ball technique）がある（Cialdini［2021］）。いずれも段階的なコミュニケーションを行うことで，他者の態度変容を徐々に促していくのが特徴である。

また，説得のプロセスにおいては，メッセージ（情報）の送り手の信憑性が重要となる。精緻化見込みモデル（elaboration likelihood model）にもとづくと，メッセージの受け手は，送り手の主張について能動的に考え，内容を処理する（Petty & Cacioppo［1986］）。そのさい，受け手の情報処理能力と動機づけによって，中心ルートと周辺ルートの２つの異なる処理ルートが用いられる。中心ルートは，受け手の処理能力と動機づけの両方が高い場合に駆動し，受け手は与えられた情報そのものの内容を能動的に吟味する。これに対して周辺ルートは，受け手の処理能力と動機づけのいずれかが低い場合に駆動し，受け手は送り手の魅力，専門性，論拠の数といった周辺的な情報を参考に内容を吟味する。たとえば，生徒がある単元を学ぶ場合，当初はその単元に関する十分な知識や処理能力をもっていないため，教師の信頼性や親しみやすさといった周辺的な情報を参考にして指導内容を理解しようとする。しかし，ある程度の理解が進むと，生徒自身が指導内容をしっかりと吟味して考えることができるようになるため，教師の指導力そのものがより直接的に試されることになる。教育の場は社会的な場でもあり，生徒の理解度に応じて教師－生徒間のコミュニケーションの意味も変化していくのである（動機づけについては→第 6 章）。

3　人と人とのかかわりとネットワーク――関係性のダイナミックス

1）社会的ネットワーク

心理学では，二者関係や集団における集合的現象を扱うさい，原則として個人をデータ収集や分析の単位（unit）とする。これは方法論的個人主義（methodological individualism）と呼ばれるアプローチである。しかし，多くの集合的現象は個人内の心的プロセスだけでなく，個人間の相互影響プロセスを含んでおり，後者は個人間のデータの独立性を仮定する分析では検討が難しい。この問題を解決するため，個人間の関係性を通じた相互影響プロセスを統合的に分析するのが，社会的ネットワーク（social networks）によるアプローチである。

社会的ネットワークは，個人の集合と，個人間のつながり（tie：紐帯，関係性）の集合の 2 つの要素で構成される（図 8-2）。個人の心的状態は内的な要因だけでなく，さまざまな種類のつながりを通じた外的な要因によっても変動する。また，関係性のつながりのパターン，すなわち紐帯の構造も心的状態によって変化する。たとえば，子どもの精神的健康は感情状態や認知バイアスなどの内的要因に強く影響されるが，友人などの親密な他者とのつながりをもつことで大きく改善する。また，精神的健康の高さが他者とのつながりを促進する働きもある。さらに，学校のクラスで，自分の友人が別の人とつながりをもつことによって，自分とその人が新たに友人になることや，友人の多い個人が他の人から友人として選択されやすいこともある。個人の心的状態を理解するうえで，こうした社会的環境の影響を考慮することは，ダイナミックな存在としての人間と社会の様態を考えるうえで重要である。

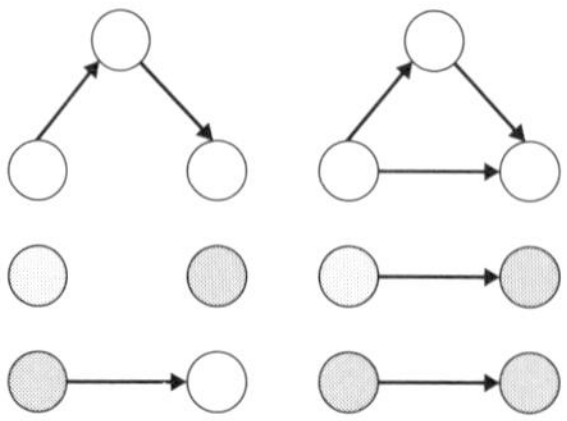

図 8-2　社会的ネットワークのグラフの例

2）同類性と伝播

クラス替えの後で誰と新しく友人になれるのかは，多くの人が気にするところである。「類は友を呼ぶ」ということわざにあるように，好み・価値観（態度）や人種・性別・職業・社会的地位（属性）などが類似した者どうしは，そうでない者どうしよりもつながりを形成しやすい。これは同類性（homophily）とよばれる。態度の同類性は，個人の態度の社会的な妥当性を確証するプロセスの反映であり，共通の文化（例：1970 年代のパンク・ファッションのムーブメント）や規範（例：遅刻をどの程度許容するか）をもつ者どうしがお互いを受け入れることで生まれる。属性の同類性は，態度の同類性の反映であるとともに，地理的要因（例：日本では日本人どうしでのコミュニケーションが必然的に多くなる）や社会的要因（例：富裕層と貧困層では生活圏や生活習慣が異なる）によって説明される。

これに対して，「朱に交われば赤くなる」ということわざにあるように，つながりのある相手との態度や価値観，行動が徐々に類似していくことは，伝播（contagion）とよばれる。伝播は，他者の模倣による社会的学習（social learning）のプロセスを反映していると考えられる。たとえば，喫煙する生徒はお互いを友人として選択しやすく，さらに喫煙しない生徒は喫煙する生徒と友人になると喫煙を始めやすくなる。図 8-2 に示すように，社会的ネットワークでは同類性と伝播の 2 つのプロセスが働いており，個人の態度やつながりがダイナミックに変容していくのである。

3）孤独感

社会的ネットワークが分散化し，共同体のあり方が変容している現代社会において，社会的孤立や孤独感を解消することは重要な課題である。孤独感（loneliness）は，個人のもつ社会的ネットワークにおける理想と現実とのズレを認知することで生じるネガティブな感情状態であり，心身にさまざまな悪影響を与える。たとえば，親元を離れた進学や就職といった大きなライフイベントがあると，私たちは慣れ親しんだ家族や友人とのつながりを離れ，新たな社会環境で新しい社会的ネットワークを構築していくことになる。こうしたとき，多くの人々はストレスを感じ，一時的な孤独である状態孤独感（state loneliness）を抱く。一方，こうしたライフイベントの有無にかかわらず，ふだんの生活の中で関係性に満足できず，孤独感を抱いている人は，特性孤独感（trait loneliness）が高いことになる。ここでは，社会関係の質的側面が重要となり，孤立と孤独は明確に区別される。したがって，多くの友人がいても孤独を感じるということや，その逆もある。

人類は，進化の歴史の中で他者と相互に助け合いながら生き延びてきた。そのため，他者とのつながりが満足のいくものでない状態は，自身の生存が脅かされていることのシグナル，すなわち孤独感の高まりとして検知される（Cacioppo et al.［2014］）。個人は孤独感が高まると，その状態を脱しようとさまざまな行動をとる。孤独感の高い個人は，対人的な情報への注意を高める一方で，得られた情報の解読後に不適切な反応をとってしまいやすい。このことは，孤独を感じることで他者への関心が高まっているものの，実際のやりとりがうまくいかないといった事態を引き起こし，さらに孤独感を高めてしまうことにつながる。また，友人の数が少なく孤独感が高いと，ストレスで免疫系の活動が低下し，インフルエンザにかかりやすくなることも知られている。

4）オンラインコミュニケーション

メディアや他者から得た情報を正しく吟味するためのリテラシーを身につけることは，現代の教育場面において特に重要な課題である。陰謀論やデマ，フェイクニュースなど，ソーシャルメディアで真偽の不確かな情報が飛び交う世の中では，大規模な社会的ネットワークを通じて誤った情報がきわめて速く広範囲に拡散されることがある。フェイクニュースの拡散は，個人のイデオロギー（信念体系）にもとづいてもたらされるというよりは，むしろ批判的思考（critical thinking）や認知的熟慮（cognitive reflection）の欠如による衝動的な共有行動の結果であることが指摘されている（Pennycook & Rand［2021］）。メディアリテラシー教育を実践するさいには，こうした知見を援用して，オンラインで見かけた興味深いニュースを共有しようとする前に，まずは一息おいて内容を吟味することを習慣づけるように促すといったアプローチをとるのが効果的だろう。

おわりに

個人の「心」は，他者の存在やつながりを通じてダイナミックに変化する。クラスや部活動など，集団状況での生徒間や教師－生徒間の対人的なかかわりが主となる教育場面では，規範が集団的意思決定に及ぼす影響や，印象形成・態度変容を通じた関係性の変化のプロセスを把握するうえで，社会心理学的なアプローチが多くの示唆を提供する。また，個人のつながりの総体としての社会的ネットワークに注目することで，同類性や伝播によるつながりの変化，またその帰結としての孤独感，さらにはソーシャルメディアでの情報の拡散などの複雑な社会的現象を，より詳細に把握することができる。人間の社会的な振る舞いの特徴を理解することは，教育場面における個人の行動を理解するうえで，ひとつの重要な視座を与えるといえよう。（五十嵐祐）

引用文献

Anderson, N. H.［1962］Application of an Additive Model to Impression Formation, *Science,* 138 (3542), 817–818.

Asch, S. E.［1946］Forming Impressions of Personality, *Journal of Abnormal and Social Psychology,* 41(3), 258–290.

Asch, S. E.［1956］Studies of Independence and Conformity: I. A Minority of One against a Unanimous Majority, *Psychological Monographs: General and Applied,* 70(9), 1–70.

Bem, D. J.［1972］Self-perception: An Alternative Interpretation of Cognition Dissonance Phenomena. *Psychological Review,* 74, 183–200.

Cacioppo, J. T., S. Cacioppo, & D. I. Boomsma［2014］Evolutionary Mechanisms for Loneliness, *Cognition & Emotion,* 28(1), 3–21.

Cialdini, R. B.［2021］*Influence, New and Expanded: The Psychology of Persuasion,* HarperCollins.

Cialdini, R. B., R. R. Reno & C. A. Kallgren［1990］A Focus Theory of Normative Conduct: Recycling the Concept of Norms to Reduce Littering in Public Places, *Journal of Personality and Social Psychology,* 58(6), 1015–1026.

Deutsch, M. & H. B. Gerard［1955］A Study of Normative and Informational Social Influences upon Individual Judgment, *Journal of Abnormal and Social Psychology*, 51(3), 629–636.

Festinger, L.［1957］*A Theory of Cognitive Dissonance,* Stanford University Press.

Fiske, S. T., A. J. C. Cuddy, P. Glick & J. Xu［2002］A Model of (often mixed) Stereotype Content: Competence and Warmth Respectively Follow from Perceived Status and Competition, *Journal of Personality and Social Psychology,* 82(6), 878–902.

Janis, I. L.［1971］Groupthink, *Psychology Today,* 5(6), 43–46.

Moscovici, S., E. Lage & M. Naffrechoux［1969］Influence of a Consistent Minority on the Responses of a Majority in a Color Perception Task, *Sociometry,* 32(4), 365–380.

Pennycook, G. & D. G. Rand［2021］The Psychology of Fake News, *Trends in Cognitive Sciences,* 25(5), 388–402.

Petty, R. E. & J. T. Cacioppo［1986］The Elaboration Likelihood Model of Persuasion, in R. E. Petty & J. T. Cacioppo (eds.), *Communication and Persuasion: Central and Peripheral Routes to Attitude Change*, Springer New York, pp. 1–24.

Sherif, M.［1935］A Study of Some Social Factors in Perception, *Archives of Psychology (Columbia University),* 187, 1–60.

第9章

キャリア発達とその支援

子どもたちがより自分らしいキャリアを形成することは，学校教育の大きな目標のひとつである。これを支援するための「キャリア教育」は，小中高等学校への導入が進み，多くの実践が積み上げられてきているものの，さらに発展が期待される領域である。本章では，キャリアやキャリア発達，キャリア教育について解説することにより，子どもたちのキャリア発達支援を考える。また，親や教員など，児童生徒のキャリア発達を支援する者は，自分自身もキャリア発達のプロセスを生きていることに気づく必要がある。本章はこれから親や教員となる読者が自らのキャリア発達について考えるきっかけとなることも目的としている。

1　キャリア発達と発達段階

1）キャリアとは

キャリア（career）とは，荷車や戦車（cart, chariot），またこれらが通過する道，わだち（cararia）を語源としていると言われる。和訳では，経歴，生涯，生き方などがあてられるが，最近では「キャリア」と原語で使われることが多い。ホール（Hall［1976］）によれば，キャリアには①昇進や昇格によって職業上の地位が上昇すること，②医師，法律家，教授，聖職者などの伝統的な専門的職業，③ある人が経験した仕事（職業）の系列，④職業に限らず，生涯を通じてのあらゆる役割や地位，ないし身分の系列の4つの意味がある。官公庁のキャリア組，ノンキャリア組といった呼び方は①の意味であり，キャリアウーマンといった呼び方は②の意味で使われている。

このように①や②の意味では一部の人だけがキャリアをもつことになるが，現在「キャリア」は働くすべての人を対象とする③や，働く，働かないにかかわらずすべての人を対象とする④の意味で用いられることが多い。すなわち，キャリアは仕事だけを指すのではなく，働いている人だけのものでもない。言い換えれば，生まれたときからその人のキャリアはスタートしている。その人が生きていくうえで経験した全ての事柄がその人の独自のキャリアを構築し，そのキャリアは発達するのである。また，「キャリアに失敗はない」。キャリアにおける 1 つひとつの事柄，たとえば高校受験に失敗したとしても，その失敗の経験がその人の人生に良くも悪くもなんらかの形で寄与し，その失敗があったからこそ，今の私があるというように，失敗もまたキャリアであるからである。すなわち，小中高等学校段階における全ての経験が，失敗の経験も含めて，子どもたちのキャリアを形成しているのである。

2）キャリア発達段階

キャリア発達段階理論で代表的なものを見てみると，スーパー（Super［1960］）は，①成長期（受胎～14 歳）②探索期（15～25 歳），③確立期（25～45 歳），④維持期（～65 歳），⑤下降期（65 歳～）の 5 段階を示している。また，ミラーとフォーム（Miller & Formm［1951］）も，①就業準備期，②初等就業期（14 歳ごろ：初めてのパートタイムや夏休みのアルバイト），③試行就業期（16 歳から 25 歳：正規の労働市場への参入，35 歳までのひとつの安定した地位が決定するまで），④安定就業期（35～60 歳），⑤引退期（60 歳ないし 65 歳～）の 5 段階を提唱している。これに対しシャイン（Schein［1978］）は，特に組織内キャリアに焦点をあて，①成長・空想・探求（0～21 歳），②仕事世界へのエントリー（16～25 歳），③基本訓練（16～25 歳），④キャリア初期の正社員資格（17～30 歳），⑤正社員資格・キャリア中期（25 歳以降），⑥キャリア中期危機（35～45 歳），⑦キャリア後期（40 歳～引退），⑧衰えおよび離脱（40 歳～引退まで），⑨引退の 9 段階と，各段階における心理社会的危機課題を示した。

シャインによれば，小中高等学校段階は①成長・空想・探求の段階にあたり，この段階における心理社会的危機課題は，職業選択基盤の形成，現実的職業吟味，教育や訓練を受けること，勤労習慣の形成である。また，これを達成するための具体的課題として，職業興味の形成，自己の職業的能力の自覚，職業モデルや職業情報の獲得，目標や動機づけの獲得，必要教育の達成，試行的職業経験（バイトなど）が挙げられている。

2　職業選択とその困難性

1）職業選択

どの職業を選択するのかは，収入を得ることや，仕事から得られる満足感や生きがいなどと関連する，人生上の重要な意思決定のひとつである。このため，職業選択についてはさまざまに検討されてきた。

職業ガイダンス運動を展開したパーソンズは，「職業ガイダンス運動の父（the founder of the vocational guidance movement）」と呼ばれ，19 世紀初頭，世界で最初の職業指導機関を開設した。当時アメリカ社会では，それまでの第一次産業から工業・商業などへの産業構造の変化にともない，都市に労働者が集中したが，労働力として地方から駆り集められた若年層のうち，仕事にうまく適応できなかった者たちがそのまま浮浪者となり，町がスラム化するという状況が生まれていた。これに対し，パーソンズは適切な職業ガイダンスにより，青少年の適切な職業選択を促進して彼らの職業生活の確立を図れば，ひいては社会全体が改善される（Parsons［1909］）と考えたのである。職業ガイダンスでは，①自分自身（能力，適性，興味，希望，才能，欠点など）を知ること，②職業および職業につくために必要な能力について理解すること，③自分自身と職業との間の関係を正しく推論することの必要性が論じられた。これは個人と職業とのマッチングを重視する立場であることから，P-V Fit（Person-Vocational Fit）理論とも呼ばれ，現在も職業を選択するさいのアプローチのひとつとなっている。

2）職業選択の困難性

キャリア発達や職業選択は個人のアイデンティティと密接に絡んでおり，

キャリア発達を考えることは人生を考えることと言っても過言ではない。しかし，その人らしいキャリアを形成するには，さまざまな心理的，あるいは現実的困難をともなう場合があり，これを支援することが期待されている。職業選択上の困難としては，たとえば，アパシーや留年などアイデンティティの発達が不十分なため，職業についての自己決定ができないという消極的，病理的な職業未決定（下山［1986］），就学・就労していない，また職業訓練も受けていない15歳から29歳までの若者を指すNEET（ニート：Not in Education, Employment or Training），さまざまな要因の結果として，社会的参加を回避し，原則的には6か月以上にわたっておおむね家庭内にとどまり続けている状態を指すひきこもり（2018年度厚生労働白書），正規雇用を志向しながら，それが得られなかった15歳から34歳の若者を指すフリーターのやむを得ず型（労働政策研究・研修機構［2017］）などがあげられる。

また，職業選択は経済的環境の影響を強く受ける。経済が低迷すれば，雇用が限られ，職業選択の自由度や採用に影響が出る。また，経済的環境以外の社会的環境の影響も無視できない。たとえば，2020年からの新型コロナウイルス感染症も，雇用環境には大きな影響を与えた。ほかに，近年ではかなり解消してきているものの，依然として職業のジェンダー化の傾向は残っており，女性だから，男性だから選択できないということや，処遇面における差別があることもある。これには今後さらに男女雇用機会均等が実現される必要があるだろう。これらを支援する仕組みや施策はさまざまに構築されているが，小中高等学校段階における支援はキャリア教育と呼ばれている。

3　キャリア教育の定義と方法

1）職業指導，進路指導，キャリア教育とは

小中高等学校段階において，キャリア発達の支援はキャリア教育と呼ばれている。キャリア教育は1999年に中央教育審議会（中教審）答申において最初に登場した用語であるが，もちろんそれ以前から職業指導，進路指導という呼称によって，児童生徒のキャリア支援は行われてきた。職業指導は1915年に

は日本にパーソンズの職業ガイダンス運動が紹介されて広まり，1950年代後半には進路指導に呼称が変わり，その後1999年にキャリア教育となり，現在に至っている。

まず，1955年の職業指導の定義を見てみると，「学校における職業指導は，個人資料，職業・学校情報，啓発的経験および相談を通じて，生徒みずからが将来の進路の選択，計画をし，就職または進学して，さらにその後の生活によりよく適応し，進歩する能力を伸長するように，教師が教育の一環として，組織的，継続的に援助する過程である」（文部省［1955］）とされている。その後，進路指導と呼称が変更されたが，この時点では定義はほとんど変わらなかった。これは，職業指導という用語が，就職を希望する生徒のみを対象とするものであるとの誤解を助長する要因となり，職業教育との混同も招きがちであるとの判断による呼称のみの変更だったからである。

しかし，1983年には，「進路指導は，生徒の一人ひとりが，自分の将来の生き方への関心を深め，自分の能力・適性等の発見と開発に努め，進路の世界への知見を広くかつ深いものとし，やがて自分の将来への展望を持ち，進路の選択・計画をし，卒業後の生活によりよく適応し，社会的・職業的自己実現を達成していくことに必要な，生徒の自己指導能力の伸長を目指す，教師の計画的，組織的，継続的な指導・援助の過程」（文部省［1983］）とかなり変化する。これには1960年代から日本でも展開した自己実現理論が影響を及ぼしている。

一方，1999年に中教審答申において定義されたキャリア教育は，「学校と社会及び学校間の円滑な接続を図るため，望ましい職業観・勤労観及び職業に関する知識や技能を身に付けさせるとともに，自己の個性を理解し，主体的に進路を選択する能力・態度を育てる教育」と定義されており，学校と社会および学校間の円滑な「接続」が意識され，「望ましい職業観・勤労観及び職業に関する知識や技能を身に付けさせる」とかなり操作的な表現となっている。これは当時の若者の組織離れや早期離職者の増加などを背景として，学校教育に対する経済界の要望が強く反映されたものと思われる。

現在は，2011年の同じく中教審答申における「一人一人の社会的・職業的自立に向け，必要な基盤となる能力や態度を育てることを通して，キャリア発達を促す教育」が用いられている。以上のように，社会的環境の影響を受けてキャリア教育の定義にも変遷がみられることがわかる。

2）発達段階をふまえたキャリア教育

このように定義されるキャリア教育であるが，これは一人ひとりの児童生徒の発達段階（→第1章）をふまえて実施される必要がある。2017（平成29）年告示版の『小学校学習指導要領』および『中学校学習指導要領』，2018（平成30）年告示版の『高等学校学習指導要領』の総則には，「キャリア教育」という言葉を用いてその充実を図ることが明示されたが，それらの文言にも発達をふまえた表現の工夫がみられる。

もちろん，実際に一人ひとりの児童生徒に焦点づけたキャリア教育を行っていくには，これらの文言をさらに具体的にブレイクダウンしていく必要がある。これにはいくつかの試みがあり，たとえば，国立教育政策研究所生徒指導研究センターの「職業観・勤労観を育む学習プログラムの枠組み（例）」(2002年）などが挙げられる。

3）キャリア教育の方法

具体的な方法としては，日常の実践，キャリア・パスポート，社会人や先輩の講話，職業体験，キャリア・カウンセリングなどが実践されている。まず，日常の実践とは，キャリア教育というと，何か特別なことのようなイメージがあるかもしれないが，キャリア教育はまず日常の学校教育活動全体を通して行われるべきものであることを示している。学習指導要領においても，「特別活動を要としつつ各教科等の特質に応じて，キャリア教育の充実を図ること」とあり，特別活動を要とはしつつも，全ての教科を通じてキャリア教育の実践が行われるべきことが明記されている。全ての教科において児童生徒のキャリアを形作っていくという視点で取り組まれることが期待される。

キャリア・パスポートとは，小学校から高等学校までの特別活動をはじめとしたキャリア教育にかかわる活動について，学びのプロセスを記述し振り返ることができるポートフォリオ的な教材として，文部科学省が2017年度から

2018年度にかけて普及・定着事業を実施してきたものである。現在地域ごとにさまざまな工夫がみられるが，愛知県では「キャリア教育ノート」として，2013年からホームページを通じてポートフォリオを展開している。オリジナルキャラクターのハナとノッキーが，キャプテン・アイリスらともに，小学校，中学校，高等学校と成長していく，（人生の）航海物語が設定されており，親しみやすい工夫を行っている。

社会人や先輩などの講話は，次節で扱うキャリア・パースペクティブを形成するには効果的である。直接キャリア・モデルとなりうるからである。どういった仕事をしているか，なぜその仕事をしようと思ったか，その仕事を通じて何を感じたか，その仕事を通じて大切なことは何か，といったことを社会人や先輩本人から聞く機会は日常の生活ではなかなかないため，児童生徒の興味関心を広げる意味でも重要である。

職業体験について見ると，国立教育政策研究所生徒指導・進路指導研究センター［2020］によれば，公立小学校で職業体験等の体験学習があった割合は約5割で，そのうち「上級学校見学（訪問・体験）」が61.8％で最も高く，次いで「職場見学」47.4％，「ボランティア活動」37.6％の順であった。公立中学校では約9割がこういった活動を実施しており，そのうち「職場体験活動」が99.3％で最も高く，次いで「上級学校見学（訪問・体験）」63.4％，「ボランティア活動」39.2％の順となった。公立高等学校では約8割がこういった活動を実施しており，そのうち「就業体験活動（インターンシップ）」が86.4％で最も高く，次いで「上級学校見学（訪問・体験）」75.6％，「ボランティア活動」37.3％の順となった。職業体験は現在かなりの学校で実施されていることがわかる。

キャリア・カウンセリングは，文部科学省［2004］によれば，「子どもたち一人一人の生き方や進路，教科・科目等の選択に関する悩みや迷いなどを受け止め，自己の可能性や適性についての自覚を深めさせたり，適切な情報を提供したりしながら，子どもたちが自らの意志と責任で進路を選択することができるようにするための，個別またはグループ別に行う指導援助」とされる。ここで大事なのは，児童生徒がそれぞれ自分自身で決定できるように支援するということである。キャリア・カウンセリングには一定の訓練が必要であり，常に質の向上を目指す必要がある。近年では，国家資格キャリアコンサルタントがその役割を担っている場合もある。

以上，いくつかの取り組みについて紹介したが，これらの取り組みを実施するさいに重要なのは，チャンネルは多いほうがよいということである。職業体験や講話など形態が異なるもの，また同じ講話でもさまざまな職業や異なる立場の人，身近な人や社会的に有名な人というように，多くの人から話を聞く機会があることが望ましい。一人ひとりの児童生徒は多様な関心やパーソナリティをもっている個別性の高い存在であり，どのチャンネルが自分のキャリアを考えるきっかけになるのかわからないからである。また，全てがきっかけになる必要もなく，その子どもにあったきっかけがひとつ提供できればよいのである。学校生活において，できるだけ多様な，多くの機会を準備できることに意味があると考えられる。

4　これからのキャリア支援の視点

以上キャリア教育について述べてきたが，子どもたちのキャリアを考えるうえで，また，子どもと向き合う教員や親たち自身のキャリアを考えるにあたり，今後重要な概念となっていくと考えられるものを以下に紹介する。

1）キャリア・パースペクティブ

キャリア・パースペクティブとは，これからの人生についての何らかの見通しであり，いつかこうなりたいというイメージであったり，成長して，変化する自分のイメージであったり，また今やっていることが何らか将来に役立つという連続した感覚などを指す（金井［2003］）。

金井・三後［2004］は普通科，工業科，商業科などを含む高校2年生1,898名を対象に質問紙調査を実施し，その結果を分析したところ，キャリア・パースペクティブが，自立意欲や適職探索効力感（自分には自分に合った仕事を見つける力があると思う程度）を高め，適職不明不安（自分に合った仕事を見つけられるがどうか不安に思う程度）を低める効果などを見出した。一方，このキャリア・パースペクティブは，今までの人生における自己決定経験と，生き方や仕事の仕方の手本となるキャリア・モデルによって高められた。これらのことから，キャリア・パースペクティブを醸成することが重要であるが，キャリア・パースペクティブを高めるためには，何らか自分で決定した経験を積み上げることに加え，キャリア・モデルを得ることが有効であるといえる。この調査では，キャリア・モデルには父親や年上の知人，社会的有名人，学校の先生など，生徒の周囲の人物が選択されていたが，キャリア・モデルのある生徒は全体の約 3 分の 1 であり，残りの約 3 分の 2 の生徒はキャリア・モデルがないと回答した。このため，キャリア発達支援としては，キャリア・モデルのない生徒にキャリア・モデルを意識してもらうこと，あるいはキャリア・モデルを提供するということが重要になろう。先に挙げた社会人の講話や先輩の話はキャリア・モデルの獲得につながりうる実践と言える。

2）ワーク・ライフ・バランス

ワーク・ライフ・バランスは，日本においてはもともと国家施策として導入されたものであり，内閣府男女共同参画会議［2007］において，「老若男女誰もが，仕事，家庭生活，地域生活，個人の自己啓発など，様々な活動について，自らが希望するバランスで展開できる状態」と定義されている。同じ 2007（平成 19）年に，「仕事と生活の調和（ワーク・ライフ・バランス）憲章」および「仕事と生活の調和推進のための行動指針」が策定されたが，これには，「国民 1 人ひとりがやりがいや充実感を感じながら働き，仕事上の責任を果たすとともに，家庭や地域生活などにおいても，子育て期，中高年期といった人生の各段階に応じて多様な生き方が選択・実現できる社会」と述べられている。

新型コロナウイルス感染症の影響で，テレワークの普及や地方移住の増加などが（若干）みられ，これがワーク・ライフ・バランスによい影響を与えているという考えもあるが，まだ十分とはいえない現状である。父親や母親が仕事に忙しすぎて，ワーク・ライフ・バランスが悪い場合，まったく遊んでもらえなかったり，楽しみにしていた約束を反故にされたりするような子どもの体験は，その後その子どものキャリアにどのように結びつくだろうか。子どもたちがワーク・ライフ・バランスの整った豊かなキャリアを形成するには，父親や母親，教員など，働く大人たちのワーク・ライフ・バランスが達成されている必要があり，子どもたちのためにもワーク・ライフ・バランスについて考えることが期待されよう。

3）ダイバーシティ・マネジメント

近年，グローバリゼーションと人権意識の高まりから，産業・組織では「ダイバーシティ・マネジメント（diversity management）」が推進されている。ダイバーシティ・マネジメントとは，多様性が企業や行政などの組織の生産性や発展に貢献するという考えをベースに，多様な人材を積極的に活用しようという考え方のことである。もともとは性別や人種の違いなどの社会的マイノリティの就業機会拡大を意図して使われることが多かったが，現在では人種，国籍，宗教，性別，性的指向，年齢，障害などのほか，個人・集団間で違いを生み出す可能性のあるあらゆる要素が考慮の対象となっている。たとえば，個人内でのライフ・サイクルの問題も考慮されるべき要素である。

しかし，現実的にはダイバーシティの実現はそれほど簡単ではない。考え方を変えるということもさることながら，仕組みそのものの変更を必要とするからである。しかし，小中高等学校段階においても，ダイバーシティは担保される必要がある。子どもたちは一人ひとり個別性をもつ独自の存在だからである。一人ひとりの子どもたちのあり方を尊重した試みのひとつとして，近年では学びのユニバーサルデザイン（Universal Design for Learning：UDL）というアプローチが登場している（川俣［2016］）。UDLとは，アメリカのCASTという機関（Center for Applied Special Technology　https://www.cast.org/about/about-cast）が提唱した，人間がどのように学習するかについての科学的洞察にもとづき，全ての人々の教育と学習を改善，および最適化するためのフレームワークであり，「学習者は多様である」という前提に立ち，学習者自身が自分の得意な学習方法を選択しながら学び続けることができ，自分の学びを自ら舵取りできる学びのエキスパートを育てるための学び方を支援するという考え方のことである

◆トピックス

ジェンダーダイバーシティと教育

〔中学・高校時代は〕周りにもうちょっと，「もう男らしくしなさい」とか，「えっ何でそんなんなの」みたいな，言われたりとか。気持ち悪いとか……やっぱり，仕草だとか，声とか，あと，することが，何か，周りからみたら，やっぱり，その，元ある性別とはまた違うところにある，やっぱ，女性的，みたいな。そういう感じだったみたいで，「おかしいな」って言われて，「気持ち悪い」とか。結構，まあ差別を受けた気がするような言葉を言われる，言われてましたね。

Xジェンダー（女性・男性という二元論的なジェンダー・アイデンティティに収まらない）という性のあり方をしている協力者と筆者との語り合いから

ジェンダーダイバーシティとは，女性・男性という二元論的な性別にとどまらない多様な性のあり方を意味する言葉である。ここでは，後述するジェンダー・アイデンティティやジェンダー表現の多様性にとどまらず，性的指向の多様性も念頭に置きながら概説する。

多様な性について見ていく方法のひとつとして，性を多元的な要素のもとで捉えるものがあり，そのうちの4要素を取り上げたい。まず，ジェンダー・アイデンティティとは，自分が属すると感じる性のことであり，女性と男性にとどまらず，女性かつ男性と感じる場合や，いずれでもないと感じる人々もいる。次にジェンダー表現とは，服装や言葉遣いなどによって表現する性のことである。そして出生時に割り当てられた性とは，外性器の形状などによって判断される性別のことを指す。最後に性的指向とは，恋愛・性愛的な感情がどのような性の相手に向くかを意味する。この4要素のみならず，他要素との絡み合いや，他者との関係性，社会構造の影響を受けながら，一人ひとりの性は現出している。なかでも特に，ジェンダー・アイデンティティが出生時に割り当てられた性と一致しない場合には，トランスジェンダーとカテゴライズされ，性的指向がジェンダー・アイデンティティに対して異性以外に向く場合や性愛的な関心がない場合には，それぞれ同性愛者や両性愛者，Aセクシュアルなどと呼ばれる。こうした少数派の性の

（→第6章トピックス）。このように，キャリア教育を画一化した方法のみで提供するのではなく，多様な子どもたちのニーズに応えられる枠組みをもつことが期待される（多文化共生については→第10章）。

4）ディーセント・ワーク

ディーセント・ワーク（decent work，働きがいのある人間らしい仕事）は，

あり方をする人々をまとめて性的マイノリティと呼ぶこともある。

なぜ本書を手にする人がジェンダーダイバーシティについて学ぶ必要があるのだろうか。まず，LGBT などの性的マイノリティの人々が，いじめ被害を受けるハイリスク層であるためである。いのちリスペクト。ホワイトリボンキャンペーン［2014］によれば，LGBT のうち 68％の人々が，小学校から高校時代にいじめや暴力を受けた経験があることが報告されている。冒頭に挙げた語りも，そうした実態が今もあることを物語るエピソードだろう。また，戸口・葛西［2015］によれば，心理的支援にあたるはずのカウンセラーの養成カリキュラムにおいても，LGBT や性について学ぶ機会は現状保障されていない。子どもたちが被害者に，あるいは意図せず加害者となることを未然に防ぐためにも，教育に携わる人々が性の多様性について学ぶことは喫緊の課題と言える。

では，ジェンダーダイバーシティをどのように学ぶと，教育現場を安心できる空間にすることができるだろうか。まずは，本書を読むというように，文字を追って知的に学ぶことはその一助になるだろう。それに加えて，私が主張したいのは，一人ひとりがマイノリティの体験について身をもって「追体験」することの重要性である。「追体験」とは，自らの過去のさまざまな体験を重ね合わせながら，他者の体験を味わおうとすることを意味し，体験を克明に描いた文章などを読むさい，読み手の身体に生じるプロセスである。詳細は町田［2022］を参照されたいが，本書の読者一人ひとりが知的に理解するだけでなく，関連した書籍や映画などにふれて追体験を試みることによって，教育現場が，あらゆる性を生きる人にとって過ごしやすい空間になっていくことを期待したい。

（町田奈緒士）

引用文献

いのちリスペクト。ホワイトリボン・キャンペーン［2014］「LGBT の学校生活における実態調査（2013）結果報告書」。

戸口太功耶・葛西真記子［2014］「クィア・ペダゴジーを導入したカウンセリング心理学の可能性――カウンセラー養成における実践のための理論研究」『鳴門教育大学学校教育研究紀要』29，31-42。

町田奈緒士［2022］『トランスジェンダーを生きる――語り合いから描く体験の「質感」』ミネルヴァ書房。

1999 年の第 87 回 ILO（国際労働機関）総会に提出されたファン・ソマビア事務局長の報告において初めて用いられ，2008 年の第 97 回 ILO 総会において 21 世紀の ILO の目標として採択された概念であり，権利が保障され，十分な収入を生み出し，適切な社会的保護が与えられる生産的な仕事を意味する。それはまた，全ての人が収入を得るのに十分な仕事がある状態をも指す。

日本の産業・組織においては，社会的環境の影響，たとえば長い経済的な停滞や新型コロナウイルス感染症の蔓延などの影響を受けて，長時間労働，過労死，パワー・ハラスメントなどの問題や，ブラック企業と呼ばれる企業の存在が顕在化するなど，全ての人がディーセント・ワークを享受するには程遠い状況が生じうる。そういった社会的環境の影響を乗り越えて，全ての子どもたちが将来ディーセント・ワーク，すなわち働きがいのある人間らしい仕事が得られるような世の中を作っていくことが必要であると同時に，全ての子どもたちにそうした仕事に就くことが自分の権利であることを学んでもらうことが重要である。

以上，これからのキャリア発達の支援の視点として，キャリア・パースペクティブ，ワーク・ライフ・バランス，ダイバーシティ・マネジメント，ディーセント・ワークの４つをあげたが，小中高等学校段階のキャリア教育においては，まず以上の視点についての合意をとるところから始める必要があるだろう。また，これらをどのようにキャリア教育の実践に取り入れていくかについても試行錯誤が必要であると考えられる。

おわりに

以上，小中高等学校段階におけるキャリア発達とその支援について考えてきた。最後に，金井［2003］による，５つの特徴からみたキャリアの定義を挙げておきたい。それによれば，キャリアとは，個々の職業や経験を指すのではなく，その連なりであり（系列性），その連なりは一生涯にわたるものであり（生涯性），個人によって，過去・現在・未来の時間軸上で意味づけられている（因果と意味性）。このことから，たとえ同じ職業，同じ系列を体験していても，その意味合いは個人により異なり，個々人に独自である（独自性）。さらに，キャリアは特別な人だけのものではなく，誰にでもある（普遍性）。すでに述べてきたように，キャリアはその人独自のものである。たとえ，同じ小中高等学校に通い，大学も専攻も同じだとしても，その人がなぜここにいるのかというのは人によって異なり，その人ならではの意味がある。小中高等学校段階においては，このことを大切にして，一人ひとりのキャリアの支援を実現してい

きたい。　（金井篤子）

引用文献

金井篤子［2003］「キャリア・カウンセリングの理論と方法」蔭山英順・森田美弥子・川瀬正裕編『21 世紀の心理臨床』ナカニシヤ出版，pp. 212-227。

金井篤子・三後美紀［2004］「高校生の進路選択過程の心理学的メカニズム――自己決定経験とキャリア・モデルの役割」寺田盛紀編著『キャリア形成就職メカニズムの国際比較――日独米中の学校から職業への移行過程』晃洋書房，pp. 25-37。

川俣智路［2016］「学びのユニバーサルデザイン（UDL）とは何だろうか？」『授業 UD 研究』1，46-49。

国立教育政策研究所生徒指導・進路指導研究センター［2020］「キャリア教育に関する総合的研究第一次報告書」。

下山晴彦［1986］「大学生の職業未決定の研究」『教育心理学研究』34(1)，20-30。

文部科学省［2004］「キャリア教育の推進に関する総合的調査研究協力者会議報告書――児童生徒一人一人の勤労観，職業観を育てるために」。

文部省［1955］『職業指導の手びき――管理・運営編』日本進路指導協会。

文部省［1983］『進路指導の手引――高等学校ホームルーム担任編』日本進路指導協会。

労働政策研究・研修機構［2017］「大都市の若者の就業行動と意識の分化――「第 4 回若者のワークスタイル調査」から」『労働政策研究報告書』199。

Hall, D. T.［1976］*Careers in Organizations,* Scott, Foresman.

Miller, D. C. & W. H. Formm［1951］*Industrial Sociology,* Harper.

Parsons, F.［1909］*Choosing a Vocation,* Houghton Mifflin.

Schein, E. H.［1978］*Career Dynamics: Matching Individual and Organizational Needs*, Addison-Wesley Pub. Co.（二村敏子・三善勝代訳［1991］『キャリア・ダイナミクス――キャリアとは，生涯を通しての人間の生き方・表現である』白桃書房）.

Super, D. E.［1957］*The Psychology of Careers: An Introduction to Vocational Development*, Harper & Bros.（日本職業指導学会訳［1960］『職業生活の心理学――職業経歴と職業的発達』誠信書房）.

第 10 章

多文化共生における心理と教育

日本における外国人数は，2022 年には 296 万 1,969 人を数え，コロナ禍の厳しい制限の中でも前年比 7.3 %増であった。2020（令和 2）年度の国勢調査によると，2015 年から 2020 年にかけて日本における日本人の人口は 0.7 %減少した一方，外国人の人口は 43.6 %増加した。日本を一概に「単一民族」国家とするのは妥当ではないことがわかる。

これに関連して，日本の移民政策がしばしば議論されるようになった。少子高齢化が進む日本にとって，経済力を維持するために若年層の外国人を受入れることが有力な対策であるため，すでに段階的に外国人労働者・移民の増加策が講じられている。ただし，国内人口の国際化には賛否両論があり（藤本 [2020]），すぐに日本社会が多文化化するかどうかは疑わしい。

一方，日本はすでに多文化社会であるという見解もある。昨今では DEI（Diversity, Equity, Inclusion：多様性，公正性，包括性）が注目されているが，人種・国籍に限らず，宗教，性別，性的指向，心身の障害など，社会的集団を問わず平等に，あらゆる活動から除外せず，特殊なニーズに配慮して誰でも参画できるような社会環境を築き上げることは万国共通の課題でもある。本章では多文化共生に関連する人々の姿勢を心理学的な観点から解説し，共生を推進するための教育の課題について論じる。

1　多文化共生とステレオタイプ

1）多文化共生と差別・偏見

多文化共生は「多文化主義」ともいわれ，英語の multiculturalism に該当する。多数の文化の人々が同じ社会ないし組織に共存，あるいは互いの価値観を尊重しながら協働し，社会・組織の営みを行うことが多文化共生である。オーストラリア政府の多文化政策によると，これには 4 つの必須条件があり，それは①全ての人に対する責任，②全ての人に対する尊重，③全ての人に対する公正な扱い，④全ての人に対して恩恵を受ける権利であり，多文化国家として明確な目標を掲げている。

個人レベルにおいて多文化共生に欠かせない要素は文化的感受性（intercultural sensitivity）である。ベネット（Bennett［1993］）は，人の文化的感受性は「自文化中心主義（ethnocentricism)」から「文化相対主義」に至る次元において位置づけられるとしている。自文化中心的な人は，他文化を否定し自文化より劣るものとして見るほか（否定），他文化に脅威を感じ警戒感を覚え（防衛），文化の違いを否定し自文化の価値観が普遍的に享受されるべき（最小化）と考えている。一方，文化相対的な人は，他文化を受容し（受容），それに合わせたり（適応），自身の文化として完全に受け入れたりすることができる（統合）。図 10-1 は，異文化感受性が否定から統合までどのような段階を経て発展するのかを示しており，人々は的確な教育を受けることによって文化相対性に向けて進むポテンシャルがあるとされる。

自文化中心性とは，世界を自らの文化を基準として観ることであるが，社会レベルで蔓延してしまうと，さまざまな被スティグマ集団が出現する。日本では部落住民・出身者，在日外国人，LGBTQ+（→第 9 章トピックス）などが被スティグマ集団となることが多く，特に就職のさいには差別的な扱いを受けることがしばしば問題視されている。

偏見や差別の根底には「態度」がある。態度とは，ある対象に向けて，学習された評価的反応である。態度は一度形成されれば，固定的で安定的であるため変容しにくいとされている。態度には 3 成分ある。まず認知的成分はその対

Denial 否定	Defense 防衛	Minimization 最小化	Acceptance 受容	Adaptation 適応	Integration 統合

Ethnocentricism 自文化中心性	Ethnorelativism 文化相対性

図 10-1　異文化感受性の発展モデル

出所）Bennett［1993］をもとに作成。

象に対する知識，意識，信念，先入観であり，その対象のイメージを築く。次に感情的成分はその対象が喚起する感情で，それがポジティブな場合は喜び，ネガティブな場合は嫌悪や怒りとなる。最後に，行動的成分は，実際にどのようにその対象に対して行動するのかであり，回避・接近によって特徴づけられる。例として昆虫をあげれば，ゴキブリに対して多くの人はネガティブなイメージをもっており（認知），見るだけで嫌悪感を覚え（感情），一生懸命避ける（行動）であろう。態度は物事に対する人々の行動の決定要因である。

この 3 成分説を多文化共生に当てはめると，認知は「ステレオタイプ」，感情は「偏見」，行動は「差別」にあたる。ステレオタイプは，ある集団に対して形成される単純化された認識枠組みで，固定的な観念・イメージであり，たいていの場合はネガティブに傾いている（→第 8 章）。このイメージは，その集団の人に対するパーソナリティ（→第 2 章）や内面性が中心であるが，予想される行動も含まれる。偏見はネガティブなステレオタイプがもたらす不快・嫌悪感情や同情・哀れみであるが，その強さによって憎悪や怒りのような極端な感情まで発展する場合がある。その強い感情が抑えきれない場合，行動レベルの差別にまで発展し，その集団に対する攻撃的や蔑視的な行為を行い，単に無視する消極的な差別から，コロナ禍以降多発しているアジア人に対する暴力的なヘイトクライム（憎悪犯罪）までの行動に及ぶ（→トピックス）。

2）ステレオタイプの学習

子どもは，ある集団に対してもともとステレオタイプはなく，中立な態度を保有している。しかし，社会的学習を通じて，ステレオタイプ，偏見および差別を学ぶ。社会的学習は，家族や友人など，重要な他者の行動を直に観察して模倣することによって獲得される場合があれば，マスメディアの映像を参照して間接的に学習されることもある。特にメディアに関しては子どもへの影響力が強く，1990年代からテレビのコンテンツをめぐる規制が強化されている。ここ数年では，アメリカ社会において黒人に対するネガティブなステレオタイプを与えているとして，警察のリアリティ番組に対して反対運動が展開された結果，このジャンルはテレビから姿を消した。この種の番組では，カメラマンが勤務中の警官のパトカーに同乗し，事件遭遇から犯人逮捕までの一部始終をライブのカメラで捉えることが定番であるが，犯人＝黒人という不当なステレオタイプを視聴者に与えるとして，Black Lives Matter（BLM）運動が放送中止に追い込んだ。しかし，近年ではインターネットでこの類のビデオを自由に視聴でき，規制するのは困難で，YouTubeなどの視聴を通じ，子どもたちはこれまで同様に人種ステレオタイプを形成してしまうおそれがある（学習については→第3章）。

以上のように，人は自分と異なる集団に対してネガティブなイメージをもちがちであり，この認知的偏りが多文化共生の大きな障壁となりかねない。次節では，なぜ人々は他集団に対して好ましくないイメージをもつのかについて解説する。

2　社会的アイデンティティ

1）社会的アイデンティティと自己カテゴリ化

「社会的アイデンティティ理論（social identity theory）」は社会心理学の分野において最も研究されている理論のひとつである。タジフェルとターナー（Tajfel & Turner［1979］）によると，私たちは同時に複数の社会的集団に属している。たとえば，ある人は「日本人」「女性」「20代」「大学生」「愛知県民」などの社会的集団への所属によって特徴づけられるかもしれない。こうした社会的集団は，「社会的カテゴリ」と言われ，私たちの自己アイデンティティを築き上げる要素である。どのカテゴリがアイデンティティの中心となるのかは，その

◆トピックス

人種偏見・差別は人間の本能に由来する？

2020年以降，中国発祥とされた新型コロナウイルス感染症の世界的流行によって，欧米各国でアジア人へのヘイトクライムが増加した。しかし，アジア人への偏見・差別はコロナ禍で新たに生まれたものではなく，以前よりアジア人へのヘイトクライムは増加傾向にあった。黄禍論のように，歴史的に白人はアジア人を脅威とみなす傾向があるが，近年のヘイトクライムの加害者は白人に限らない。チャンら（Zhang et al. [2022]）によれば，アメリカにおけるアジア人へのヘイトクライムの加害者の25.5%は非白人である。コロナ禍でのアジア人差別は，従来から多様な人種に広く存在していたアジア人への偏見・差別が増幅されたものであろう。しかし，感染症の世界的流行のような人種を超えて協力すべき事態にあって，なぜこのように人種差別が激化してしまったのだろうか？

人間は古来より，狩猟採集民として，狩りや子育てのため，小さな集団内で協力してきた。外集団とは資源をめぐって争うことが多かった。この進化の歴史の中で，人間は意識することなく，素早く他者の所属集団を識別する能力を得たと考えられる。また，同じ集団の他者を味方と判断しやすくなる一方で，外集団に関しては潜在的な敵として，ネガティブな偏見を形成しやすくなった。自らを守るため，集団を通して他者を判断する人間の本能が，現代では「異なる人種の人々は怠惰で国の経済を悪くする」，「暴力的で治安を悪化させる」，「伝統や文化を汚染する」といった偏見・差別につながっているわけである。

心理学では，偏見や差別につながるさまざまな個人特性（→第2章）が研究されている。コロナ禍の人種差別を考える上で，特に興味深いのは右翼権威主義である。右翼権威主義の強い個人は，所属集団の権威や伝統を重んじ，それらに逆らうものに厳しい。また，右翼権威主義の強い個人は外集団を見下す傾向があり，偏見を強く内面化しやすく，差別的に振る舞いがちである。右翼権威主義は，集団を通して自己を防衛しようとする，人類が普遍的にもつ本能が，極端な形で発現したものであり，脅威が存在するときに活性化する。たとえば，デ・キースメーカーら（De Keesmaecker et al. [2017]）は，縦断調査により，治安や失業，テロなどに脅威や不安を感じている人がより右翼権威主義的になっていくことを明らかにしている。同じように，「生命を脅かす危険な感染症が蔓延している」という脅威も，個人の右翼権威主義を強化し，外集団への攻撃性を高めた可能性があるだろう。

また，実際に右翼権威主義とコロナ禍の差別の関係を調べた研究も存在する。ハートマンら（Hartman et al. [2021]）はイギリスとアイルランドで大規模な調査を実施し，新型コロナウイルスに強く不安を感じる人々において，右翼権威主義が，ナショナリズムと移民に対する偏見・差別を強めることを明らかにした。右翼権威主義者は，普段はある程度偏見や差別を制御できるが，不安が高まると過度にナショナリスティックになり，「移民は経済や文化にとって有害である」といった判断をするようになるのである。非常に重要なのは，この「経済や文化にとって有害である」という偏見は，「移民が感染症を蔓延させている」といった偏見とは異なり，感染症との関連性が薄い偏見だということである。つまり，このデータは，感染症の不安が，感染症とは関係のない既存のさまざまな偏見（「移民が存在することで経済が悪化する」など）をより強めてしまうということを示している。したがって，「中国発祥の感染症だから中国人（アジア人）を排除すべきである」といった意見は，部分的には，感染症によって右翼権威主義者のもつアジア人への偏見が全般的に強化されたことに由来する可能性がある。不安によって全般的な偏見が強化されたため「感染症の蔓延の責任は中国人（アジア人）にある」といった意見を受け入れやすくなった者もいれば，強まった偏見や差別を正当化する建前として「中国発祥」，「蔓延の原因」といったレトリックを用いた者もいたであろう。

以上のように，新型コロナウイルス感染症の世界的流行は，世界中の右翼権威主義と偏見・差別を全般的に悪化させたのであり，アジア人差別の激化もその流れの中で生じたものと解釈できる。しかし権威主義は，人間が過酷な環境の中，集団で結束して脅威に対処することに役立ってきた本能に由来するものと考えられる。もし，さまざまな人種がひとつの集団として十分に統合されていれば，権威主義は人種を超えた結束を強化することも可能にしたかもしれない。しかし，コロナ禍の権威主義は人種間の分断を深刻化する方向に作用した。人種間の対立を改善できなければ，今後，感染症の世界的流行が新たに発生するたびに，同じように偏見・差別が激化することは間違いないだろう。

（寺嶌裕登）

引用文献

De Keersmaecker, J., A. Roets, K. Dhont, J. Van Assche, E. Onraet & A. Van Hiel［2017］Need for Closure and Perceived Threat as Bases of Right-wing Authoritarianism: A Longitudinal Moderation Approach, *Social Cognition*, 35, 433-449.

Hartman, T. K., T. V. Stocks & R. P. Bentall［2021］The Authoritarian Dynamic during the COVID-19 Pandemic: Effects on Nationalism and Anti-immigrant Sentiment, *Social Psychological and Personality Science*, 12, 1274-1285.

Zhang, Y., L. Zhang & F. Benton［2022］Hate Crimes against Asian Americans, *American Journal of Criminal Justice*, 47, 441-461.

社会的状況による。たとえば，普段は「日本人」として意識していなくても，海外旅行に行けば自身が「日本人」というカテゴリに属することを強く意識するであろう。このように，状況に応じて特定のカテゴリを自己のアイデンティティとして意識することを「自己カテゴリ化」という。社会的アイデンティティは，どのような人が周囲にいるのか，どのように他者とかかわっているのか，そのときの状況によって流動的にわれわれの意識の中で入れ替わる。

自己カテゴリ化することは，周りにいる他者を「私たち」(内集団）と「彼ら」(外集団）に区別することにつながる。たとえば，ゼミの討議で，ある男性が女性を蔑視する発言をすれば，性別による社会的カテゴリが一挙に顕現化され，先ほどまでひとつの仲の良い集団だったゼミ生たちは女性と男性に分断されかねない。女性たちは一致団結し，「内集団（ingroup)」として一丸となって「外集団（outgroup)」の男性たちに対して強い反対意見を申し立てることになるであろう。この内外集団の区別が社会的アイデンティティの基礎であり，前節でふれたステレオタイプ・偏見・差別の根源になる。

2）「内集団ひいき」

集団アイデンティティを共有する内集団メンバーに対して，人々は親近感や好意を感じ，しばしば「内集団ひいき」を行う。ブリューワー（Brewer [1979]）は，同じパーソナリティ特徴であっても，内集団の場合はポジティブなニュアンスで特徴づける一方，外集団の場合はネガティブな含みをもたせる，いわゆる「ラベリングバイアス（labeling bias)」の存在を指摘した。たとえば，「自信のある／高慢な」，「勤勉な／執念深い」，「賢い／ずる賢い」など，同じ特徴なのに対照的なニュアンスをもって内外集団を差別化する傾向がそれにあたる。また，パーソナリティの認知だけではなく，行動の原因推論でも同じように，内集団の人を善人に，外集団を悪人にする傾向も確認できる。古典的な実験（Duncan [1976]）で，ダンカンは2人の男性が口論している，音声なしの動画を白人の実験参加者に見せた。動画には激しい口論の末，片方の男性（加害者）がもう片方（被害者）を押し飛ばす様子が映っていた。男性のペアは白人同士，黒人同士，および白人と黒人の組み合わせで設定されたが，加害者が

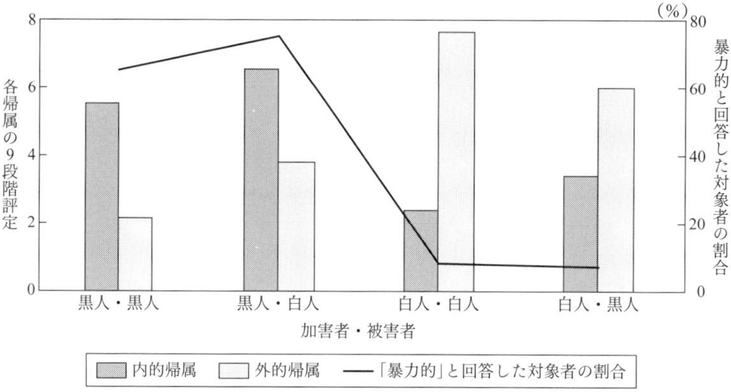

図 10-2　人種による加害行為の暴力性と原因推論

出所）Duncan［1979］をもとに作成。

黒人の場合，被害者の人種に関係なく押した行為が「暴力的」と評定されやすく，加害者自身の攻撃的な性格に起因するものとされた（内的帰属）。一方，加害者が白人の場合，被害者の人種に関係なく，押した理由は本人に起因するものとされず，被害者に侮辱されたことが要因と認識された（外的帰属）。図10-2にはこの実験の一部の結果を表している。こうした偏見は「究極的な原因推論の誤り」と呼ばれ，典型的な内集団ひいき・外集団差別である。

最近の研究では，脳科学の手法を用いて，人の内集団ひいきの習性を明らかにしている。Xu et al.［2009］は，中国人と白人系のアメリカの大学生を対象に，アジア系および白人系の人が綿棒または注射針で頬を刺されている写真を見せ，fMRI（磁気共鳴機能画像法）で刺されているときの脳の活動をモニターした。その結果，中国人も白人も，自分と同じ人種の人が注射針で刺されている場合に，脅威を感じたときに反応する脳の領域が活性化されることを確認した一方で，外集団が同じ扱いをされていても内集団が綿棒で刺されているときと変わらないことが明らかになった。つまり，内集団に対しては「仮定された類似性効果（assumed similarity effect）」が働き，その人の痛みが自分の痛みであるように共感できる一方で，外集団に対してはそのようなことがない。このことは，内集団に対して道徳的配慮が与えられ，人間としての尊厳が認められていることを意味し，内集団が酷な扱いを受けるときに共感を感じる。言い換えれば，内集団の人は「モラルサークル」範囲内に位置づけられる一方で，外集団の人は道徳的排斥を受け，非人間化されている。

内外集団の区別を偶発的に感じることもあれば，意識的に区別を行うこともある。人は自分が価値のある優れた存在であると思いたいものだが，こうした自尊感情欲求を満たすには自己評価維持が必要である。そのため，あらゆる能力や実績で自分を特徴づけようとするが，特に秀でた特徴がない人は，自分の内集団に自己評価の源泉を求めることがある。この傾向は「集団的自尊感情」と呼ばれ，優れた内集団に自分を帰属することによって得られる自尊感情である。自集団が優れていることを実感するためには，他集団との社会的比較が必要で，優れた集団と比較すれば逆にみじめになるため，弱小集団との比較，いわゆる「下方比較」を行うことで集団的自尊感情を保つ。こうした下方比較には被スティグマ集団がよく用いられ，彼らが特に偏見や差別を受けがちになる。コロナ禍をきっかけに，世界各地でアジア系の人々に対するヘイトクライムが急増したのも，実社会におけるこの集団的自尊感情獲得のためである。

本節では，人びとの集団アイデンティティが偏見や差別の原因となることについて解説したが，次節ではこうした心理的メカニズムが集団間接触にどのような影響を及ぼすのかを検討する。

3　集団間接触の影響

1）集団的接触仮説

集団間接触がどのような影響をもたらすのかは古くから研究されており，その代表的な理論は集団間接触仮説であろう。オールポート（Allport［1959］）は，特定の条件における接触は，集団間の良好な関係構築に役立つとした。その条件とは，①対等な地位における接触，②他集団の力なしでは達成できない共通の目標，③その目標に向けての協力関係，および④両者間の良好な関係を後押しする社会文化的背景である。このことを少子高齢化のさなかにある日本社会の将来のために当てはめれば，国の経済活動の維持という共通目標に向けて，移民や外国人労働者との対等な立場においての協力的な関係を保ち，彼らを歓迎する社会的風土をまず確立しなければならない。

しかし，現実の社会ではこうした建設的かつ楽観的な見方は必ずしも浸透しない。動物的な本能とでもいえようが，人は未知のものに対して自己防御動機が働き，警戒心を抱くため，外集団の人々を素直に受容することができない。外集団との接触経験がなければ，彼らに対する不確実性が高いままになり，彼らが何を考えているのか，どのように行動するのかの予想がつかず，不安を感じやすい。この不確実性の軽減に役立つのがステレオタイプである。ステレオタイプ認知を活性化させることによって，外集団に対する予測と期待が可能となり，彼らがどのような人間で，どう行動するのかに対する帰属確信が得られる。むしろステレオタイプに頼ることで，自分はどのように外集団に対応すればよいのかがわかり，安心して接触に臨むことができる。もちろん，ステレオタイプがネガティブであれば，回避動機が強まり，彼らを避けることによって自己防衛が図られる。こうしたステレオタイプ認知は安心感をもたらす一方で，外集団成員の個性にもとづく正当な人物評価ができなくなり，いわゆる「外集団統一性」認知を引き起こし，彼らを不当に扱うこともありうる。

2）集団間の葛藤と内集団の境界――2 つの理論

その他，集団間関係に関連する心理学の主要理論のなかには，「現実的葛藤理論（realistic conflict theory）」と「存在脅威管理理論（terror monagement theory）」がある。まず，現実的葛藤理論は，多集団が共存するにあたって，資源や機会をめぐる競争関係が生起し，優勢な集団は優位性の現状維持を劣勢の集団に脅かされ，劣勢な集団は優勢な集団に対する嫉妬や羨望，不平等感や不満を感じる過程について説明している。葛藤の起源となるのは 2 種の脅威で，ひとつは現実的脅威（身体的な危害および資源の損失），もうひとつは象徴的脅威（内集団の信念，価値観，世界観，規範やプライドに対する否定）である。現実的脅威の一例として，世界価値観調査（World Values Survey）の項目の中には「職がないとき雇用者は移民より自国民の雇用を優先すべき」という意見に賛成・反対を問う質問がある。日本は比較的他国よりも賛成が多く，反対が少ないが，これに

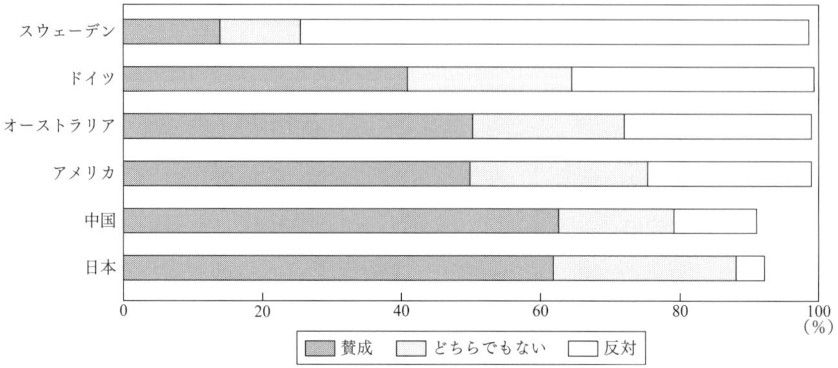

図 10-3　「職がないとき雇用者は移民よりも自国民の雇用を優先すべき」

出所）World Values Survey［2014］第 6 ウェーブより作成。

より，日本人は移民に対して現実的葛藤を感じていることが裏づけられているのかもしれない。図 10-3 は一部の国の回答を掲載している。

存在脅威管理理論は進化心理学的観点における理論であり，動物は死の脅威を感じたとき集団で固まるという仮説の下で提唱されており，「死の顕現性」が内集団の防衛傾向を強めるとしている。たとえば，9・11 テロ事件がアメリカ市民に死の脅威を与え，「アメリカ人」という共通のアイデンティティの下で人種間の葛藤が一時的に収まる一方，敵対的な外集団としてみなされたイスラム教徒へのヘイトクライムが急増した。つまり，普段外集団として捉えられているグループも，脅威を感じればより広範な内集団として結束を強め，外敵と戦う姿勢を人々はとる。ときには，死の顕現性を高める脅威が，人ではなく震災や天候の災害といった自然災害をきっかけにもたらされることもあり，たとえば関東大震災のさいには，外集団とみなされた在日外国人に対するスケープゴーティング（悪質な八つ当たり）が行われたという説もある。

上記の例でみられるように，状況に応じて内集団の範囲は恣意的に拡大したり，縮小したりする。同じ敵と戦うといった共通目標をもつ諸集団は，ひとつの大きな内集団と化し，力を合わせて協力・協調することがある。要するに，内外集団の境界は主観的に引かれる流動的なものであるといえる。

4　多文化教育の課題

1 ）多文化教育が目指すもの

多文化教育（multicultural education）は，多種多様な生徒に対応する教育であり，子どもたちに対して多様性のある社会に対応するための知識，情動および行動を教えることが目標である。それは，何を教えるのかの内容やカリキュラムの問題だけではなく，さまざまな文化の生徒がいる教室を想定して，多様な学習スタイルに対応する教育方法や多種なニーズに応える教室マネジメントの問題も含む。日本における多文化教育に相当するのは国際理解教育であり，文科省によると，その目標は「異文化を理解し尊重・共生できる資質・能力」，「自己の確立」，および「コミュニケーション能力」を育成することである。しかし，国際理解教育は生徒を対象にしている一方，教師や教育行政の国際意識を高めることを視野に入れていない。多文化教育は，国籍・宗教・文化・性的指向・心身の能力などを問わず，すべての子どもに教育の機会を平等に与え，それぞれのニーズに応えるべき教育内容・教育方法を提供することが主旨である。つまり，生徒に対する働きかけだけではなく，この特殊な教育を実践できる教師の資質・能力・意識向上が必要であり，学校側のダイバーシティ・マネジメント（→第 9 章）に要される知識や認識の確立，さらに教育委員会などの行政における意識向上も多文化教育に必要である。国際理解教育はあくまでも多文化教育のごく一部に過ぎず，同一視されてはならない。

多文化教育は，国際理解教育の認知的な教育の域を超え，異文化との接触にともなう感情や情動の教育，またそれに対応するための行動スキルも含むべきである。教科書で異文化について学ぶという認知的学習だけでは不十分で，異質な価値観などに対応するための感情のコントロールや適切な行動能力を身につけなければならない。感情と行動レベルの教育には経験学習が不可欠で，ロールプレイや異文化シミュレーションなど，高度な実践能力を要する教育方法であるため，教員のトレーニングを十分に施さなければならない。

多文化教育の落とし穴とも言われるのが，ステレオタイプ教育である。異文化に対する知識を教えることには，ステレオタイプを教授・強調する危険性がある。たとえば，教科書に日本人は生で魚を食べるという記述があっても，全ての日本人が刺身を好むとは限らない。固定観念を植えつけてしまうと，実際に子どもたちが当該文化の人に会った場合，教科書通りの様子でないため混乱してしまうかもしれない。この問題に対しては，文化を教えるのではなく，文化的感受性を向上させることが必要である。自身の文化的期待と実際の相手とがどのように異なるのかを判断する能力を培うため，価値観や行動が異なる人とのやりとりを体験的に学習させ，認識の違いを文化にではなく個人に帰属するよう，ステレオタイプに依存しすぎない思考能力を養うことが望まれる。

そもそもステレオタイプ認知は外集団に向けて活性化される。上述の通り，内外集団の区別が偏見や差別の原因であれば，そのような区別をしないための教育を施すべきである。異文化を強調するような教育を実践すれば，「私たち」対「彼ら」の意識が強調されてしまい，ますます内外集団の区別を意識させてしまう。多文化教育が目指すべきことは，文化の隔たりを感じさせないことであり，集団性よりも個性に着目し，世界は多様な人々から構成されていることを自覚させることにある。

2）理論から考える教育プログラム

上記の課題に対して，社会的アイデンティティ理論と自己カテゴリ化理論を援用し，内外集団のカテゴリの操作を中心とした教育プログラムが提案できる。人は同時に複数の社会的カテゴリに属するため，たいていの相手に対して共有されるカテゴリはあるはずだ。お互い異なるカテゴリではなく，共通のカテゴリを意識させれば誰でも内集団になることができ，外集団としての差別的な認識や処遇を受けずにすむ。この発想は「共通内集団アイデンティティモデル（common ingroup identity model）」に活かされ，人種差別対策として最近注目されている（Gaertner & Dovidio［2000］）。

共通内集団アイデンティティを目指して，顕現化されるカテゴリを操作するさまざまなプロトコルがある（図 10-4）。まず，「非カテゴリ化」は，単純に人を集団の一員として見ることなく，個人として見ることで成立する。たとえば，留学生と日本人学生が親しくなれば，お互いの国籍や人種を気にしなくなり，

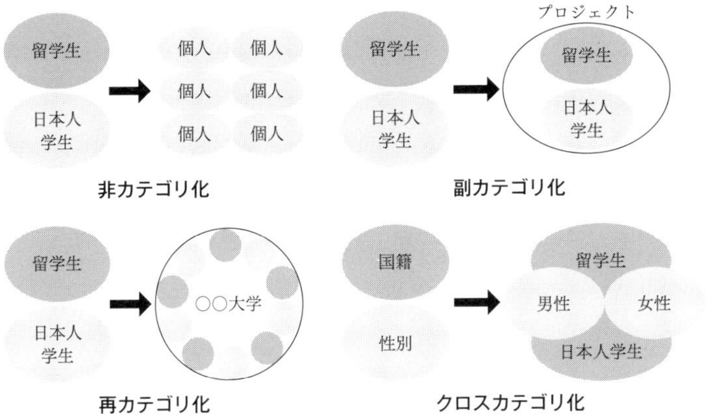

図 10-4　カテゴリ化による内外集団の認知を操作するプロトコル

社会的アイデンティティよりも個人的アイデンティティが強くなる。つまり，○○国人ではなく，○○さんとしてお互いを認識する。次に「再カテゴリ化」は，新たな集団を外集団として強く意識させることによって，より近い外集団を内集団として認識する，内集団範囲の拡大による手法である。たとえば，大学間の対抗戦では，同じ大学の学生であること（共通内集団）が顕現化されるため，留学生と日本人学生の国籍・人種の違いは意識されなくなる。さらに「副カテゴリ化」では，共通の目標を与えて集団同士で協力させ，お互いの集団の違いを意識しながら，それよりも協力することが大切であることを実感させる。たとえば，研究室のプロジェクトにおいて国際比較調査を実施するのであれば，さまざまな言語が得意な人たちが一丸になって調査に取り組んでいるような状況が副カテゴリ化の好例である。最後に「クロスカテゴリ化」は2つのカテゴリを同時に意識させることによって，あるカテゴリでは外集団であっても，別のカテゴリでは内集団でもあることに気づかせる手法である。たとえば大学のゼミで留学生と日本人学生がジェンダー不平等をめぐる議論をしているとき，それぞれの国の実情を共有しながら，国籍とは無関係に男女の認識の違いを発見するなど，両方のカテゴリを統合したアイデンティティを培うのに役立つ。

もちろん，共通内集団アイデンティティモデルはアイデアとしてはとても有効に思える一方で，それをどのように教育実践に活用するのかが課題である。古くから世界的に用いられているジグソー学習についていえば，これは実際には一種のカテゴリ化操作といえよう。ジグソー学習は，さまざまな専門的知識をもっている生徒たちをひとつの集団に集め，意見交換をさせることによって，生徒たちは自分では思いつかない新たな発見ができるようになる。

また，教育実践というよりも実験の要素が強いが，ムザファー・シェリフの有名な実験（Robbers Cave experiment）も副カテゴリ化に該当する。この実験では，サマーキャンプに参加する男児たちを2グループに分け，最初はグループ間の競争をさせたため集団間の葛藤が絶えなかったが，キャンプの後半からは両グループを統合するために，協力しあわないと達成できない共通目標をもたせたことによって，仲の良いひとつのまとまった集団への統合が実現した。

さらに，教育実践には至っていないが，近年では上述の集団間接触仮説をベースとしたカテゴリ化の実験的操作が試案されている。そのうち，「仮想的接触（imagined contact）」は，教室内で多数の人を対象として簡単に実施できるため，有力視されている。この手法では，外集団成員と共通の目標に向けて，親しく協力しあって満足度の高い協働活動に従事している様子を記述するエピソードを読ませ，自分が当事者であることを想像させて実験前後において当該外集団に対するイメージを測るものである。一連の研究では，外集団に対する評価が有意に好転していることを証明しているが，その効果の持続性はいまだ十分に検証されていない。つまり，実験室に限っての効果なのか，それとも数日間または数週間経過しても外集団に対する良好な態度が維持できるかどうかが未検討である。もうひとつは，「拡大接触（extended contact）」であり，親類や友人など内集団成員が，外集団成員との親密な関係（友人や婚姻関係など）があることに気づかせることによって，その外集団を内集団の範囲内に取り込む方法である。たとえば，きょうだいが異人種の人と結婚し，子どもを育てているのであれば，おじ・おばとして自分とそのおい・めいとは血縁関係にあり，自分の内集団の一員であることが自覚される。

本節では多文化共生を目指す教育，すなわち多文化教育の問題と課題について論じてきたが，その実践にあたって，日本は世界に後れをとっている印象が否めない。今後社会の多様性がますます重視され，また外国人人口が増加するにつれ，教員養成プログラムはいっそう積極的に多文化教育に取り組む必要に直面するだろう。

おわりに

本章は，多文化共生における心理と教育について概説してきた。日本社会も近い将来，多種多様な人種や国籍の人を受け入れ，私たちの隣近所でこうした人々が生活する日が来るであろう。そのために，次世代の日本人が多文化を背景とする人々と共生できるよう，教育を通じて必要な資質や姿勢を養う必要がある。多文化教育とそのベースとなる多文化共生をめぐる心理学的なプロセスの研究は，日本においても重要な学術的課題になるのは必至と思われる。

（高井次郎）

引用文献

藤本麻亜華［2020］「増加する外国人労働者と日本における移民政策の在り方」『香川大学経済政策研究』16，207–229。

Bennett, M. J.［1993］Towards Ethnorelativism: A Developmental Model of Intercultural Sensitivity, in M. Paige (ed.), *Education for the Intercultural Experience*, Intercultural Press, pp. 21–71.

Brewer, M.［1979］In-Group Bias in the Minimal Intergroup Situation: A Cognitive-Motivational Analysis, *Psychological Bulletin,* 86(2), 307–324.

Duncan, B. L.［1976］Differential Social Perception and Attribution of Intergroup Violence: Testing the Lower Limits of Stereotyping of Blacks, *Journal of Personality and Social Psychology,* 34 (4), 590–598.

Gaertner, S. L. & J. F. Dovidio［2000］*Reducing Intergroup Bias: The Common Ingroup Identity Model*, Psychology Press.

Inglehart, R., C. Haerpfer, A. Moreno, C. Welzel, K. Kizilova, J. Diez-Medrano, M. Lagos, P. Norris, E. Ponarin & B. Puranen et al. (eds.)［2014］*World Values Survey: Round Six-Country-Pooled Datafile Version,* ID Systems Institute (https://www.worldvaluessurvey.org/WVSDocumentation-WV6.jsp　2023 年 6 月 6 日閲覧).

Tajfel, H. & J. C. Turner［1979］An Integrative Theory of Intergroup Conflict, in W. G. Austin & S. Worchel (eds.) *The Social Psychology of Intergroup Relations*, Brooks/Cole, pp. 33–37.

Xu, X., X. Zuo, X. Wang & S. Han［2009］Do You Feel My Pain? Racial Group Membership Modulates Empathic Neural Responses, *Journal of Neuroscience*, 29, 8525-8529.

第 11 章

学力の測定と評価

今も昔も，学校は学ぶところであることに変わりない。もちろん，教科書を勉強するだけでなく，人とのかかわりや生きる意味，人間とは何かなど多様なものごとを学ぶ。学びを進めるには，何を学んだか，何を身につけたかを，児童生徒や保護者，教師等が理解する必要がある。そのためには，学んだこと，身につけたことを測定し評価することが必要である。本章では，学力の測定・評価を中心に，その理論や方法について解説する。

1　学力とは

1）学力の定義

学力について，勝田［1964］は「成果が計測可能なように組織された教育内容を学習して到達した能力」と言い，松下［2006］は「一定の標準的な教育内容が想定されていてそれが身についたかどうかを論じるための概念」と述べている。また，無藤［2006］は「子ども・成人の能力のうち，特に学校において系統的に伝授される知識・技能」とその語義を説明している。これらをふまえ，ここでは学力を「特に学校教育において系統的に学習される教育内容の獲得度や到達度を論じる概念」と定義する。

2）学力観の変遷

学力観の変遷を，高度経済成長期（1950 年代中頃～ 1970 年代前半）から見てみよう。概略を表 11-1 に示す。1950 年代，学校では系統的に教科を教える系

表 11-1　学力観の変遷

1950 年代中頃～1970 年代前半	教科学力重視，系統学習 受験地獄
1970 年代後半	詰め込み教育，非行，校内暴力
1977（昭和 52）年	ゆとりの時間
1989（平成元）年	ゆとり教育カリキュラム，新しい学力観，関心・意欲・態度の重視 生活科の導入，科目履修の多様化・選択化の拡大
1998（平成 10）年	確かな学力，生きる力，総合的な学習の時間の導入
1990 年代末～2000 年代初頭	学力低下論争
2001（平成 13）年	観点別評価，目標に準拠した評価
2004（平成 16）年	PISA ショック，リテラシー
2007（平成 19）年	ゆとり教育の見直し 基礎的な知識及び技能，思考力・判断力・表現力等の能力， 主体的に学習に取り組む態度
2014（平成 26）年	学力の 3 要素
2017（平成 29）年	アクティブラーニング，主体的・対話的で深い学び

出所）石井［2013］をもとに作成。

統学習が主として行われ，教科学力が重視されていた。高校進学への受験競争が苛烈で受験地獄と言われ，「15 の春は泣かせない」というスローガンも流布した。

1970 年代後半になると，受験競争の激化による入試問題の難問・奇問化や，非行・校内暴力の問題に目が向けられるようになり，教科学力重視の教育は詰め込み教育と批判され，「ゆとりの時間」（1977〈昭和 52〉年改訂学習指導要領）が設けられた。

1980 年代の終わりから 1990 年代にかけては，関心・意欲・態度を重視する「新しい学力観」が提唱され（1989〈平成元〉年改訂学習指導要領），生活科の導入や科目履修の多様化・選択化の拡大が行われた。その後，「知識や技能はもちろんのこと，これに加えて，学ぶ意欲や自分で課題を見付け，自ら学び，主体的に判断し，行動し，よりよく問題解決する資質や能力等」を指す「確かな学力」（1998〈平成 10〉年改訂学習指導要領）や「生きる力」が強調され，総合的な学習の時間の設置や，大学設置基準の緩和による大学入試の多様化（科目削減）など，いわゆる「ゆとり教育」シフトが進められた。

ゆとり教育カリキュラムと言われる 1989（平成元）年改訂の学習指導要領では，関心・意欲・態度を重視して，考える力や自己教育力を育成するために，教育内容が 3 割削減された。これに対して，学力や思考力が低下する，塾通いが増えできる子とできない子の格差が広がる，関心・意欲・態度の評価基準が曖昧で児童生徒が教師の顔色をうかがうようになるなど，多くの批判や懸念が寄せられた。

ゆとり教育で子どもの学力は低下したのか。岡部ほか［1999］が，簡単な分数問題が解けない大学生が増加していることを指摘したことを契機として，1990 年代の終わりから学力低下論争が巻き起こった。ゆとり教育に反対の立場からは学力は低下している，賛成の立場からは学力は低下していないという主張が展開された。しかし，主として前者の言う学力は教科学力，後者の言う学力は新しい学力であり，議論が嚙み合わなかった。市川［2002］はこの論争を，学んだ学力－学ぶ学力，測りやすい学力－測りにくい学力という図式で捉えている。

学力低下論争最中の 2001（平成 13）年，児童生徒の学力評価にあたり観点別評価を実施することが通知された。それまで，学級内での相対的位置を示す相対評価だったものを，目標に照らして個々の児童生徒の学力を評価する絶対評価に変えるという大転換であった。しかし，導入前から，関心・意欲・態度を評価する基準が不透明であるなどの懸念が示され，この問題は，評価の客観性，公平性，公正性の問題として現在も課題として残っている。

2004 年にはいわゆる PISA ショックが起きた。OECD が 2000 年から 3 年おきに実施した PISA（Programme for International Student Assessment：生徒の学習到達度調査）において，日本の生徒の読解リテラシーが低下していること，自分の考えを書く記述問題の無答率が高いことなどが示され，大きな衝撃を与えた。

PISA ショックにより，学力は低下している，少なくとも低いものがあるという認識が広まり，学力低下論争は終息していった。そして，2007 年の学校教育法の改正でゆとり教育の見直しが行われ，学校教育（小学校教育）で養うべき学力として，基礎的な知識及び技能，思考力・判断力・表現力等の能力，主体的に学習に取り組む態度が掲げられた。今日では学力の 3 要素として知られる学力観であるが，高校や大学にも広まったのは，2014 年に中央教育審議会（中教審）が出したいわゆる高大接続改革答申によるところが大きい。

2017・2018・2019（平成 29·30·31）年改訂の学習指導要領では，何を学ぶか，どのように学ぶか，何ができるようになるかという整理が行われ，どのように学ぶかについて，主体的・対話的で深い学びの実現が求められた。アクティブラーニングや反転授業など教室が活気づく活動はその好例であるが，文献や書籍，資料等を通して先人の考えを辿り自分の考えを深めることも，対話的で質の高い学びとして挙げられていることに留意したい。また，2022（令和 4）年度からは，高等学校でも観点別評価が始まっている。

以上見てきたように学力観は，教科学力と新しい学力という対立から，知識・技能，思考力・判断力・表現力，主体性・多様性・協働性という，両者が共存した学力観に遷移してきたといえるであろう。

2　学力の測定

1）教育測定とは

児童生徒の学力を評価するためには，まず学力を測定する必要がある。測定にあたっては，学習状況を観察したり，発問に対する答え方を見たり，テストを用いたりする。教師の主観を少なくし，より客観的で定量的な測定をしようとする活動を教育測定と言う。教育測定とは「学力や能力などに関する客観的な推論を行うために，何らかの尺度を用いて，学習者におけるそれらの特性を数量化すること」である（石井［2022］）。

学力を測る用具としてテストがよく用いられるが，テストの作り方について教師が学ぶ機会はほとんどなく，既存のテストを踏襲したり，経験や理念によってテストを作成することが多い。また，テスト自体が評価されることもあまりなく，多くの教育場面において，性質や性能が確認されていないテストを用いて，児童生徒の学力の測定が行われているのが現状である。製品であれば

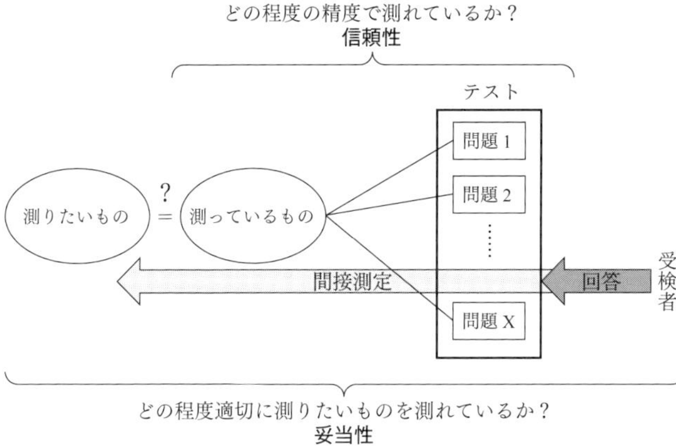

図 11-1　構成概念の測定のイメージ

当然のことである品質管理が，テストではほとんどなされていないのである。本節では，テストの性能やテスト問題の性質を確認する方法について説明する。

2）テストの性能の確認

テストの品質や性能を確認するにあたってまず意識しておきたいことは，学力や能力というものは実在せず，頭の中で考えられた構成概念であるということである。物理的なものとは異なり，構成概念は一意に定義されない。それは「学力」のイメージが異なるため学力低下論争で議論が噛み合わなかったことからも理解される。また，構成概念は実在しないので，物差しや秤のような道具を使って精確に測ることができない。

学力など構成概念を測定するイメージを図示すると図 11-1 のようになる。受検者がテストを受け問題に回答する。回答は採点され得点が算出される。学力が高ければ得点は高くなり，学力が低ければ得点は低くなることを意図して，問題や採点基準は作られる。

構成概念を精確に測るにはまず，テストが測っているものが測りたいものと一致している必要がある。測りたいものを意図してテストを作ったからといって，測りたいものを測っている保証はない。また，テストが測っているものの

◆トピックス

入試の現代的課題

2019年度から，文部科学省の目玉政策としてGIGAスクール構想が掲げられた。全国の小中学生に1人1台の学習用端末が配布され，高速大容量の通信環境で学習を進めるための整備が進められている。先進的な都道府県では，高校生においても1人1台の学習用端末の利用を開始している。コンピュータを用いた学習が進展すると，その学習成果を測定・評価する方法も大きな問題になる。

コンピュータを用いたテストはCBT（Computer Based Testing）と呼ばれ，紙媒体のテスト（Paper Based Testing：PBT）と対比される。私たちはこれまで，入試はもちろん，定期テストや単元テスト・資格試験など，多くのテストをPBTで受けてきた。その一方で，GIGAスクールの時代の教室では早くも，教師がテストに接続するためのURLを配布し，児童生徒がコンピュータで回答する光景が広がっている。コンピュータを文房具のように扱って学んできた子どもたちに対して，入試の場面で突然PBTを行うことは，果たして普段の学力を発揮できる場を提供しているのか，信頼性・妥当性の高い測定であるかなど，テストによる学力測定のいろいろな前提を見つめ直すときに来ている。

実際，PBTでは難しいがCBTだと可能になる魅力的な出題方法がいくつかある。たとえば，大量のテスト問題を蓄積し，それぞれの問題の難易度や識別力などの統計的特性や出題領域の情報をあわせて保管した問題バンク（item bank）を使えば，難易度や領域ごとの問題数が揃った複数のテスト冊子を自由自在に作ることが可能になる（宮澤ほか[2018]）。また，回答の内容に応じて，次に出題する問題を変える適応型テスト（adaptive testing），次に出題する大問を変えるマルチステージテスト（multi-stage testing）などもある。さらに，試行錯誤して正答を導くような出題や，動画・音声の提示制御など，コンピュータの特性を生かした問題（Technology-Enhanced Items：TEIs）の作成にも視野が広がる。

程度を，得点がどの程度精確に反映しているかも考える必要がある。テストは問題を通して間接的に構成概念を測定しているので，その測定精度を検討しなければならない。前者は妥当性，後者は信頼性と呼ばれる性質であり，テストの品質管理にあたってはこれらを確認する必要がある。

測定の妥当性とは，テストが測定している特性が，測定したい特性をどの程度適切に捉えているかを考える概念で，テスト結果の適切さを示すさまざまな証拠を集めることによって確認される。

妥当性を示す証拠の種類として，まず，テストの内容や見た目を評価する内また，得られた回答データをすぐに分析し活用できることも，教育場面でのメリットが大きい。大規模な PBT の一例として大学入学共通テストがあるが，受検者に正しい科目の問題冊子を適切に配付し，試験終了後に解答用紙を一枚たりともなくさずに運搬するために，多くの関係者の時間と労力がかけられている（大学入試センター［2021］）。こうした状況では，テストの分析もすぐには行えない。紙の問題冊子を配付して解答用紙にマーク・記入させることが，学力測定・評価の結果を利用するときのリアルタイム性を封じているところもある。CBT なら，子どもたちがインターネットに接続された端末さえもっていればテストを簡単に開始でき，回答終了後，すぐにテストの統計的特性や児童・生徒の到達状況が把握できる。今日実施したテストの結果を明日の授業の改善に生かすことができるのである。

ただし，CBT が学力測定・評価の方法として PBT よりも優れたものであるという考え方は，必ずしも成り立たない。CBT を用いることで新たに生じる課題もある。たとえば，コンピュータを用いることでしか育まれない学力があるとしたとき，本当に紙媒体では測定できないのか，PBT と CBT での共通点・相違点は何かなど，測定対象をより厳密に定義する必要が生じる。これは，測定の妥当性を考えることに相当する。また，CBT を通じて得られた回答が，コンピュータの操作スキルやキーボードのタイピングスキルの影響を受けていないかなど，誤差をもたらす要因にも目を向けることになる。これは，測定の信頼性にかかわる問いである。CBT で学力測定・評価を行うときには，PBT で曖昧にしてきた事柄を明確化する作業がいっそう求められる。CBT がもつ目先の魅力に惑わされず，教育測定・評価の理論の基礎を押さえることが今まで以上に重要になるのである。

（寺尾尚大）

引用文献

大学入試センター［2021］『大規模入学者選抜における CBT 活用の可能性について（報告）』。
宮澤芳光・宇都雅輝・石井隆稔・植野真臣［2018］「測定精度の偏り軽減のための等質適応型テストの提案」『電子情報通信学会論文誌 D』J101-D(6)，909-920。

容的妥当性がある。内容的妥当性には，専門家が見て内容等に問題がないかを確認する論理的妥当性や，目的の能力を測るテストだと受検者が思えるかを確認する表面的妥当性などがある。内容的妥当性は主観的な評価である。そこで，客観的な外的基準との関連を検討する基準関連妥当性が考えられている。就職時の職業適性検査得点と配属後の営業成績のように，基準値が得点より後に得られる場合を予測的妥当性，健康診断における健康意識調査と BMI のように，得点と基準値が同時に得られる場合を併存的妥当性と言う。基準関連妥当性では，外的基準の妥当性が問われるという堂々巡りが起こり得る。そこで，内容的妥当性や基準関連妥当性も含む概念として構成概念妥当性がある。構成概念妥当性は，テストの結果がどの程度適切かを反映するさまざまな証拠の強さを確認するものである。似たような概念と正の相関がみられることを収束的妥当性，関連のない概念と相関がみられないことを弁別的妥当性と言う。なお，基準関連妥当性や構成概念妥当性は，テスト得点と関連指標との相関係数の大きさで評価され，相関係数が±0.3 以上であれば関連ありとみなされることが多い。

測定の信頼性とは，テストが測定している特性をどの程度精確に測定しているかを考える概念で，得点の安定性で評価される。測定誤差が小さいほど得点は安定し，信頼性が高くなる。

信頼性を表す指標として，α（アルファ）係数や再検査信頼性係数がある。α係数は，テストに含まれる各問題の得点の安定性，つまり，能力の高い受検者はどの問題の得点も高く，反対に能力の低い受検者はどの問題の得点も低いという安定性を捉える指標である。一方，再検査信頼性係数は，同じテストを 2 回実施したときに得点が一貫する程度である。再検査信頼性係数は，2 回のテスト得点間の相関係数で推定される。どちらの信頼性係数も上限値は 1 であり，値が 1 に近いほど誤差が小さく得点が安定していることを表す。一般に，語学や理数科目のテストの信頼性係数は 0.9 以上，文系科目は 0.8 以上，また，性格検査などは 0.7 以上であれば，信頼性が高いと評価される。

信頼性係数の値が 0.8 ということは，得点の中の 2 割は誤差ということである。これは，誤差の影響で偏差値が±5 ぐらい変わってもおかしくない状況であることを意味する。このようにテスト得点は，物理的なデータに比べかなり信頼性が低く，時間や長さ，重さなどと同列に扱うことは難しいことに留意する必要がある。

構成概念の測定においては信頼性が高すぎるのも問題となる。たとえば，漢字の読み書きテストは，漢字力を測るテストとしては信頼性も妥当性も高いが，国語のテストとしては妥当性が低くなる。国語力は漢字の読み書き力だけではない。適度な信頼性を確保した上で，測りたいもの全体をカバーする妥当性の高い測定を行う必要がある。

Q. 対角線の長さが 4 cm の正方形の面積を以下から選びなさい。
A. 4 cm^2　B. 8 cm^2　C. 12 cm^2　D. 16 cm^2　E. 20 cm^2

受検者数	正答率	D 値	I-T相関	α係数	削除α	正答
200	48 %	70 %	0.42	0.70	0.67	B

選択率	A	B	C	D	E	無答
全体	10 %	48 %	9 %	32 %	1 %	0 %
高群	5 %	84 %	1 %	10 %	0 %	0 %
中群	12 %	47 %	8 %	32 %	2 %	0 %
低群	11 %	14 %	17 %	53 %	5 %	0 %

識別指標	A	B	C	D	E	無答
D 値	−6 %	70 %	−16 %	−43 %	−5 %	0 %
I-T 相関	−0.05	0.42	−0.15	−0.29	−0.12	0.00

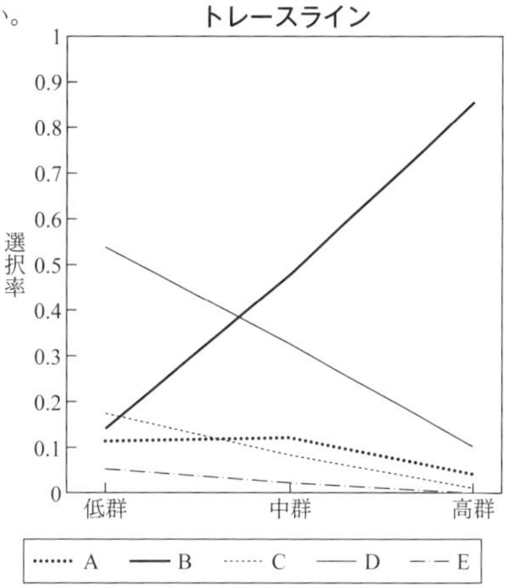

図 11-2　項目分析の例

3）テスト問題の性質の確認

回答データにもとづいて個々のテスト問題の性質を検討することを項目分析という。答えを知っていてテストを作成する教師と，答えを知らずに問題を解く児童生徒では，問題の難しさや解釈が大きく異なる。項目分析は児童生徒の理解にもとづいて問題を見直す作業であり，問題の修正や新たなテスト作成にあたって有用な知見を与える。

項目分析では，各問題の正答率，無答率，識別力（弁別力），また，多枝選択問題の場合は各選択枝の選択率や識別力を求め，問題の性能を評価する。多枝選択式問題の項目分析を行った例を図 11-2 に示す。なお，項目分析を行うソフトとして，石井［2020］などがある。

正答率は正答枝を選んだ受検者の割合である。極端に易しかったり難しかったりする問題はテストとしてふさわしくないので，正答率はおよそ 10 %～90 %の範囲になるようにする。

D 値は識別力を表す指標のひとつで，テスト得点にもとづいて受検者を上位 27 %，中位 46 %，下位 27 %に分けたときの，上位群と下位群の正答率の差である。識別力が大きいほど，上位群と下位群をよく区別できるよい問題である。I-T 相関も識別力を表す指標で，問題得点（I）とテスト得点（T）の相関係数

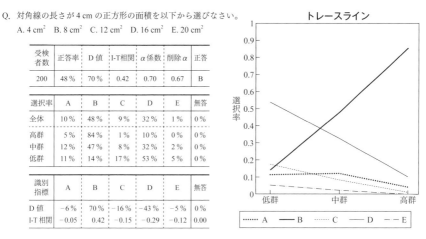

である。D 値は 20％，I-T 相関は 0.2 以上になるのが望ましい。削除 α も識別力を表す指標であり，当該の問題を除いた残りの問題からなるテストの α 係数である。削除 α がもとの α 係数より大きくなる問題は，テスト全体の信頼性を低下させる識別力の低い問題になっていると解釈される。

上位群，中位群，下位群における各選択枝の選択率を直線で結んだ図をトレースラインと言う。選択率の低い選択枝のラインは下の方にくる。選択率が極端に低くほぼ横軸と重なる場合は，その選択枝の必要性を検討する。識別力の大きい選択枝のラインは傾きが大きくなる。正答枝のラインは右上がりになるのが望ましい。正答枝のラインが平坦な問題は，正答できるか否かが能力と関係ない問題であり不適切である。正答枝のラインが右下がりの場合も，上位群ほど不正解となる不適切な問題である。誤答枝のラインの形状はいろいろであるが，多くは右下がりか平坦になる。誤答枝のラインが右上がりになる問題は，上位群ほど間違えるということになり適切でない。

3　学力の評価

1）教育評価とは

児童生徒の学力や能力を育みよりよい教育を行うには，どのような教育が実践され，どのような学びが展開されたかを検証し改善していくことが求められる。その一連の過程を教育評価という。教育評価とは「児童生徒の発達のために，教育のさまざまな過程において，集めた情報を用いて教育活動を検証し改善する営み」である（石井［2022］）。

教育評価や教育測定に近い用語としてアセスメントがある。アセスメントの使われ方は一定でなく，教育評価と同義に使われたり，より現実に近い場面における評価という意味で使われたり，多種多様な視点から情報を集めるという意味で用いられたりする（心理アセスメントについて→第 12 章）。

教育評価では，教育測定やアセスメントによって収集された情報にもとづいて，教育活動の検証を行う。以下その方法について概観する。

2 ）絶対評価

絶対評価とは，評価する観点（評価規準）や段階（評価基準）をあらかじめ設定し，その規準・基準に照らして対象を評価する方法の総称である。

狭義の絶対評価として認定評価がある。認定評価では教師など評価者の内に規準・基準がある。端的に言えば，教師の主観で児童生徒を評価するのが認定評価である。

認定評価では公平性，公正性に問題があるのは明らかである。そこで，「～が分かる」「～ができる」という到達目標を規準，到達段階を基準とする到達度評価が考えられた。たとえば，「繰り上がり計算ができる」ことを到達目標とした場合，基準として「繰り上がりのない 1 桁どうしの足し算ができる」「繰り上がりのある 1 桁どうしの足し算ができる」などの段階を設定して児童の能力を評価する。

到達度評価には到達目標が限定的で狭いものになりやすいという問題がある。この問題を克服するものとして目標に準拠した評価が提唱された。目標に準拠した評価では，当該の単元や領域で学習することなどの教育目標を規準，具体的な達成レベルを基準とする。今日の学校教育では，目標に準拠した評価によって指導要録や通知表が作成されている。

観点別評価は，目標に準拠した評価と同義に用いられることも多いが，広義には到達度や教育目標に限定しない多様な観点を規準に設定し評価を行うことを指す。複雑な思考力やパフォーマンスなど，いわゆる真正性の高い能力を評価するさいに用いられる。観点や具体的段階を表にしたルーブリックを作成し，それを参照して評価を行う。

観点別評価や目標に準拠した評価では，教育活動ごとに観点または目標（規準）と具体的な段階（基準）を設定して評価を行わなければならない。しかし，それには膨大な作業をともなうことがしばしば問題となる。個々の教育活動を適切に評価するには，活動ごとに的確なルーブリックを作成する必要がある。それをしないで，汎用性の高い規準・基準を用いたのでは，結局教師による認定評価と大差ないものとなり，教育評価本来の意義を失う恐れがある。

3）相対評価

相対評価は，広義の絶対評価と対をなすものであり，評価対象集団を規準，集団の中での相対的位置を基準として児童生徒の評価を行う。規準・基準が教師の内ではなく対象集団にあるので，教師の主観や恣意性を除去した評価を行うことができ，入試など選抜試験でよく用いられる。評価結果として，偏差値や 5 段階評価，スタナイン（9 段階評価）などの値を算出することも多い。

相対評価は，以前は指導要録や通知表でも用いられていたが，たとえ同じ能力でも学校やクラスが違えば評価値が異なったり，全員の成績が上がれば児童生徒の相対的位置は変化せず，努力しても評価値が上がらないなどの問題点が指摘され，2001（平成 13）年版の指導要録から目標に準拠した評価に評価法が変更された。

4）個人内評価

絶対評価も相対評価も，共通の規準・基準を用いて児童生徒を評価しており，個々の児童生徒に焦点をあてた評価になっていないという指摘がある。この問題を解決するものとして個人内評価がある。個人内評価は，児童生徒による自己評価ではなく，評価者がそれぞれの児童生徒について規準・基準を設定し，児童生徒ごとに評価を行うものである。当該児童生徒の以前の状態を基準として変化を捉える評価を縦断的個人内評価，複数の観点について得手不得手等を検討する評価を横断的個人内評価という。

個人内評価には，規準・基準の設定が膨大な作業になる，主観的な認定評価になる可能性があるなどの問題点が指摘されている。

5）教育評価の機能

教育評価は，単に教育活動の結果を評価するだけでなく，児童生徒の発達や教育活動の改善のために実施されるものである。このことからブルームは，教育評価の機能を診断的評価，形成的評価，総括的評価に分けて考えた。

診断的評価は学習の前に実施される評価であり，それまでの学習レベルや今後の学習の準備状況を確認するものである。形成的評価は学習活動中に実施される評価であり，児童生徒の理解状況や教師の指導の様子を確認するとともに，指導法の修正や改善に役立てるものである。評価を指導に活かすとともに将来の指導法の改善に役立てることを「指導と評価の一体化」と言い，形成的評価はその中核的過程をなす。総括的評価は学習活動の終了時に実施される評価であり，学習の成果を児童生徒や教師が確認し，復習や成績評定に役立てるものである。

診断的評価，形成的評価，総括的評価は，単元ごとであったり，学期，学年を通してなされることもある。前の単元の総括的評価が，次の単元の診断的評価になることもある。なお，目標に準拠した評価や到達度評価においては，診断的評価，形成的評価，総括的評価を行うことにより，教育活動がより効果的になると考えられている。

4　学力の測定・評価に関する最近の話題

学力の測定・評価に関する最近の話題として，ここでは，問題作成ガイドラインと項目反応理論の 2 つを取り上げる。

1）問題作成ガイドライン

適切な測定・評価を行うには，テストが適切に作成されていなければならない。しかし，本章第 2 節で述べたように，教師がテストの作り方について学ぶ機会はほとんどない。そこで石井ほか［2021］は，表 11-2 に示す問題作成ガイドラインをまとめ公表した。以下のウェブサイト（https://www.educa.nagoya-u.ac.jp/~ishii-h/test_guideline.html）で個々の項目の解説がなされている。

例として「24 不必要に選択枝を増やさないこと」について説明する。多枝選択式問題において，選択率がある程度大きくなる選択枝数は 3 枝程度である。よって，あて推量による正答の可能性を低くするために選択枝を多く設定しても意味はない。ほとんどの受検者は完全にランダムには回答しない。複数の空所に対して，共通選択枝群の中からあてはまるものをそれぞれ選ぶ形式の問題においては，共通選択枝の数は，受検者が選択枝を一覧するのに困難をともな

表 11-2　問題作成ガイドライン

	問題の内容
1	問いたいことは何か，問題を解くために必要な能力は何かが明確であること
2	重要な事柄を問うこと。些末なことや一般的すぎる問いにならないこと
3	正解が問題作成者の価値観に左右されるような問いにならないこと
4	特定の個人や集団に有利または不利な内容にならないこと
5	ひっかけ問題にならないこと
6	高次の能力を測る問題では，受検者にとって新奇な素材を用いること
	問題の形式
7	測りたい能力に見合った問題形式を用いること
8	前の問題に対する解答が，後の問題の正誤に影響しないこと
9	「あてはまるものをすべて選べ」という設問は避けること。使う場合は部分点を与えること
10	読解力や思考力を測る記述式問題では字数制限を設けないこと
	問題の記述
11	言語レベルを受検者集団に合わせること
12	教示文・本文・設問・選択枝・図表等の記述量を必要最小限にすること
13	教示文・本文・設問・選択枝・図表等の文言をよく校正すること。他の人にも確認してもらうのが望ましい
14	教示文・本文・設問・選択枝・図表・解答欄等のレイアウトや大きさを適切にすること
15	とくに低学年の児童に対して，選択枝は行を変えて 1 つずつ並べること
16	空所補充問題について，文意が分からなくなるほどの空所を設けないこと
	設問部分
17	問いたいことは何か，どのような形式で解答したらよいかを明確・簡潔に書くこと
18	本文や選択枝など他の部分を読まなくても，設問部分だけで何を問われているかが分かること
19	否定表現を使わないこと。もし使う場合は，太字やアンダーラインで強調すること
20	一部の受検者にしか分からないような暗黙の前提を用いないこと
	選択枝について
21	いずれの選択枝ももっともらしいこと
22	高得点者と低得点者をよく区別できるような，識別力の高い選択枝を用いること
23	正答枝と誤答枝が明確に区別できること
24	不必要に選択枝を増やさないこと
25	明らかな誤答枝やお遊びの選択枝など，余計な選択枝を入れないこと
26	五十音順，数量の大きさ順など，何らかの法則に従って選択枝を並べること
27	正答枝の位置をランダムにばらつかせること
28	「上記のいずれでもない」「上記すべてあてはまる」などの選択枝を用いないこと
29	「～でない」「～以外である」など否定表現を用いないこと
30	「絶対に」「常に」「決して」「完全に」など，強意語を用いないこと
31	選択枝は互いに独立であること。内容に重なりがないこと
32	一方が正答枝であれば他方は誤答枝であると分かるような，両立しない選択枝を入れないこと
33	選択枝の長さをおおむね揃えること
34	選択枝の内容や形式などの構造を揃えること
	記述式問題の採点に関して
35	問題作成と同時に，評価の観点，採点基準を設定すること
36	評価の対象とする要素，しない要素を明確にすること（誤表記は減点する，乱筆は減点しない，など）
37	正答となるものについて，基本的な基準を設定し，あまり細かな条件設定はしないこと
38	本格的に採点を始める前に，いくつかの解答を採点して，採点基準を精錬すること
39	最初のほうで採点した解答を後で採点し直すなどして，評定の一貫性を保つこと

出所）石井ほか［2021］。

わない程度が望ましい。選択枝が多くなると，選択枝を探すのに時間をとられたり，出題ミスやマークミスの原因となる。

個々の問題がすべてのガイドライン項目に沿わなければならないということはない。その問題で何を測るかによって，重要視するガイドライン項目は変わり得る。たとえば，雑多な情報の中から鍵となる情報を取り出す能力を測る場合は，本文や資料は冗長である必要があるが，公式を用いて問題を解く力を測る場合は，問題は簡潔なほうがよい。テスト全体でどのような能力を測定したいかを考えるとともに，個々の問題で問いたいことは何か，解くために必要な能力は何かを明確にして，テストを作成する必要がある。

2）項目反応理論

相対評価では，評価対象集団における相対的位置を評価値とするので，全員の成績が上がれば児童生徒の相対的位置は変化せず，努力しても評価値が上がらないという問題が指摘された。これは，規準となる評価対象集団自体が変化してしまうことによる。この問題を解決する方法のひとつとして，項目反応理論（Item Response Theory : IRT，項目応答理論ともいう）を利用することが考えられる。項目反応理論は，同一能力を測定する複数のテストの評価値を比較可能にする理論である。

項目反応理論では，評価対象集団とは独立な集団を規準として，各問題の難しさ（困難度）や児童生徒の能力値を求める。どのテストも同一の集団を規準にすれば，児童生徒の能力の変化をその規準集団上で捉えることができる。また，効率良く能力値を推定するために，能力の高い受検者には難しい問題を多く提示するなど，児童生徒ごとに問題を変えることも可能である。

項目反応理論にもとづいたテストでは，項目の困難度や受検者の能力値，同じ集団を規準にするために必要な係数などの値を推定するために，大量の受検者が多くの問題に回答したデータが必要となる。また，問題が出回り困難度が変わってしまうことを避けるため，テスト問題は非公開とする必要がある。

このように項目反応理論は，統制の取れた大規模テストを念頭においた理論であり，クラス単位，学校単位で利用するのは難しい。自治体や国のレベルであれば実施可能性は高くなり，実際そのような取り組みが始まっている。

おわりに

測定と評価は，場合によっては相反するものと考えられることもあるが，評価するにはその前に適切な測定が行われる必要があるし，測定したものは適切に評価されて初めて意味をなすようになる。このように測定と評価は一体となって教育に資するものであると理解することが重要である。それぞれの長所と短所を理解し，どちらか一方の考え方に固執しない姿勢が求められる。

（石井秀宗）

引用文献

石井秀宗［2020］『テスト項目・解答データ分析ツール』（https://www.educa.nagoya-u.ac.jp/~ishii-h/test_system.html　2023 年 10 月 27 日閲覧）。

石井秀宗・荒井清佳・坪田彩乃・安永和央・寺尾尚大［2021］「テスト問題作成ガイドラインの開発（1）――日本での普及に向けた整理」日本テスト学会第 19 回大会。

石井秀宗［2022］「測定と評価」高村和代・安藤史高・小平英志編『主体的に学ぶ発達と教育の心理学』ナカニシヤ出版。

市川伸一［2002］『学力低下論争』筑摩書房。

岡部恒治・戸瀬信之・西村和雄編［1999］『分数ができない大学生――21 世紀の日本が危ない』東洋経済新報社。

勝田守一［1964］『能力と発達と学習――教育学入門Ⅰ』国土社。

中央教育審議会［2014］『新しい時代にふさわしい高大接続の実現に向けた高等学校教育，大学教育，大学入学者選抜の一体的改革について――すべての若者が夢や目標を芽吹かせ，未来に花開かせるために（答申）』。

松下佳代［2006］「大学生と学力・リテラシー」『大学と教育』43。

無藤隆［2006］「学力」辰野千壽・石田恒好・北尾倫彦監修『教育評価事典』図書文化社。

第 III 部

心の問題の理解と支援

第 12 章

臨床心理学的理解と心理アセスメント

アセスメントという用語は，英語の“assessment”を日本語のカタカナで表記した用語である。元来は，経済用語で課税対象となる財産や収入を評価することを指していた（沼［2009］）。今日では，環境アセスメント，リスクアセスメント，自動車アセスメントなど，幅広く用いられている。心理アセスメントは，以前は「心理査定」と訳されていたが，現在ではカタカナ表記をそのまま用いることが一般的になった。

1　心理アセスメントの定義と要点

1）心理アセスメントの定義

心理アセスメントの定義は，これまでに複数の専門家から提出されている。まず，アメリカ心理学会の定義を確認してみると，次の通りとなっている。「心理学的な評価・判定・提案を行うために，情報を集めて統合すること。心理士は，様々な精神的問題（例えば，不安，物質乱用）や，非精神医学的問題（例えば，知能，キャリアの関心など）を査定する。……アセスメントの情報は，以下のような複数の方法により収集される――臨床面接・行動観察・心理検査・生理学的もしくは心理生理学的測定，もしくはその他の特別な検査道具」（VandenBos［2015］）。

次に，日本における学術界での定義も確認しておく。下山［2021］は，心理的アセスメントを以下のように定義している。「心理学的援助を必要とする問題（個人または事態）について，その人格，状況，規程因に関する情報を系統的に収集し，分析し，その結果を総合して事例への介入方針を決定するための作業仮説を生成する情報処理の過程」。

また，松本［2010］は，臨床心理アセスメントを以下のように定義している。「何らかの臨床心理学的援助が必要とされる可能性のある対象（クライエント）に対して，必要と考えられる情報を臨床心理学的方法によって収集し，臨床心理学的側面から見立て，援助の方針を決定すること」。

これらの心理アセスメントや臨床心理アセスメントの定義は，細部にやや違いが見られるけれども，重要な点は重なっているようにも考えられる。以降では，これらの定義を出発点にして，心理アセスメントについて理解をより深めていくこととする。

2）心理アセスメントの要点

さて，前項で確認した心理アセスメントの定義について，要点を挙げる。まず，複数の方法によって情報を収集することが挙げられる。心理臨床の業務では，要支援者に関する情報を，幅広い領域にわたって多角的に集めることを重視する。場合によっては，家族や関係者からの情報も集めることが望ましい。これは，複眼的な視点から要支援者を理解するためである。心理アセスメントと聞くと，心理検査をすることと誤解されることがある。しかし，心理検査はあくまでも心理アセスメントの一部であって，全てではないことに注意する必要がある。近年では，インターネットにチェックリスト方式による質問項目が掲載されていたりする。そして，それらの結果のみを用いて，発達障害や精神障害を検討しようとしている場合が時に見受けられる。しかし，心理アセスメントは複数の方法を組み合わせて情報を収集するため，心理検査の結果のみで障害の有無などを判断することは，まったくありえない。

次に，収集した情報を統合することが挙げられる。心理臨床の業務では，要支援者が抱えている問題について，多角的に捉えるのと同時に複眼的な視点から理解することを重視する。要支援者が抱えている問題について，多角的に情報を集めることに努めた結果，膨大な情報が集まることになる。しかし，情報を多く集めただけでは不十分である。集めた情報を統合できなければ，要支援者が抱えている問題の理解にはつながらない。時には，本人が面接で語った内容と保護者や学級担任が語った内容に，矛盾や不一致が認められる場合もある。家庭での様子と学校での様子が異なっている場合も，多々認められる。このような矛盾や不一致をどのようにして統合させて全体的な理解につなげていくのかは，心理臨床において必須の業務といえる。

そして，心理アセスメントは，介入方針や支援方針を決定するために行うという点が挙げられる。心理アセスメントは，その後の支援や援助につながっている（津川［2019］）。つまり，心理アセスメントは，要支援者の支援方針の策定や決定に結びつけられねばならない（→第13章）。支援方針の策定につながらないのであれば，心理アセスメントを実施する意味はまったくない。支援方針の策定を目的としない心理アセスメントは，要支援者を深く傷つけることもある。意義が見出せないばかりか，時には要支援者に大きな不利益や傷つきをもたらしかねないので，注意しなくてはいけない。

なお松本［2010］では，臨床心理アセスメントの過程を段階的に捉えて，以下の4つの段階に区分している。①対象（クライエント）との出会いの段階，②情報収集の段階，③情報の分析と統合の段階，④援助の契約・同意と臨床実践の段階。第一段階は出会いの段階として位置づけている。初めて出会う場合も，これまでにかかわりをもっていた者が今回改めて援助の対象者となる場合もある。医療機関や相談機関を初めて訪れることもあれば，今まで園および学校や職場での集団の中のひとりとしてかかわっていたのが，個別の支援を必要とする要支援者として改めて出会うこともある。第二段階は，関係者との面接や，行動観察，各種心理検査の結果など，必要な情報を収集する段階として位置づけている。第三段階は，第二段階で収集したさまざまな情報を分析して統合し，対象を見立てる作業の段階としている。そして第四段階は，見立てと援助の方針に沿って，対象や保護者にフィードバックして援助方針を伝え，同意を得た後に行われる実践の段階と位置づけている。

2　心理アセスメントの倫理

心理臨床業務において心理アセスメントを遂行する場合は，専門職としての高い倫理規範が求められる。臨床心理士資格認定協会による倫理綱領（公益財団法人日本臨床心理士資格認定協会［2020］）では，冒頭の前文において，「臨床心理士は基本的人権を尊重し，専門家としての知識と技能を人々の福祉の増進のために用いるように努めるべきものである。そのため臨床心理士はつねに自らの専門的業務が人々の生活に重大な影響を与えるものであるという社会的責任を自覚しておく必要がある」と掲げられている。人権侵害にあたるような行為をすることは，固く戒められている。そして，専門的知識と技能は，人々の幸福のために用いられるべきであって，倫理規範の遵守を怠ったことによって人々が傷つけられるようなことがあってはならない。たとえば，支援につなげることなく，心理アセスメントの結果のみを伝えてクライエントをただ不安にさせるだけのようなことは，厳に慎まなければならない。

心理アセスメント技法については，第 4 条で以下のように定められている。「来談者の人権に留意し，査定を強制してはならない。また，その技法をみだりに使用してはならないとともに，査定結果が誤用・悪用されないように配慮を怠ってはならない」。前半は，被検査者の自己決定権を阻害してはいけないことを表している。したがって，十分に説明した上で，本人が同意することのみを行わないといけない。これは，児童生徒が被検査者となる場合にも当てはまる。なお，児童生徒が対象の場合は，親権者である保護者の同意も必要となる。

また，心理アセスメントの技法は，正当な理由がなく用いてはいけない。特定の心理検査の研修を受けたのは良いものの，ただ自身の興味から実施したいという個人的動機から，クラス内の多数の児童生徒にむやみに実施したりしてはいけない。真に必要と考えられる場合にのみ，心理アセスメントの技法を使用することが認められる。そして，心理アセスメントの結果を元に，差別を行ったり，ラベリングをしたり，偏見の目で見たりすることなどは，あってはならない。検査者は，被検査者がこのような誤用や悪用に巻き込まれないよう

◆トピックス

公認心理師と多職種連携

国家資格である公認心理師が誕生したさい，連携が強調された。連携の中でも特に「多職種連携」の意義が取り上げられたことは，クライエントと1対1の関係を大切にし，相談室という密室の中で行われてきた心理臨床に対するアンチテーゼなのかもしれない。連携が強調されることで，私たち心理職の専門性が問われているといえるだろう。連携には，親密さだけでなく，相互理解が求められる。つまり，連携とは，他職種の専門性や大変さを理解しようとすること，そして，自分の職種について理解を得る努力をすること，それらを基本に成り立つものである。ここでは，筆者が現在スクールカウンセラー（SC）として主に働いている学校現場における連携について，「組織の内部と外部」「他職種と同職種」の2軸から考察する。

学校で働く人は，教員に加えSC，相談員，支援員，スクールソーシャルワーカーなど，多岐にわたる。一口に教員と言っても，管理職・主任・担任・養護教諭などの立場があり，さらに生徒指導部や保健部などの役割がある。学校が連携する外部機関には，医療機関，児童相談所や民生子ども課などの福祉・行政機関，教育委員会が管轄する適応指導教室，私設のフリースクールなどがあり，そうした中で，子どもを中心に据え，校内の教職員間，学校と保護者，地域，外部機関が連携をとっていく，そのような現場にSCは身を置いている。

SCは，面談後に関係教員への報告を行う。これは，コンサルテーションと呼ばれる職務で，SCの仕事のひとつに数えられる。ある事象（たとえば学校に来れない，暴言を吐くなど）に対して，面接や観察などで得られた具体的エピソードを根拠に見立てをし，それにもとづいて今後の方針を教職員に伝えていく。これをうまく行うことで連携は進んでゆく。つまり，「連携の基礎は見立て（アセスメント）である」と言えるのである。さまざまな考えがあるが，筆者は「見立て」を「その背景となる要因を多面的に推測・理解し，将来の予測を立てること」，平易に言えば，「この人はどんな人で，この事案は

に十分配慮する必要がある。心理アセスメントの結果が，事前の予測を超えた用いられ方をすることは珍しいことではない。その場合，かえって被検査者の不利益になる場合もある。

心理アセスメントの結果は，高度なプライバシー情報であって，秘密保持の原則が適用される。日本臨床心理士資格認定協会・日本心理臨床学会・日本臨床心理士会の3団体全ての倫理綱領において，臨床業務上知り得た秘密は，法の定めがある場合を除いては，他者に漏らすことが禁じられている。日本では，

どうして起きたのだろう？」，「この人はこの先どうなるだろう？」と仮説を立てることと定義している。また，「見立て」の対象は面談対象者だけではなく，有効なコンサルテーションを行うためには，連携する相手，それも個人だけでなく，集団やその関係性をも見立てる必要がある。そして，その見立てをもとに，校内の関係職員，校外の関係機関に対する伝え方を創意工夫しなければならない。

SCとして面談していると，「誰にも言わないでほしい」と言われることがある。しかもその内容は，時に，死にたい，人を殺したい，他者からいじめや虐待を受けている，妊娠しているなど，深刻な秘密の告白であったりすることが少なくない。こうしたとき，皆さんはどうするだろうか？　これこそまさに臨床であり，丁寧な見立てと慎重な方針の検討が必要になる。心理士にとって守秘義務が大切であることは言うまでもないが，この守秘義務は誰のための守秘なのか，今一度考えてみるべきではないだろうか。クライエントを守るためであればよいが，心理士が自分自身を守るための保身の道具にしていないか，自らにあらためて問うてみることが重要である。ケースバイケースではあるが，SCは，時には説得も交えながら，クライエントに情報共有のための了解を得ていく必要がある。この努力が，連携への第一歩であると実感することも多い。

私たち公認心理師が連携を考える上で大切なことを以下に挙げよう。ひとつ目は，心理士としての専門性——見立てる力——を高めること。2つ目は，知り得た情報を，クライエントの了解をとり，可能な限り他職種と共有する努力をしていくこと。3つ目は，現場に溶け込みながらも外部性や中立性を保ち，客観性を失わないことである。

最後に，筆者は，心理職の原点は「目の前にいるクライエントの語りを聴くこと」，「そのクライエントの言動の裏にある想いや考えを想像すること」だと考えている。ただし，クライエントを守り，支える場をつくることも大切な仕事であり，そのためには，他者に分かりやすく見立てと方針を伝えることも求められる。「守秘義務と連携」，「職場に溶け込むことと外部性・中立性の維持」など，私たちは常に葛藤状況にさらされている。しかし，その葛藤の中に居続け，悩み考えながら働くことこそ，心理職の醍醐味ではないだろうか。

（堀英太郎）

初めての心理職の国家資格として公認心理師を規定した「公認心理師法」が2015（平成27）年に成立した。その第41条では，「公認心理師は，正当な理由がなく，その業務に関して知り得た人の秘密を漏らしてはならない」とされており，違反した場合は，1年以下の懲役または30万円以下の罰金に処せられる。

心理アセスメントの結果は，本人の同意無しに他者に漏らすことはできない。心理アセスメントの結果については，鍵がかかる場所に保管するなどして，第三者が容易に見ることを防ぐようにしなくてはならない。ましてや，インターネット上のサイトやSNSにアップロードすることは，厳しく戒められている。心理業務で知り得た内容をSNSにアップロードすることは，たとえ個人が特定できない状態にしてあったとしても，決して認められない。

また心理臨床の専門家は，十分な教育・訓練によって身につけた専門的な行動の範囲内で，相手の健康と福祉に寄与する必要がある（金沢［2006］）。自身の専門知識・技術を誇張したり，虚偽の宣伝をしたりしてはいけない。また，自分の能力の範囲内で行動し，常に研鑽を怠らないようにしなくてはいけない。心理検査については，施行方法を遵守し，マニュアルから逸脱した使用方法を用いてはいけない。これは，各種心理検査の基準値は，マニュアルに記載された施行方法の下でのみ運用できるためである。施行方法が異なれば，基準値が変わってしまうため，正確な結果を算出することは不可能である。

3　心理アセスメントにおける情報収集

ここでは，心理アセスメントの実施において重要視されるようになってきた生物・心理・社会モデルを紹介する（図12-1）。生物・心理・社会モデルは，要支援者が抱えている問題を多元的・複眼的に捉えるための枠組みである。このモデルでは，要支援者の問題の背景要因を，生物学的要因・心理的要因・社会的要因の大きく3つの視点から検討する。図12-1では，支援の担い手と支援方法についてもそれぞれ示されている。

生物学的要因には，分子・細胞・遺伝・神経系などが挙げられる。これらは，医学や薬理学などの自然科学による研究知見にもとづき，主として薬物療法や外科的治療，リハビリ訓練などが行われる。心理的要因には，認知・信念・感情・パーソナリティなどがある。要支援者が問題をどのように受け止めるかは，これらの心理的要因も大きく影響する。心理的要因に対しては，カウンセリングなどの心理療法が提供される。社会的要因には，生活環境・家族・経済状況・社会的ネットワークなどがある。家族からの支援状況を精査したり，利用可能な福祉・行政サービスを検討したりするなど，社会福祉的アプローチを導

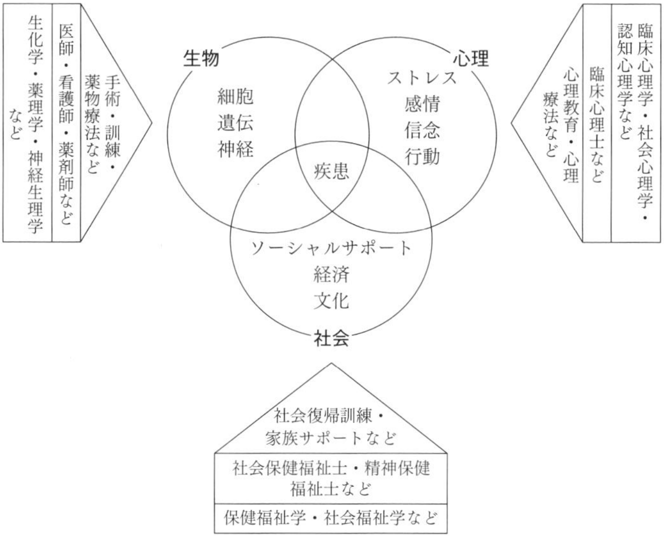

図 12-1　生物・心理・社会モデル

出所）下山［2017］。

入する。

たとえば，学校に欠席が続いている小学校 2 年生の女児がいたとする。「クラスで，他児と話す際に，緊張するのが嫌なのかな」などと，心理的要因のみに注目すると危険である。仮に，以前から身体的もしくは精神的持病を患っており，そのために医学的な治療を受けていたとする。その場合，持病の悪化によって身体が不調になっており，そのために登校に支障をきたしている可能性を考慮する必要もある。場合によっては，主治医からの指示の内容を確認する必要がある。または，この女児は，両親の夫婦げんかが絶えない家庭で生活していたとする。そして，両親の機嫌が悪いときには，本児にも暴力が振るわれていたとする。その場合，本児が家庭で落ち着いて生活できるようにすることを，喫緊の課題と認識するべきである。単なる不登校と考えて，「学校に来たくなったら，来てくれたらいいからね」と伝えているだけでは，家庭内での暴力が激しくなり，学校に行くどころではなくなってしまう。家庭環境に改善を働きかけることができる機関として，児童相談所や自治体の子ども福祉課などと連携することも考えなくてはならない。

要支援者が抱えている問題を捉える時には，ひとつの要因のみを過大視しないように留意しなくてはいけない。特に，心理的要因に関しては，実際以上に誤って重大視している場合があることに注意する必要がある。「わがままで反抗的だ」「こちらの指示に従えない」などと問題視されている子どもがいたとする。養育者や教員は，無意識的に「わがままや反抗するのは，ひねくれた気持ちがあるからだ」とか，「なんでもっと素直な気持ちになれないのか」などと，心理的要因に過剰に結びつけている場合がある。しかし，子どもによっては，適切に医療機関での治療を受けることができたり，生活環境が安定すれば，問題が軽快する場合がある。一方，近年では，教育現場で子どもに心理的精神的な問題が疑われた場合，教員自身が問題の全体的な状況などを十分に検討することなく，安易に専門医療機関を受診するよう指示している例も見受けられる。この場合も，過剰にひとつの要因のみを重視していて，かえって問題の軽快には遠のいている例といえる。ひとつの要因のみを過大視することの危険性と，多元的・複眼的に捉えることの重要性は，再度強調しておきたい。

4　心理アセスメントの方法

心理アセスメントを遂行していく時に，情報を得る手法としては，大きく面接法・観察法・検査法の 3 つがある。各々の手法は，それぞれ強みと弱みがある。したがって，ひとつの手法のみで情報収集を行うのは危険であり，複数の手法を組み合わせて，より総合的に情報を収集することが求められる。

1）面接法

面接法は，会話を通して情報を得る手法である。相手に直接言葉で尋ねて，それに対する返答を情報として収集する。対象者が何をどのように感じて考えているのかを知るためには，最もよく知っていると思われる本人に語ってもらうのが一番である。時には，支援者があらかじめ予測していた内容とは，まったく異なった内容を語る場合もある。

面接法にはさまざまな種類がある。ここでは，最も一般的な面接である臨床面接（もしくは非構造化面接）を取り上げる。臨床面接では，質問をあらかじめ決めずに，対象者の語りに応じて質問を臨機応変に選択していく。臨床面接は，臨床心理士や公認心理師が行っている臨床実践で，最も一般的に用いられている。臨床面接の強みは，対象者のおかれている状況や文脈にあわせて質問を選択していくことによって，詳細に情報を集めることができることである。臨床面接の弱みとしては，面接者の力量の違いによって，得られる情報に大きな差がつくことである。熟達した面接者が行う面接では，短時間で質量の双方が充実した情報を得ることができるのに対して，初心者が同じ時間をかけても得られた情報の質と量が不十分なままとなり，適切な心理アセスメントの遂行が困難となることがある。

なお，臨床面接では，被面接者の負担が大きいことに留意しなければならない。特に初対面での面接や，対象者の心的疲労が大きい場合は，予想以上に心的負担がかかっていることがある。常に面接者の疲労状態に気を配り，場合によっては面接を途中で切り上げて別の機会に続きを行うようにするなど，被面接者への配慮を怠らないようにしないといけない。

2）観察法

観察法は，行動や態度を目で観ることを通して情報を得る方法である。「百聞は一見にしかず」という言葉があるように，対象者の行動や態度を観ることによって，特徴や本質を的確に捉えることができる場合もある。対象者に関する事前情報は，受けとった後の印象と，実際に初めて対面した時に受ける印象で大きく異なることがよくある。観察法にも複数の種類があるが，ここでは心理臨床の業務で最も用いられる自然観察法を取り上げる。

自然観察法では，日常場面や生活場面での様子を観ることによって，情報を収集する。スクールカウンセラーであれば，学級での様子を観察することがある。児童相談所の職員であれば，家庭訪問を実施する中で，育児環境や自宅での養育者と子どものかかわり方を観察したりする。また各自治体の保健センターでは，子育てに困難感を抱く養育者とその乳幼児を対象とした親子教室が運営されている。そこでは，親子でのかかわり方を実際に観察した上で，養育者への具体的な助言を行っている。入院病床がある病院や，児童養護施設などでは，病棟や施設内で，他者とどのように過ごしているのかを観察することができる。また，臨床面接を実施している最中にも，対象者の態度や面接者の問いかけに対する反応を注意深く観察している。

自然観察法の強みは，言語的な制約によって面接法を用いることができない対象者に対しても実施できることである。たとえば，乳幼児や障害をもった子どもに対して実施することができる。自然観察法の弱みは，観察したい行動や事象が，観察している期間中に必ずしも発生しない場合があることである。激しいかんしゃくに困っていることを訴えている場合，それが観察中には観ることができない場合もある。また，観察者の主観が得られる情報結果に影響することがある。同じかんしゃくを観ても，「非常に激しいかんしゃくである」と判断する場合と，「それほど激しいかんしゃくではないのではないか」と判断する場合がある。

3）検査法

検査法は，統制された課題を実施して，その遂行結果を情報として得る方法である。心理検査には，個人の知的能力を測定する知能検査（→第 11 章），個人の発達の程度（→第 1 章）を測定する発達検査の他に，パーソナリティ（→第 2 章）を測定するための検査や，精神症状の程度を測定する症状評価尺度，興味志向や適性を測定するための検査など，実に多様な検査が開発されている。あまりにも多くの心理検査があるため，書籍 1 冊分の全ページを使っても，全ての心理検査を記載することはできない。

検査法は測定しようとする内容の違いに加えて，形式についても違いが見られる。質問紙法は，あらかじめ決められた質問項目に対して，「よくあてはまる・どちらでもない・あてはまらない」などの選択肢から回答を選ぶ形式である。知能検査や発達検査は，検査者と被検査者が 1 対 1 で取り組む個別式の形式を取る（集団式による検査も存在するが，知能や発達水準を正確に測定するためには，個別式検査が必須となる）。年齢や発達水準によって異なる複数の課題があらかじめ用意されている。課題は，口頭で回答を求めるものから，作業をともなうものまで，さまざまな種類が揃えられている。パーソナリティ検査では，投影法という手法もある。投影法は，曖昧な刺激を提示して，その刺激に対する反応を分析する。

検査法の強みは，結果の客観性が高いという点である。検査者の違いは，検査結果に大きな影響を与えることはない。ただし，心理検査の実施では，教示の仕方や結果の処理の手続きについて厳格に定められており，検査者は適切に遂行できることが前提となっている。知能検査や発達検査，および投影法では，実施手続きや結果の解釈について，習熟するために長期間の訓練を要する。

質問紙法の強みは，対象者の心的負担が最小限に抑えられることである。用意された質問に対して選択肢を用いて回答することは，他の手法に比べて気軽に回答することができる。質問紙法の弱みは，回答が歪曲されやすいことである。たとえば，就職採用試験などで質問紙法を行う場合，意識的にも無意識的にも，回答内容が社会的に望ましい方向に歪みやすいことが知られている。

知能検査および発達検査の弱みは，被検査者の心的負担が大きいことである。知能や発達水準を正確に測定するためには，多くの課題に取り組んでもらう必要がある。このため，ひとつの検査を実施するだけで 1 時間以上かかることもある。遂行時間の長さに加えて，慣れない状況で多数の課題に取り組むことを求めるため，疲れによって検査の続行が困難となることもある。そのため，場合によっては，適宜休憩を入れるなどして，対象者の心理的疲労が過度に大きくならないように注意する必要がある。

なお，検査法は被検査者の不安が喚起されやすいことにも注意する必要がある。たとえば，心理検査を行うことを提案された場合，「心理検査で何がわかるのだろうか」「自分の全てが見透かされるのではないか」「異常と判定されるのではないか」などと，対象者に予期せぬ不安が起こっていることがある。そのため，心理検査を行う時には，対象者に丁寧な説明を行い，同意を得てから実施する事が大変重要である。

おわりに

本章では，臨床心理学的理解の過程として，心理アセスメントの概要を紹介した。心理アセスメントは，多大な時間と労力をかけて実施される。このような大きなコストをかけることが求められる理由のひとつに，要支援者の適切な理解に近づくためが挙げられる。自分とは異なった心と困難を抱えている他者を，はたして人間はどの程度まで理解できるのかについては，答えを簡単には見つけることができない大きな問いかもしれない。けれども，心理臨床業務では，要支援者が抱えている問題を安易に早わかりするのではなく，時間と労力をかけて慎重に吟味検討していくことで，要支援者の適切な理解に少しでも近づこうとしている。多くの公認心理師や臨床心理士が，要支援者のウェルビーイングの向上につながることを目指して，心理アセスメントをはじめとした日々の臨床業務に取り組んでいる。（金子一史）

引用文献

金沢吉展［2006］『臨床心理学の倫理をまなぶ』東京大学出版会。
公益財団法人日本臨床心理士資格認定協会［2020］『臨床心理士倫理綱領』。
下山晴彦編［2017］『よくわかる臨床心理学　改訂新版』ミネルヴァ書房
下山晴彦監修［2021］『公認心理師のための「心理査定」講義』北大路書房。
津川律子［2019］「心理的アセスメントとは」野島一彦・繁桝算男監修／津川律子・遠藤裕乃編『公認心理師の基礎と実践 第 14 巻　心理的アセスメント』遠見書房。
沼初枝［2009］『臨床心理アセスメントの基礎』ナカニシヤ出版。
松本真理子［2010］「子どもの臨床心理アセスメント」松本真理子・金子一史編『子どもの臨床心理アセスメント』金剛出版，pp. 11–24。
VandenBos, G. R.（ed.）［2015］*APA Dictionary of Psychology*, 2nd Edition, American Psychological Association.

第 13 章

心を支援する理論と方法

本章では，心の問題に対してどのようなアプローチができるのかについて解説する。心の問題へのアプローチを表す用語としては，「心理支援」，「心理療法」，「心理臨床実践」，「心理面接」などを挙げることができる。本章では，心理的な悩みや心理的な問題を有している，あるいは有する可能性があると想定される人（クライエント）に対して，心理学を専門とする者（セラピスト）がその専門性を用いて援助することを「心理支援」と総称し，これは「心理療法」，「心理臨床実践」，「心理面接」などを包含しているものとする。

本章は，心を支援する理論と方法の歴史および基礎を理解することに加え，児童生徒や彼らを取り巻く人々に対して心理学の専門的立場から援助するための知識を得ることをねらいとする。

1　心理支援の多様なあり方

1）心理支援の歴史

ここでは，ルッツらの議論（Lutz et al.［2021］）にもとづきつつ，心理支援の歴史を簡単に紹介したい。心理支援の出自は，19 世紀末にフロイトが創始した精神分析とみなすことができる。精神分析は，個人内の無意識の存在を措定するアプローチであり，クライエントに無意識的な空想を構成させるに至った過去の対人関係，とりわけ親との関係を理解することを重視している。フロイトは，ユングを後継者と考えていたが，1910 年代になると性や無意識に対する考え方に関して 2 人の相違が明らかとなり，最終的に決別することになった。

そこからユングは分析心理学を確立した。分析心理学は，フロイトとは異なり，人の動因であるリビドーを，性を中心としたものではなく，広く心的エネルギーとして捉えている。

1920 年代には行動主義が生まれ，心の動きという目に見えないものではなく，直接的に把握できる刺激に対する反応に着目して実験的な研究が行われてきた。こうした流れの中で 1950 年代には行動療法が台頭してきた。行動療法は，他の考え方とは異なり，心理支援の現場から生まれてきたというよりも，心理学における実験研究の成果を実際の支援に応用したものと捉えられる。行動療法の基盤は学習の原理（→第 3 章）にあり，何らかの操作によって人は新しいことを学ぶと考えられているため，セラピストはクライエントの行動を変化させることを意図して指示的な介入を行う。1960〜70 年代になると，アプローチの射程が拡大され，人間の行動だけではなく，認知的な枠組みもその対象に含まれるようになり，こうした支援の理論や方法は認知行動療法と呼ばれるようになった。

他方，1930 年代ごろからロジャーズが発展させてきた考えがクライエント中心療法であり，パーソンセンタードアプローチ（person-centered approach）である。ロジャーズは，クライエントがセラピストから指示を受け，それに従うことではなく，クライエントが自ら自己理解を進めていくことを心理支援の中心に据え，クライエント中心療法を提唱した。さらにロジャーズは，個別の心理支援にとどまらず，エンカウンターグループという集団活動を通して，人間が成長していくことに着目した。これらを総称したものがパーソンセンタードアプローチと呼ばれる。この流れを汲み，アクスラインは，子ども中心に行われる遊戯療法の重要性を指摘し，子どもをあるがままに受容することなど，遊戯療法の基本的な 8 原則を提示した。

1980 年代には，家族などの一定の組織における構成員間の関係，あるいは環境との関係をシステムとして捉えるシステミック・アプローチが生まれてきた。このアプローチには，家族療法や短期療法などが含まれる。システミック・アプローチの特徴は，問題の所在をクライエント個人にではなく，人間関係，やりとりの文脈，クライエントが置かれている状況など，クライエントと環境の相互作用に求めることにある。

1980 年代以降は，さまざまなアプローチを組み合わせた統合的心理療法が目立つ存在となった。ひとつの方法に限ることなく，クライエントにとって最適なものを複数選択し，それらを統合するアプローチはこれまでにないものであった。ここで紹介したどのアプローチも，現在に至るまで主要な心理支援に位置づけられており，現在も発展を続けている。

2 ）心理支援の多様性

先ほど取り上げた心理支援は主要なものだけであり，実際には数百もの心理支援があると言われており，現代の心理支援は多様化をきわめている。それでは，なぜ，人間の心を理解したり，援助したりするために，これほど多くのアプローチが必要になるのであろうか。

第 2 章にて詳説されているが，人の心理には個人差がある。人をいくつかのタイプに分類したり，ある特性の程度を他の人と比較したりすることによって，人の心理にも個人差があることがわかる。さらに言えば，誰ひとりとして同じ人はおらず，たとえまったく同じ出来事を経験したとしても，その受け取り方やそこから抱く気持ちなどは人によって異なる。その意味で，人の心は非常に個別的である。また，心理学の研究者やセラピストはもちろん，それら以外の人々も，日頃から人の心を理解しようと試みながら生活している（→第 12 章)。心の推測は，時に当たり，時に外れる。予想外に心が動き，予期せぬ行動が生まれることも少なくない。人が心を理解しきることは非常に困難であるといえる。

このように，人の心が千差万別であったとしても，人の心を完全に把握することができなかったとしても，目の前の人が心をめぐって苦悩しているときには，どうにかしてその苦しみを理解し，援助したい気持ちになる。そのようにして生まれてきたのが，それぞれの心理支援である。一般に，各心理支援は，人の心を理解するための理論と，人の心を援助するための方法を有している。各種の心理支援は，特有の見方を備えており，一定の切り口から人の心を捉え，支えるやり方を提案する。人の心は画一的ではなく，そこへのアクセスが難しいからこそ，心に迫るアプローチとして，多種多様な心理支援が存在しているといえるだろう。各心理支援の特色を精査したうえで，最も適切なものを選択することが大切であると考えられる。

2　心理支援の理論と方法

本節では，多種多様な心理支援のなかでも主要なものである精神分析，分析心理学，クライエント中心療法，認知行動療法，解決志向アプローチを取り上げる。各心理支援の理論と方法の概要については表 13-1 にまとめたが，以下ではより詳しく説明する。

1）精神分析

精神分析はフロイトが創始したものであり，心理支援のなかでも最も古い歴史を有している。精神分析は個人内に無意識の存在があることを想定しており，概して言えば，意識の領域には受け入れられないような願望が無意識の領域に抑圧されることによって心の問題が生まれてくると考えている。フロイトは，そうした願望は性に由来し，性による心の問題への影響は大きいものであると捉えていた。精神分析では，セラピストは心の問題と関連するクライエントの無意識的な考えを理解し，それをクライエントに解釈として伝えることを通して，クライエントの無意識を意識化させようとする。無意識の意識化を可能にするために，クライエントに，どんなささいなことであっても思い浮かんできたものをそのまま話すことを求める自由連想法を用いる。

精神分析では転移－逆転移という概念が重要視されている。転移とは，過去の重要な他者との間で体験したことと同様のものを，クライエントがセラピストとの間でも体験することを指す。そして，クライエントによる転移に対して生じるセラピストの体験を逆転移と呼ぶ。クライエントの転移を読み解き，伝えることは転移解釈と呼ばれる。転移解釈により，クライエントは，過去の対人関係の特徴が現在も反復されていることを自覚できるようになると考えられている。もともとは，精神分析においてセラピストは中立的な存在となるべき

表 13-1　主要な心理支援の理論と方法

心理支援の種類	理論の特徴	方法の特徴
精神分析	心の問題を，意識には受け入れられない願望が無意識に抑圧されることによって生まれると捉える。	転移 - 逆転移を活用し，解釈によって無意識の意識化を図る。
分析心理学	心の問題を，意識による態度が偏ったり，過剰となったりすることによって生まれると捉える。	意識による態度を補償する無意識の自律的な動きを理解する。
クライエント中心療法	心の問題を，理想的な自己と現実の自己の間の差異が大きくなることによって生まれると捉える。	セラピストが自己一致，無条件の肯定的関心，共感的理解の態度をとる。
認知行動療法	心の問題を，不適応的な行動が習慣化したもの，あるいは偏った認知に起因すると捉える。	問題を焦点化し，それを改善させるためのアセスメントと介入を行う。
解決志向アプローチ	心の問題にではなく，上手くいっていること（解決）や，問題が起こらなかった事態（例外）に着目する。	コンプリメントや質問法を用い，例外を増やし，解決策を模索する。

であり，逆転移はできるだけなくす方がよいと考えられていたが，現在では，より精緻に転移を理解するために，基本的には積極的に活用した方がよいものであると捉えられている。

2）分析心理学

上述のように，ユングはフロイトから離反したことにともない，分析心理学を始めた。精神分析と同じく，分析心理学も無意識の存在を仮定しているが，両者の間には意識と無意識の関係をどのように捉えるかについて違いがある。大まかに言うと，フロイトにとって無意識は，意識には受け入れられないために抑圧された願望が保持される領域であるが，ユングにとって無意識は，偏ったり，過剰となったりした意識による態度を本来のあり方に正そうとする動きを生じさせるものである。この無意識の動きは補償作用とも呼ばれる。無意識の補償作用は何かに促されて生まれているわけではなく，自律的であるという特徴をもっている。無意識は自律的に意識を改めさせ，人を本来のあるべき姿へと導いていくと考えられているため，分析心理学は人の自己治癒力を前提としている。

分析心理学は，無意識の働きを多分に含んでいるイメージがどのように展開しているかを理解することを大切にしている。イメージは，夢，箱庭，絵画，遊びなどによって表現され，個人の無意識だけではなく，人類が共通して備えている集合的無意識の影響も受けて形成されていると考えられている。集合的無意識には，グレートマザーやペルソナなど「元型（archetype）」と呼ばれるいくつかの型が含まれるが，神話や昔話に元型の一種を表す内容がよく認められることからも，元型は人々の心に深く根差しているとみられる。

心理支援に関して，ユング［1961］が「一般的に適用可能な治療技法や教義など存在しない」と述べているように，分析心理学はクライエントやセラピストの個別性を何よりも強調する。分析心理学においては，他の心理支援と同様，クライエントの話をよく聴くことは重要とされるが，クライエントとセラピストという異なる個性がぶつかり合うという意味で，両者の対決が必要となる場合があることも指摘されている。

3）クライエント中心療法

クライエント中心療法はロジャーズによって提唱された。クライエント中心療法では，人は自身の理想に向かって成長し続ける存在であり，環境がその成長を妨げるために，人は理想的でない状態に陥ると考えられている。そうした人間観のもと，クライエントは，理想的な自己と現実の自己の間の差異に苦しんでおり，その苦しみについてセラピストに話すことで，自らを見つめ，その差異を減らして理想に近づくことができるとされる。

クライエント中心療法におけるセラピストは，クライエントの話を丁寧に聴き，クライエントに対して受容的な態度をとる。ロジャーズ（Rogers［1957］）は，人格に良い意味での変化が生じるための必要十分な条件として 6 つの条件に言及したが，そのうち，セラピストの態度についての 3 つが有名である。その 3 つとは，自己一致，無条件の肯定的関心，共感的理解である。自己一致とは，自身の認識と外に表れる言動が合致していることを指しており，たとえば，セラピストがクライエントに対して，「あなたがそのトラブルの原因だろう」

と思いながら，「それは友達が悪いですね」と発言したとき，セラピストは自己一致していない。無条件の肯定的関心とは，クライエントの考えや気持ちを，それがどのようなものであっても，つまり条件を付けることなく，温かく受け入れることを指す。クライエントが家族のことを好ましく話すときにだけ興味をもち，怒りを込めて批判的に話すときには関心を寄せないというセラピストの態度は，無条件の肯定的関心に該当しない。共感的理解は，セラピストがクライエントの考えや気持ちを，あたかも自分のものであるかのように感じとることを意味している。セラピストがクライエントの悲しみをセラピストの立場から客観的に受けとることや，その悲しみを自分自身の気持ちとしてそのまま感じることは，共感的理解とはいえない。むしろ，想像力を駆使して，クライエントの悲しみを，クライエントの枠組みに沿いつつ，「あたかも」自分の悲しみのように感じとろうとするセラピストの態度こそが共感的理解であると考えられる。

4）認知行動療法

認知行動療法は，心の問題を，不適応的な行動が習慣化したと捉えるアプローチと，偏った認知に起因すると考えるアプローチの両方を含んでいる。認知行動療法はこれらのアプローチの集積であるともいえるため，認知行動療法には特に創始者がいるわけではない。認知行動療法のターゲットは日常生活において生じている行動あるいは認知の問題であり，認知行動療法では，そうした問題を変容させるために，アセスメントおよび介入が実施される。ターゲットに焦点をあてた介入が可能となるため，介入の効果を評価しやすいことが認知行動療法の特徴である。そのため，認知行動療法は科学的根拠にもとづいた実践を重視する考え方と親和性が高く，介入のさいには，その効果に関する科学的根拠が示されている技法が疾患あるいは症状別に選択されることが多い。

認知行動療法を用いた介入技法としては，エクスポージャーや認知療法などが挙げられる。エクスポージャーは，古典的条件づけの考え（→第 3 章）を基礎としており，不安障害や強迫性障害を対象とすることが多い。具体的には，クライエントが無理のない範囲で不安を感じる状況を繰り返し体験する方法である。エクスポージャーでは，クライエントは，不安な状況に身を置きながらも，懸念される事柄は起こらないという経験を重ねることを通して，不安を減少させていくと考えられている。認知療法は，ベックが主にうつ病への心理支援として提唱したものであり，スキーマや自動思考という物の捉え方に着目し，それらの変容を目指す。スキーマとはさまざまな情報を処理する認知的枠組みを指す（→第1章）。うつ病のクライエントがもつスキーマの特徴は物事を否定的に受け取りやすいことにあり，そうしたスキーマをもとに自動思考は生じる。一部の問題だけを見て，全てが問題であると感じたり，成功を過少に，あるいは失敗を過大に認識したりすることなどが自動思考の例である。

5）解決志向アプローチ

解決志向アプローチは，シェイザーとキムバーグによって提起された短期療法の一種である。解決志向アプローチの特徴は，その名の通り，心の問題にではなく，解決，つまり上手くいっていることに着目するところにある。生田［2019］によれば，このアプローチでは，クライエントは問題を抱えてはいるが，全ての状況において問題が生じるわけではなく，問題が起こる可能性があったのにもかかわらず，実際には起こらなかったときがあることが重要視される。問題が起こりそうで起こらなかった事態は例外と呼ばれ，例外を増やすことに支援の力点が置かれる。例外は解決でもあり，その意味でクライエントはすでに解決に至った経験を有している。本アプローチは，例外などについて探索しながら，クライエントとセラピストの間で，実際の解決策を生み出していこうとするものといえる。

解決志向アプローチの技法として，コンプリメントと質問法が挙げられる。コンプリメントとはクライエントを労い，称賛することである。これは他の心理支援でも行われていることであるが，本アプローチでは，クライエントが解決策の構築に主体的に参画できるようになることを念頭に置き，主要な技法のひとつに含められている。質問法には，ミラクル・クエスチョン，スケーリング・クエスチョン，コーピング・クエスチョンなどがあるが，これらはどれも，解決の状況や例外をより詳しく知ろうとするものであり，解決策を見出すための質問であるといえる（若島・長谷川［2018］）。

3　教育領域における心理支援——児童生徒・教師への支援

教育領域における心理支援には，児童生徒への個別支援だけでなく，教師へのコンサルテーション，心理教育など数多くの形態がある。これまで主要な心理支援の理論と方法について解説してきたが，教育領域における心理支援の各形態では，それらはどのように用いられているのであろうか。実際には，クライエントの問題や状態，セラピストの考えなどに合わせてさまざまに活用されている。児童生徒への個別の援助では，全ての諸理論が適用できる可能性があるだろう。教師へのコンサルテーションも同様ではあるが，とりわけ短期間での問題解決を目指す解決志向アプローチが有用であるかもしれない。心理教育において扱われる内容は，認知行動療法の考えが基盤となっていることが少なくないように思われるが，他のアプローチから得られている知見を伝達することも有意義であろう。そして本節では，これまで紹介してきた心理支援の理論と方法に依らない教育領域における心理支援の特徴について，支援の形態に着目しつつ説明したい。

1）児童生徒への個別支援

教育領域の心理支援としてまず思いつくのが，児童生徒への個別援助である。しかし，彼らと出会って，彼らの困りごとについて話を聴き，その問題を解決したり，軽減したりしようとしても，困難な場合が少なくない。

児童生徒がクライエントとなるとき，心理支援を受ける動機が乏しいことがよくある。彼らは，主体的にではなく，保護者や教師に連れられて心理支援の場に姿を見せることが多い。そのため，児童生徒にとって，セラピストと話をすることは不本意であったり，セラピストと対話する必要性が分からなかったりすることは珍しくない。セラピストは，児童生徒は心理面で困っているという前提をもつのではなく，彼らの気持ちに思いをはせ，できるだけ寄り添うことが大切である。

◆トピックス

オンラインでの心理支援

現在，国や地方自治体は「SNS 等を活用した相談体制の構築」を急速に進めているが，子どもや若者を心理的に支援するさい，なぜオンラインでの支援が必要なのだろうか。この問いを考えるうえで，ぜひ知っておきたい言葉がある。それは「サービス・ギャップ」という言葉である。

サービス・ギャップとは，心理的支援（サービス）を受けることで問題解決が見込まれるにもかかわらず，支援を適切に利用できない，もしくは支援が届かないことを示し，支援の提供者と利用者の間に，何らかのズレが生じている状態を表す言葉である。

たとえば，子どもが自分では解決できない悩みを抱えたときのことを考えてみよう。その子は誰かに悩みを打ち明けようと思うかもしれない。しかし，学校の友達，親や先生には恥ずかしくてとても話せそうにない。スクールカウンセラーは身近にいない。学校の外に目を向けると，児童精神科クリニックや心療内科はあるけれど，お金がかかるしひとりでは行けない。国や自治体が運営する無料の悩み相談所や電話相談があるものの，相談できる場所や時間が限られているし，知らない人と話をすることにも抵抗がある。結局，誰にも相談できず，心が苦しくなってもひとりで耐えるしかない。子どもの自殺予防研究を概観すれば，このような子どもがいかに多いのか身に染みて感じられる。支援を必要としているけれど，そして，支援を提供する人や場所はあるけれど，“利用可能”な支援が見当たらない。子どもの心理的支援には，実に多くのサービス・ギャップが存在しているのである。オンラインでの心理的支援は，このような支援者側が用意する相談体制と，それを利用する子どもや若者の行動様式の間のズレを克服し，乗り越えるための有効なひとつの手段なのである。

では，オンラインでの支援にはどのような特徴があるのだろうか。オンライン支援には，メール相談，LINE や X（旧 Twitter）などの SNS 相談，Zoom や Skype などのビデオ通話，スマホアプリを活用した相談などさまざまな手段があるが，ここでは，子どもや若者により身近な SNS 相談を中心に，その利点や注意点について整理しておきたい。

この分野に詳しい杉原・宮田［2019］によると，SNS 相談の最大の利点は，まず第一にその利便性の高さにある。子どもや若者は普段から SNS を主要なコミュニケーション

児童生徒が何らかの困りごとを有していたとしても，本書においてこれまで解説してきたように，彼らは，さまざまな面で発達の途上にあることから，十分に困りごとを言葉にすることができない場合も多い。そうしたときには，遊び，絵画，箱庭などを導入し，言葉ではない形で，児童生徒の思いを表現できるように工夫することが重要である。

ツールとして使っており，その扱いに慣れている。対面相談と比べ，相談室に通うなどの時間的・経済的・労力的なコストがかからない。また，文字情報のやりとりでは，自分の顔や声が相手に知られず，相手の姿も見えないので，恥ずかしさが軽減される。さらに，時間や場所が制約されないため，子どもが相談したいタイミングで相談でき，止めたい時に止められる。このような SNS 相談の特徴は，サービス・ギャップを発生させる物理的・心理的ハードルを格段に下げる効果が期待できる。もし上述の子どもが，自分のスマホから LINE などを使って相談できることを知っていたら，また，心が苦しくなったその時に，誰にも会わず匿名で相談できることを知っていたら，この子はよりスムーズに支援者までたどりついたかもしれない。

一方で，SNS 相談にはいくつかの注意点や課題も指摘されている。最も大きな課題は，支援者側のやりづらさや技法的な制約にある。たとえば，相談の敷居が下がると，動機づけの乏しい相談者も多くなる。相談内容が不明瞭なまま，途中で相談が中断することもある。また，文字情報だけのやりとりでは，得られる情報量が限定されるため，危機的な状況を判断したり，相談関係を深めたりすることが難しい。そのほか，いついかなる相談が来るのか分からないため，相談体制や人員キャパシティの問題も生じてくる。このような課題は，SNS ツール自体の制約に起因するものもあれば，SNS 相談がさらに社会に浸透すれば解消されるものもある。いずれにしても，SNS 相談の利点と課題は表裏一体なので，支援者はその両方を認識しておく必要があるだろう。

オンラインでの心理支援が急速に拡充した背景には，新型コロナウイルスの感染拡大がある。感染防止の観点から非対面の支援が求められたからである。しかし，オンライン支援は，対面支援ができない場合の「一時的な代替手段」ではなく，従来から存在するサービス・ギャップを克服するための「独自の意義をもった一手段」として捉えるべきである。情報通信技術の進歩によって，子どもや若者のコミュニケーションのあり方は急速に変化している。支援者には，彼らの行動様式に即した，多様でハイブリッドな支援方法を模索していくことが求められている。（杉岡正典）

引用文献

杉原保史・宮田智基編［2019］『SNS カウンセリング・ハンドブック』誠信書房。

児童生徒が口を開いてくれたと思っても，悩みを話すのではなく，心惹かれるアニメ，マンガ，ゲーム，推しなどについて嬉々として話し出すことがよくある。こうした趣味の話題を，困りごとという本題に入るための関係づくりとしてではなく，それ自体に彼らの課題や成長可能性が内包されているものとして捉えることが大切であろう。

大山［2019］は，「心理的困難に陥っている子どもたちは，目の前にいる相手が助けになる人かどうかを嗅ぎ分ける驚くほどの鋭い勘をもっている」と述べている。特に児童生徒への心理支援の開始にさいしては，セラピストは誠心誠意を尽くし，彼らに支援者として認めてもらうことが何よりも意味があると思われる。

2）教師へのコンサルテーション

教育領域では，何らかの困りごとを抱えていたり，問題を呈していたりする児童生徒や保護者に直接支援するだけでなく，教師に対して，彼らとのかかわりについて支援することもよくある。こうした間接的な支援はコンサルテーションと呼ばれ，教育領域でのコンサルテーションは，「異なった専門性や役割をもつ者同士が子どもの問題状況について検討し今後の援助のあり方について話し合うプロセス」と定義される（石隈［1999］）。心理支援の文脈では，教師がスクールカウンセラーなどのセラピストにコンサルテーションを依頼することが多い。コンサルテーションは，当該の問題の軽減や解決はもちろん，コンサルテーションを依頼した側の支援に関する能力を高めることも目指して実施される（石隈［1999］）。

コンサルテーションと聞くと，教師がセラピストから心理支援について何らかの教えを受け，それを実践するものだという印象を抱くかもしれないが，その理解は適切ではない。教師とセラピストは，ともに専門知識，技能，経験を有しており，互いの専門性を尊重することが大切である。コンサルテーションの局面によっては，意見が対立することもありえるかもしれないが，視点が異なると児童生徒の捉え方も変わることを理解したうえで，意見の相違を起点に問題の新たな打開策を発見しようとすることが大切である。

また，コンサルテーションでは，必ずしも，開催の場所，時間，参加者があらかじめ定められているというわけではない。もちろん，教育相談部会，ケース会議，その他の定例会においてコンサルテーションが実施されることも多くあるが，職員室にて，教師とセラピストが偶然居合わせたときにコンサルテーションが始まり，次第に参加者が増えることなども珍しくない。コンサルテーションは各々の実情に応じて柔軟に行われるといえる（こうした連携について→第 12 章トピックス）。

3 ）心理教育

野畑・尾崎［2005］は，心理教育の要点を「知識や情報の伝達・共有」，「ストレスや症状への対処方法・対人技能のトレーニング」，「患者およびその家族やコミュニティの認知と行動への働きかけを行う，心理療法と教育との統合的アプローチ」の 3 つからまとめている。教育領域の心理支援に即して考えると，心理教育は，児童生徒や彼らを取り巻く人々に対して，精神疾患，心身の症状，ストレス，対人関係に関する正しい情報や知識を伝えたり，それらへの適切な対処についての実践的な学習を提供したりするものと捉えることができる。次章以降にて解説されるように，児童生徒には心身あるいは行動面の様々な問題が生じうる。精神疾患，心身の症状，ストレス，対人関係についての知識を得ておくと，問題を予防できる可能性が高まることに加え，問題が生じたとしてもそれに対して冷静に対応できるようになると考えられる。

教育領域における心理教育にはさまざまな形態がある。児童生徒や保護者への個別支援に心理教育が組み込まれることもあれば，教師とのコンサルテーションのときに実施されることもある。他にも，集団に対して心理教育を中心とした授業や研修を実施することも少なくない。たとえば，クラスや学年に対してストレスマネジメントの授業を行うこと，教職員に発達障害の研修を実施すること，思春期の心理について保護者向けの講演を行うことなどが考えられる。特に集団に対して心理教育を行うときには，参加者のニーズを確認しておき，それに合わせてグループ討議や演習を行うなど，参加者が積極的に関与できるように工夫することが重要である。

おわりに

本章では，まず心理支援の歴史的背景を説明したうえで，人の心は非常に個別的であるからこそ，その支援に関しても多種多様なアプローチが存在していることを述べた。その後，主要な心理支援の理論と方法について，精神分析，分析心理学，クライエント中心療法，認知行動療法，解決志向アプローチを取り上げて解説した。そして，教育領域における心理支援には，児童生徒への個別支援，教師へのコンサルテーション，心理教育などの形態があることを述べ，各形態の特徴について説明した。

心理支援は，現代の趨勢に合わせつつ，現代進行形で発展している。支援を要する人々のニーズを汲み取り，適切な支援を行うためにも，心理支援の理論と方法について学び続けることが大切である。（田附紘平）

引用文献

生田倫子［2019］「解決志向ブリーフセラピー」日本家族心理学会編『家族心理学ハンドブック』金子書房，pp. 257-264。

石隈利紀［1999］『学校心理学――教師・スクールカウンセラー・保護者のチームによる心理教育的援助サービス』誠信書房。

大山泰宏［2019］『新訂　思春期・青年期の心理臨床』放送大学教育振興会。

野畑綾子・尾崎紀夫［2005］「サイコエデュケーション（心理教育）」乾吉佑・氏原寛・亀口憲治・成田善弘・東山紘久・山中康裕編『心理療法ハンドブック』創元社，pp. 280-288。

ユング，C. G.［1961］「象徴と夢解釈」『ユング　夢分析論』横山博監訳／大塚紳一郎訳，みすず書房。

若島孔文・長谷川啓三［2018］『新版　よくわかる！　短期新法ハンドブック』金剛出版。

Lutz, W., L. G. Castonguay, M. J. Lambert & M. Barkham［2021］Traditions and New Beginnings: Historical and Current Perspectives on Research in Psychotherapy and Behavior Change, in M. Barkham, W. Lutz & L. G. Castonguay (eds.), *Bergin and Garfield's Handbook of Psychotherapy and Behavior Change*, 7th Edition., John Wiley & Sons, Inc, pp. 3-18.

Rogers, C. R.［1957］The Necessary and Sufficient Conditions of Therapeutic Personality Change, *Journal of Consulting Psychology*, 21(2), 95-103.

第 14 章

心と体の不調をきたす子どもたち

学校では，さまざまな経験を通じて成長・発達していく子どもたちの姿を目にすることが多くある一方で，心や体に何らかの苦しさを抱える子どもたちと出会うことも少なくない。本章では，学校現場において大きな課題のひとつになっている不登校と，子どもの心や体に生じるさまざまな不調のうち，うつ病，不安症，強迫症，心身症（身体の訴え），摂食障害について取り上げる。特に，子どもたちの発するサインをいかに捉えるか，そしてどのように対応するかについて考えていきたい。

1　不登校——細やかな支援のために

1）不登校概念の歴史

子どもが学校に行かない，もしくは行けないことは，当初，精神医学の問題として捉えられていた。1930 年代にブロードウィン（Broadwin［1932］）は，これまで怠学（truancy）とひと括りにされていた中に，不安を基底とした母親への強い幼児的愛着，敵意，強迫など，神経症の症状を呈する子どもたちが含まれていることを報告した。1940 年代にはジョンソンら（Johnson et al.［1941］）が，上述のような母子分離不安がある状態を学校恐怖症（school phobia）と名付け，怠学と区別した。日本では 1960 年代からは「学校恐怖症」，1970 年代からは学校不適応により登校を拒む者も含めた「登校拒否」という呼称のもとで研究が進められた。また，1950 年代から開始された文部省（当時）の長期欠席に関する調査では「学校ぎらい」が用いられていた。ただし，登校拒否も学校ぎらいも，学校に行かないことに対する特定の要因を想起させるような表現であったことから，1980 年代からはより中立的で幅広い概念としての「不登校」が用いられ，1990 年代以降は文部省においてもこの呼称が採用されるに至った。文部科学省による不登校の現在の定義は，「何らかの心理的，情緒的，身体的あるいは社会的要因・背景により，登校しないあるいはしたくともできない状況にあるために年間 30 日以上欠席した者のうち，病気や経済的な理由による者を除いたもの」である。

2）長期欠席と不登校の現状

不登校を含めて，何らかの理由により長期に学校を欠席している子どもたちの現状についてまとめておく。文部科学省［2022］によると，2021 年度の小・中学校における長期欠席者数は 41 万 3,750 人であり，前年度の 28 万 7,747 人から大幅に増加した。長期欠席については，2019 年度までは年度間に 30 日以上欠席した児童生徒の調査が行われてきたが，2020 年度からは，それまでの「病気」「経済的理由」「不登校」のカテゴリに「新型コロナウイルスの感染回避」を追加し，児童生徒指導要録の欠席日数欄と出席停止・忌引等の日数欄を合わせた日数が 30 日以上となる児童生徒数が計上されている。2021 年度の内訳は，「不登校」が 24 万 4,940 人，次いで「新型コロナウイルスの感染回避」5 万 9,316 人，「病気」5 万 6,959 人，「経済的理由」19 人などであった。

小・中学校における不登校児童生徒数は，近年では増加の一途をたどっている（図 14-1）。また，中学生の不登校は小学生と比べると，人数では約 2 倍，割合では約 4 倍であるが，小学生の不登校も増加している。これらは，後述する「義務教育の段階における普通教育に相当する教育の機会の確保等に関する法律」（教育機会確保法）の趣旨が浸透した結果ともいえるが，「生活環境の変化により生活リズムが乱れやすい状況や，学校生活において様々な制限がある中で交友関係を築くことなど，登校する意欲が湧きにくい状況にあったこと等も背景として考えられる」という指摘もあり（文部科学省［2022］），新型コロナウイルスが子どもたちの心にも少なからず影響を及ぼしていることが推察される（→第 7 章）。

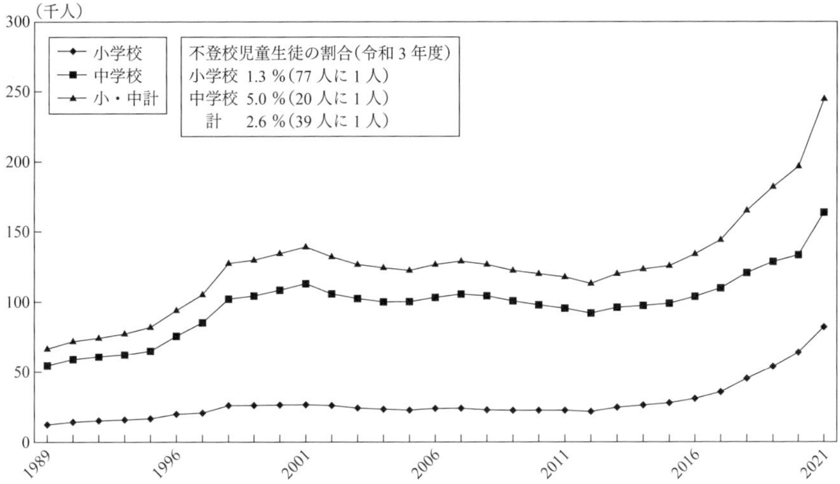

図 14-1　不登校児童生徒数の推移

出所）文部科学省［2022］。

ここまでは文部科学省の調査をもとに不登校の現状を見てきたが，別の調査からは，いわゆる「不登校傾向」の子どもはさらに多いことが示唆されている。日本財団［2018］が中学生約 6,500 人を対象に行ったウェブ調査によると，不登校状態にある子どもの割合は 3.1 %（推計約 10 万人）であったことに加えて，年間 30 日には満たないが 1 週間以上連続で学校を休んだことがある，保健室などに教室外登校をしている，教室で過ごしてはいるが登校への辛さを感じているといった不登校傾向にある子どもの割合は，10.2 %（推計約 33 万人）に達した（表 14-1）。子どもたちにとって，学校に通うことがどのような体験になっているのかを丁寧に読み解いていくことが求められる。

3 ）不登校の背景

子どもが学校に行かない，または行けないことの背景は多岐にわたり，また複合的である。文部科学省［2022］の調査から不登校の主たる要因を学校種別に見てみると（表 14-2），公立の小・中学生ともに最も多かったのは「無気力・不安」であった。続く要因は，小学校では「親子の関わり方」，中学校で

表 14-1　中学生の通学状況

<table>
<tr><th></th><th>タイプ</th><th>通学状況</th><th>調査結果（%）</th><th>人口推計（人）</th></tr>
<tr><td>①-1</td><td rowspan="2">不登校</td><td>1 年間に合計 30 日以上，学校を休んだことがある／休んでいる。</td><td>3.1</td><td>99,850</td></tr>
<tr><td>①-2</td><td>1 週間以上連続で，学校を休んだことがある／休んでいる。</td><td>1.8</td><td>59,921</td></tr>
<tr><td>②</td><td>教室外登校</td><td>学校の校門・保健室・校長室などには行くが，教室には行かない。</td><td rowspan="3">4.0</td><td rowspan="3">130,703</td></tr>
<tr><td>③</td><td>部分登校</td><td>基本的には教室で過ごすが，授業に参加する時間が少ない。</td></tr>
<tr><td>④</td><td>仮面登校 A（授業不参加型）</td><td>基本的には教室で過ごすが，皆とは違うことをしがちであり，授業に参加する時間が少ない。</td></tr>
<tr><td>⑤</td><td>仮面登校 B（授業参加型）</td><td>基本的には教室で過ごし，皆と同じことをしているが，心の中では学校に通いたくない・学校が辛い・嫌だと感じている。</td><td>4.4</td><td>142,161</td></tr>
<tr><td>⑥</td><td>登　校</td><td>①〜⑤非選択</td><td>86.7</td><td>2,819,049</td></tr>
<tr><td colspan="3">全　　体</td><td>100.0</td><td>3,251,684</td></tr>
</table>

不登校傾向の中学生
‖
約 10.2 %
推計
約 33 万人

出所）日本財団［2018］をもとに作成。

表 14-2　不登校の主たる要因

	小学校		中学校	
1 位	無気力・不安	49.8 %	無気力・不安	50.1 %
2 位	親子の関わり方	13.2 %	いじめを除く友人関係をめぐる問題	11.5 %
3 位	生活リズムの乱れ・遊び・非行	13.2 %	生活リズムの乱れ・遊び・非行	11.2 %
4 位	いじめを除く友人関係をめぐる問題	6.1 %	学業の不振	6.1 %

出所）文部科学省［2022］をもとに作成。

は「いじめを除く友人関係を巡る問題」であり，親子関係から友人関係への移行という発達的変化にともない不登校の要因も変化していくことが読み取れる。また，中学生では「学業の不振」も上位に挙げられており，学習の負荷が増えることにより学校から足が遠のく子どもたちが一定数いることがうかがわれる。

その他にも，発達障害特性のある子どもが学校環境や友人関係にうまくなじめず不登校に陥っていること（→第 16 章）や，家庭の要因のうち虐待やヤングケアラー（→トピックス）といった問題が不登校と関連していることなど，さまざまな背景が考えられる。不登校の要因が明確な場合には，学校内でチームを作り，学校外の専門機関などとも連携しながら，要因の解決や緩和に向けた取り組みを優先して進めることになる（→第 12 章トピックス）。

このように，何が不登校を引き起こしているのかを見立てることは重要であるが，子どもたち自身は必ずしも不登校の要因を言語化できるとは限らない。諸富［2022］は，不登校の子どもたちとのカウンセリングの経験から，不登校体験の本質を以下の 4 点にまとめている。すなわち，①圧倒的な身体感覚の変容体験（心ではなく体の感覚にわずかな変調が生じはじめ，いつの間にか「学校に行けないからだ」に変容してしまう），②わけがわからない体験（なぜ「学校に行けないからだ」になってしまったのかが自分でもわからない），③「意味の剝奪」と「自己崩壊」の体験（登校し，皆と同じように学校生活を体験していたことがあたり前ではなくなり，自分が壊れていく感覚に陥る），④「自分を守る体験」（理由はわからないが体が動かないという体験が，結果として自分自身を守っていたことにあとから気づく），というものである。そのため，教師や保護者は子どもとともに「わけがわからない」不確かさの中にとどまり，その感覚を共有しようとすることが大切になる。こうした知見をふまえると，子どもの気持ちに耳を傾けるのはもちろんのこと，大人が子どもの心身の感覚に少しでも近づくような言葉をかけることもまた，重要であると言える。

4）不登校の経過に応じた支援

ここでは，五十嵐［2018］などを参考に，「不登校になりかけている子どもへの支援」「不登校が長引いている子どもへの支援」「不登校から学校復帰を目指す子どもへの支援」の 3 つの観点から支援の方針や具体的な対応をみていく。

まず，不登校になりかけている子どもに対しては，早期発見と対応が鍵になる。月に 3 日以上の欠席が認められた場合には注意を払うとともに，別室登校や部分登校など本人に合った登校の方法を模索し，登校してきた場合には軽く声をかけるなどして気にかけていることが伝わるようにする。また，家庭とも連携しながら子どもの状況を把握していく。子どもたちは，先に述べたような

◆トピックス

社会的養護と児童虐待

児童虐待によって子どもが命を落とす悲惨な事件が相次ぎ，社会的に問題となっている。虐待の背景には，少子化にともなう家族機能の変化，貧困や家庭の養育能力の低下などさまざまな要因が考えられる。新型コロナウイルス感染症が拡大していた時期には，先の見えない不安とともに，児童虐待やDVの増加など，子どもを取り巻く環境の脆弱な部分にその影響が強くみられていた。国は「こども家庭庁」を2023年4月に新設し，子どもにかかわるさまざまな問題への対応が喫緊の課題として議論されてきている。

2000（平成12）年に「児童虐待の防止等に関する法律（児童虐待防止法)」が施行されてから20年以上が経過しているが，子どもの虐待件数は増加の一途をたどっている。厚生労働省（2022年9月公表）によると，2021年度に児童相談所が対応した虐待件数は20万7,660件で，過去最多を更新している。対応件数の内訳は，心理的虐待が12万4,724件（60.1％）と最も多く，次いで身体的虐待4万9,241件（23.7％），ネグレクト3万1,448件（15.1％），性的虐待2,247件（1.1％）となっている。

虐待を受けた子どもたちのうち，家庭で継続して生活することが困難である場合は，家庭外での代替養育（社会的養育）を受けることとなる。社会的養育を担うものとしては児童福祉施設（乳児院，児童養護施設，児童心理治療施設，児童自立支援施設など）やファミリーホーム，里親宅などが挙げられる。2016（平成28）年に児童福祉法の改正が行われ，これまで以上に「子どもの人権」を重視した施策がとられることとなった。この改正を受け，2017（平成29）年8月に，今後の社会的養育のあり方を示す「新しい社会的養育ビジョン」が取りまとめられ，里親養育推進の方針が示された。これまで養護に欠ける子どもたちを保護し養育する重要な役割を担ってきた乳児院や児童養護施設に対しても，家庭養育優先原則を進めることとなった。施設の小規模かつ地域分散化を

身体感覚の変容とも相まって，頭痛や腹痛などのさまざまな身体症状を出していたり，学校の話題をあえて避けようとしたりすることもある。大人の側には「甘えではないか」「もう少し頑張れば登校できるのではないか」といった気持ちが生まれるかもしれないが，まずは身体の不調へのケアを丁寧に行うことや，その不調の背景にある内面の苦しさを理解しようとする姿勢が大切になる。

次に，不登校が長引いている子どもについては，徐々に落ち着きをみせ，自分の好きなことに熱中しはじめたりもするため，周りの大人は「このまま何も変わらないのではないか」という焦りを感じることになる。しかし，この時期に改めて不登校の背景にある課題を見極め，家族以外の支援者が子どもの好き

図ることにより，できる限り良好な家庭的環境に近いものが求められている。さらに，専門性を活かした養育や親子関係再構築に向けた保護者等への支援を行うこと，里親や特別養子縁組を含む在宅家庭への支援などを行うことなど，施設の高機能化および多機能化・機能転換なども含め，よりいっそう専門性を高めていくことが期待されている。

ところで近年，「ヤングケアラー」が問題となっている。「ヤングケアラー」とは，本来は大人が担うべき家事や家族の世話などを行っている子どものことである。それにより日常生活や学業などに支障が出てしまうこともある。架空例であるが，ある生徒は学校を休みがちだったため，学校側からは「不登校」と考えられていた。しかし，担任教師が家庭訪問したさいに，保護者があまり家におらず，生徒が幼い弟や妹の世話をするために学校に行けない状況であることが判明した。つまり「ヤングケアラー」だったわけである。その後，児童相談所が介入し，子どもたちは施設に保護されることとなった。このケースのように「不登校」の背景に「ネグレクト」があったり，「ヤングケアラー」の問題が潜んでいたりする場合もある。子どもの問題は家庭環境などの背景要因も含めて考える必要があるといえる。子どもたちが安心して暮らせる環境を保障することが大人の務めである。子どもが子どもらしくいられる権利という視点からも，声を上げにくい逆境的な環境にいる子どもたちを「社会で育てる」という機運の醸成を図ることが望まれるだろう。（坪井裕子）

引用文献

新たな社会的養育の在り方に関する検討会［2017］「新しい社会的養育ビジョン」（https://www.mhlw.go.jp/file/05-Shingikai-11901000-Koyoukintoujidoukateikyoku-Soumuka/0000173888.pdf　2022 年 12 月 27 日閲覧）。

厚生労働省［2022］「令和 3 年度児童相談所での児童虐待相談対応件数とその推移」（https://www.mhlw.go.jp/content/11900000/000987725.pdf　2023 年 1 月 23 日閲覧）。

なことに寄り添いながらかかわり信頼関係を構築したうえで，個々の課題の解決に向けた支援へとつなげていくことになる。

最後に，不登校から学校復帰を目指す子どもについては，ある程度の心のエネルギーが蓄えられると学校や学習のことを気にするような言動が出てくるため，そのようなサインを周囲が受け止めたうえで，復帰に向けた後押しをしていくことになる。このとき，すぐに学校に復帰することを目標にするのではなく，子どもが安心して通うことができ，社会とのつながりを確保できる場について幅広く考えていくことが求められる。また，学校復帰にあたって大きな壁になることのひとつに，学習の遅れをいかに取り戻すかということがあるため，何らかの形で学習の補償ができる場についても検討していく必要がある。

5）多様な学びの場の確保と社会的自立

国が不登校支援のための取り組みを本格的に開始したのは，1990年代に入ってからである。文部省は1989年に，有識者による学校不適応対策調査協力者会議を発足させた。1992年にはその報告書の中で「登校拒否はどの子にも起こりうる」という見解が示されたことが，今日の不登校の理解や支援の方針にも大きな影響を与えている。この報告書を受けて文部省は，不登校の子どもたちのための公的施設である適応指導教室（現・教育支援センター）の設置を全国の教育委員会に求めたり，学校復帰を前提として学校外の公的施設や民間施設（フリースクール）で支援を受けているとき，学校長は指導要録上の出席扱いにできるとしたりするなど，新たな施策を打ち出していった。

その後，さまざまな施策を講じても不登校の増加に歯止めがかからない状況を受けて，文部科学省は2002年以降にも複数回，不登校問題に関する調査研究協力者会議を設置し，個々の子どもの特性に応じた教育環境の提供や社会的自立に向けた支援などを求めていった。

近年の国の不登校施策を方向づけているのは，2017（平成29）年に施行された「教育機会確保法」である。この法律は，不登校児童生徒などを含めた全ての子どもへの普通教育の機会の確保について定めたものである。不登校の子どもたちに対しては，休養の必要性をふまえて，一人ひとりに合った学習活動が保障されるように支援を行うことが示されている。支援の場は学校内にとどまらず，特別に編成された教育課程にもとづく学校（不登校特例校，現・学びの多様化学校），および教育支援センターや夜間中学などの整備が求められている。

上記の法律を受けて，文部科学省は2019（令和元）年に「不登校児童生徒への支援の在り方について（通知）」を発出し，「「学校に登校する」という結果のみを目標にするのではなく，児童生徒が自らの進路を主体的に捉えて，社会的に自立することを目指す必要がある」という視点を改めて強調した。また，多様な教育機会の確保という観点では，義務教育段階の不登校の子どもたちが自宅におけるICTなどを活用した学習活動を行った場合，指定された要件を満たし，かつ自立を助けるものであると判断されれば，指導要録上の出席扱いとすることが認められた。学校内外において学びの場を確保し，そこでの子どもたちの努力をいかに認めていくかについては，今後も検討を続けていくべき重要な課題である。

2　うつ病――子ども特有の症状と早期発見

私たちは誰でも，悲しい，さびしい，つらい，むなしい，といった気持ちになることがある。これは総称して抑うつ気分と呼ばれるが，この気分が一定期間続いたときにうつ病の可能性を考えることになる。

子どものうつ病は1980年代頃まではあまり注目されてこなかったが，児童用の自己評価尺度を用いたいくつかの調査が実施され，抑うつ傾向にある子どもの割合の高さが示されたことから（たとえば傳田ほか［2004］では小学生7.8％，中学生22.8％），社会的な関心を集めるようになった。近年では，子どものうつ病は大人のうつ病とは異なる特徴があることも明らかにされている（川瀬ほか［2015］）。たとえば，子どもは抑うつ気分，罪責感（「自分はだめだ」「もうどうしようもない」といった気持ち），希死念慮などを直接訴えることは少なく，不眠（入眠困難や中途覚醒が多い），全身倦怠感や食欲不振などの身体症状を呈しやすい。また，制止（心身のエネルギーが低下し思考や行動が緩慢になる状態）や易怒性（いらだちや攻撃性の強さ）といった行動面の特徴が目立つ場合もある。周囲の大人は思春期・青年期や受験期の悩みとして見過ごしたり，もっと頑張るよう励ましたりすることもあるが，そのような対応によって子どもはさらに自分を責めたり，理解してもらえないという怒りを募らせて大人と対立したりするようにもなる。

子どもにうつ病またはその可能性がある場合には，医療機関を受診し服薬による治療を検討するとともに，休養や学習などの負担軽減といった環境調整をすることになる。学校においては，日頃より子どもの変化に対する感度を高めておくことが重要であるが，アンケート調査等による早期発見の有効性も高い（実践例として長尾［2017］など）。早期発見や予防に向けた取り組みができるのは学校現場の大きな強みであり，うつ病以外のさまざまな心と体の不調に対しても取り入れることができる。

3　不安症・強迫症――症状との付き合い方を見つける

1）不安症

不安は不快な感情であるが，不安になることでトラブルを回避し身を守ることができるという点では，生きていくうえで欠かせない感情でもある。しかし，不安があまりにも強くなり一定期間以上続くと，子どもの場合は不登校に陥るなど，通常の生活を送ることが難しくなる。こうした状態は不安症と呼ばれ，しばしば医療機関での治療の対象になる。

不安症は，不安を感じる対象や症状などによって診断名が分かれる（日本精神神経医学会［2014］）。子どもによくみられるものとしては，保護者など愛着をもっている人物からの分離に対して過剰な恐怖や不安を示す「分離不安症」，学校など話すことが期待される特定の社会的状況で話せないことが一貫して続く「場面緘黙」，他者の注目を浴びる可能性のある場面で著しい恐怖や不安を感じる「社交不安症」などが挙げられる。不安症の原因は明確にはなっていないが，不安に対する強い感受性などの特性に環境要因が加わることや，何らかの失敗体験などにより発症する場合がある。

不安の症状に対しては，医療機関を受診し服薬によって軽減を図ることに加えて，どのような場面で何か不安になるのか，それに対してどのような工夫ができそうかを一緒に探りながら，不安との上手な付き合い方を考えることも有効である。また，学校における環境調整として，信頼できる友人がいるのであれば席替えやグループ分けのときに配慮したり，発表をともなうような授業では無理なく参加できる方法を検討したりすることなどが挙げられる。

なお，場面緘黙の子どもたちは，学校において特別支援教育や合理的配慮の可能性も含めた支援の対象となりうる。支援のポイントとして，園山［2022］は，①安心感を作る取り組み，②活動や授業の参加度を高める取り組み，③話せるようになるための取り組みを挙げている。すなわち，安心できる人との関係性を育んだり，ジェスチャーや筆談など話すことに代わる手段を取り入れたりしながらコミュニケーションの基盤を作りつつ，ごく小さなステップを組んで子どもが「話せた」という経験を積み重ねていくというものである。ここでもまた，不安の軽減と安心感の醸成が，その後の支援を展開するうえで重要になる。

2）強迫症

強迫症は，強迫観念と強迫行為からなる。強迫観念とは，自分の意思とは関係なく意識にのぼってきてしまう考えのことである。強迫行為とは，強い不安にさいなまれてある行動を繰り返してしまうというものである。例として，何かに触れると手に無数の菌がついてしまうのではないかという考えで頭の中がいっぱいになり（強迫観念），そこからくる不安を少しでも和らげるために何度も手を洗ったり何時間も入浴したりする（強迫行為）といったことが挙げられる。考えることは無意味であるとわかっていたり，行動をやめようと努力していたりする子どもたちもいるが，うまくいかずにさらに苦しさが増すという悪循環に陥ることもある。また，手洗いの回数や時間を保護者に確認するよう強要するなど，身近な人たちが強迫観念や強迫行為に巻き込まれることもある。

上述のような症状があることで，友達と遊べなくなる，睡眠時間が削られる，登校が難しくなるなど日常生活に支障が出ている場合には，医療機関を受診して服薬を含めた対応を検討することになる（清水・水田［2021］）。また，樋口［2022］は，どのようなときに強迫観念や強迫行為が出現しやすいのかを尋ね，子ども自身が気づきを得ることにより，症状をコントロールできる可能性があると述べている。実際に強迫観念や強迫行為の頻度が減ってきている場合には，子どもの努力や変化を十分に認めていくことも大切になる。

4　心身症（身体の訴え）——学校現場でみられやすい症状

私たちの心と身体は密接につながっている。風邪を引いたときに気分が落ち込んだり，重要なイベントの前に頭痛や腹痛を覚えたりすることは，誰もが一度は経験することであろう。とりわけ言語表現が発達途上である子どもたちは，何らかのストレス状況に置かれたときに身体症状が前面に出てきやすい。心身症にはさまざまな種類があるが，以下では，近年の学校現場でもよく話題になる起立性調節障害と過敏性腸症候群を取り上げる。

1）起立性調節障害

脳の自律神経の働きが悪くなり，その結果として交感神経と副交感神経のバランスが崩れ，起立時に身体や脳への血流が低下する障害であるが，その発症に心理社会的因子が関与することもあるため，心身症としての側面も有している。不登校の3〜4割に起立性調節障害がともなうという報告もある（日本小児心身医学会［2015］）。症状は午前中に強く，朝起きられない，食欲不振，全身倦怠感，頭痛，立ちくらみのほかに，慢性疲労，動悸，思考力や判断力の低下，イライラや腹痛などが認められることもある。午後からは回復して夜には元気になり，眠れなくなることもある。特に朝起きられないことについては，周囲からは怠けや甘えとみなされることもあるが，そのような捉え方は子どもの苦しさを助長することにもなる。

対応としては，医療機関を受診して検査を受け，服薬によって症状の軽減を目指すことが挙げられるが，適量の水分摂取，早めの就寝や起床，毎日30分程度のウォーキングなど，子ども自身が取り入れることのできる工夫もある（樋口［2022］）。学校においては，遅刻に対する配慮をする，症状の軽減する午後からの登校を認める，保健室を利用しやすくするなど，可能な範囲での環境調整を行うことが求められる。

2）過敏性腸症候群

炎症や腫瘍などの器質的疾患がないにもかかわらず，腹痛や腹部不快感，下痢や便秘といった便通異常など，腸の機能的な問題がともなう病気である。生来的な腸の過敏さにより発症する場合もあるが，心理社会的要因が症状の強弱にかかわっていることも多い。朝になると不安や緊張が高まることで症状が強くなり，不登校へとつながったり，行事などですぐにはトイレに行けない場面の前になると症状が出てきて，その状況を回避したりすることもある。
対応としては，医療機関において胃腸系の薬を処方してもらいながら，学校では環境調整と心理面のサポートを行っていくことが主になる。たとえば，授業や行事のさいには目立たずにトイレに行くことができるよう座席の配慮をすることにより，予期不安が軽減され，症状とうまく付き合いながら生活を送れるようになる。また，学校のどのような場面で不安や緊張を感じるのかを丁寧に聴き，そのような場面への対処について一緒に考えることにより，症状そのものが軽快する可能性もある。

5　摂食障害——急激な食行動の変調

思春期・青年期には，多かれ少なかれ誰もが体型の変化を経験する。一方で，痩せていることが美徳であるという世間の価値観は，現代の子どもたちにも影響を与えている。「最近太ったよね」といった周囲の些細な一言から無理なダイエットを開始して止められなくなる，体型を維持してスポーツの記録を出すことに精を出し，周囲がそれを賞賛するためさらに拍車がかかって極度の痩せに至るといった例は，学校現場においてもしばしば耳にする。
摂食障害とは，食行動に関する変調が続くことにより，心身両面に影響を及ぼす障害の総称である。必要な量の食事をとることができずに期待される最低体重を下回る「神経性やせ症」のほか，食欲や食事の量を抑えられずに極端に食べてしまう「過食性障害」，過食のあとの意図的な嘔吐や下剤の使用により体重増加を防ごうとする「神経性過食症」などがあるが，拒食と過食が繰り返される場合もある。摂食障害は心身の発達のみならず，日常生活や学校生活，家族や友人との関係など多方面に深刻な影響を及ぼす。また，極度の体重減少は命にかかわる問題でもあり，時に入院治療が必要になることもある。
急激な食行動の変調の背景には，体重増加や肥満への強い恐怖や，体重や体形に関する認知の歪みがあることが多い。学校において，子どもに表 14-3 のような変化が認められた場合には，医療機関につなぐことを視野に入れる必要がある。しかし，自らの状況を深刻に捉えていなかったり，食事を強要される

表 14-3　摂食障害に対する学校での気づきのポイント

神経性やせ症
・急激な体重減少がみられる。 ・健康診断時の測定で体重増加がみられない（それまでの成長曲線から明らかに外れている）。 ・昼食量が減少する，食べるスピードが落ちる，食事時の表情がさえない。 ・いつも以上に活動している，静止時も足踏みをする，急に過剰なトレーニングをする，急に無理な勉強計画を立てる。 ・授業中や休み時間にいつもより活気がない，体育の時間に体力が落ちた様子や孤立した様子がみられる，登校渋り・遅刻・欠席が目立つ，保健室を頻繁に利用する。
神経性過食症
・急激な体重増加や減少がみられる。 ・健康診断時の測定で体重が増加している（それまでの成長曲線から明らかに外れている）。 ・食べるスピードが早くなる，食事のときの表情がさえない。 ・活動量が落ちてくる。 ・授業中や休み時間にいつもより活気がない，体育の時間の動きが鈍くなる，登校渋り・遅刻・欠席が目立つ，保健室を頻繁に利用する。

出所）髙宮［2019］をもとに作成。

ことを懸念して受診を拒んだりする子どももいるため，家庭と学校とが連携しながら継続的に支援していくことが求められる。

おわりに

子どもの心や体の不調にかかわる状態像や診断名は，本章で取り上げたもの以外にも数多くあるが，いずれの場合においても子どもたちの発するサインに周囲の大人が気づき，苦しさを理解しようとする姿勢をもつことが求められる。また，学校での支援のさいには誰かひとりが抱え込むのではなく，当該の子どもに関係する教職員，スクールカウンセラーやスクールソーシャルワーカーといった専門職，医療・福祉・教育等の外部機関の支援者，そして時には保護者も交えながらチームを組み，連携して対応することが重要である。子どもにかかわる支援者同士が日頃から丁寧なコミュニケーションをとることが，学校環境をよりよいものにし，ひいては子どもの心や体の不調を和らげることにつながる可能性がある。（野村あすか）

引用文献

五十嵐哲也［2018］「不登校への支援」窪田由紀・平石賢二編著『心の専門家養成講座⑦　学校心理臨床実践』ナカニシヤ出版，pp. 111-123。

APA［2014］『DSM-5-TR　精神疾患の分類と診断の手引』髙橋三郎・大野裕監訳，医学書院。

川瀬正裕・松本真理子・松本英夫編著［2015］『心とかかわる臨床心理［第 3 版］——基礎・実際・方法』ナカニシヤ出版。

清水將之著／水田一郎補訂［2021］『子どもの精神医学ハンドブック』日本評論社。

園山繁樹［2022］『幼稚園や学校で話せない子どものための場面緘黙支援入門』学苑社。

髙宮靜男［2019］『摂食障害の子どもたち——家庭や学校で早期発見・対応するための工夫』合同出版。

傳田健三・賀古勇輝・佐々木幸哉・伊藤耕一・北川信樹・小山司［2004］「小・中学生の抑うつ状態に関する調査——Birleson 自己記入式抑うつ評価尺度（DSRS-C）を用いて」『児童青年精神医学とその近接領域』45，424-436。

長尾圭造［2017］『子どものうつ病——その診断・治療・予防』明石書店。

日本財団［2018］『不登校傾向にある子どもの実態調査』(https://www.nippon-foundation.or.jp/app/uploads/2019/01/new_inf_201811212_01.pdf　2022 年 5 月 30 日閲覧)。

日本小児心身医学会［2015］『小児心身医学会ガイドライン集改訂第 2 版——日常診療に活かす 5 つのガイドライン』南江堂。

樋口隆弘［2022］「医療現場からみた不登校とその支援」伊藤美奈子編著『不登校の理解と支援のためのハンドブック——多様な学びの場を保障するために』ミネルヴァ書房，pp. 144-165。

諸富祥彦［2022］『教師・スクールカウンセラー・保護者のための不登校体験の本質と予防・対応——学校に行けない「からだ」』図書文化。

文部科学省［2022］『令和 3 年度　児童生徒の問題行動・不登校等生徒指導上の諸課題に関する調査結果について』(https://www.mext.go.jp/content/20221021-mxt_jidou02-100002753_1.pdf　2022 年 12 月 20 日閲覧)。

Broadwin, I. T.［1932］A Contribution to the Study of Truancy, *American Journal of Orthopsychiatry*, 2, 253-259.

Johnson, A. M., E. I. Falstein, S. A. Szurek & M. Svendsen［1941］School Phobia, *American Journal of Orthopsychiatry*, 11, 702-711.

第 15 章
荒れる子どもの心

本章では，子どもの示す外在化された問題行動の中でも特に，非行・いじめ・家庭内暴力を取り上げる。これらの問題は，これまでも多くの研究者や臨床家が，理論や実践を交えて，その生起メカニズムや原因・対処法などについて議論してきた。しかし，SNS を介して，ハンドルネームしか知らない人に悩みを相談しているうちに犯罪に巻き込まれる，あるいは，いじめの生起場所がリアルな人間関係からオンラインへと移行し，解決が遷延しやすくなったなど，外在化された問題行動は時代や風潮によってその表れを変える側面がある。まさに，現代社会のひずみが如実に表れる，古くて新しい課題なのである。どの問題も，問題を抱えた個人とその親，あるいは親密な他者との関係を主眼に論じられることが多いが，対処にあたっては家庭だけでなく，学校や地域社会，さまざまな専門機関などとの連携が必要となることは言うまでもない（→第 7 章・第 12 章トピックス）。

1　非行——少年の傷つきに目を向けて

非行は，社会が秩序を乱すものと判断して初めて成り立つ社会的概念である。何をもって非行と呼ぶかは，その時代の価値観や，その行動を見る個人の評価基準などに大きく左右される。現行の少年法によれば，非行少年とは，犯罪少年（14 歳以上 20 歳未満で罪を犯した少年）・触法少年（14 歳未満で刑罰法令に触れる行為をした児童）・ぐ犯少年（20 歳未満で，一定の不良行為があり，かつ性格または環境に照らして，将来罪を犯しまたは刑罰法令に触れる行為をなす恐れのある者）のことを指す。2022 年に民法の成年年齢が 18 歳に引き下げられたが，上記の定義に変更はない。18 歳と 19 歳の少年は「特定少年」とされ，17 歳以下の少年とは一部異なる取り扱いをされるものの，少年法が引き続き適用されている（→トピックス）。

1 ）非行の変遷

非行は，その時代特有の文化や経済状況などの影響を受け，様相を変化させてきた。まず，第二次世界大戦後の混乱期と復興期にあたる 1951 年を頂点とする第一のピークでは，18〜19 歳の年長少年による，「生きること」を目的とした窃盗や横領が多く発生した。高度経済成長を迎えた 1964 年を頂点とする第二のピークでは，中高生を中心とした粗暴非行や性非行が増加し，第一次オイルショック以降の低成長期にあたる 1983 年を頂点とする第三のピークでは，14〜15 歳の年少少年を中心とした「遊び型非行」が出現した。その後，第四のピークが危惧された時期もあったが，少子化などの影響で，非行少年の検挙人数は徐々に低下し，現在に至っている。

特筆すべきは，2000 年ごろ，インターネットの急速な普及を背景に出現した「ネット型非行」である。SNS を介して急速に人間関係が広がった結果，顔も知らない相手とつながって，知らず知らずのうちに性暴力の被害者となってしまったり，薬物にかかわってしまったり，詐欺や誘拐事件の被害者・加害者になってしまったりする。SNS を介して問題が起こると，大人や第三者の目に触れにくいため，対処が遅れやすく，問題が深刻化しやすい。

2 ）不適切な養育・親子関係と非行

非行少年とその親について考える時，非行少年に対しては「親の言うことを聞かず反抗的」，親に対しては「子どもをきちんとしつけられない」といったイメージが想起されやすいのではないだろうか。もちろん，そのような側面がないわけではないが，実際の非行の発生メカニズムは，そう単純ではない。その発生機序には，個人の心理的問題，親子関係の問題だけでなく，生物学的問題，学校の問題，非行に許容的な文化をもつ家庭や地域社会の問題，時代の風

◆トピックス

成年年齢の引き下げと少年非行

「非行」や「少年犯罪」と聞くと，どのような印象をもつだろうか。それが重大な事件であれば，テレビや新聞などのマスメディアは成年の事件よりもセンセーショナルに取り上げるであろう。また，昨今ではインターネットやSNSなどによってニュースが一瞬で世界中に配信され，概要が伝わる。少年による重大事件が起きると，「法律が甘い。もっと厳罰化するべき」という声が聞かれる一方で，「少年には罰よりも更生のための教育を施したほうがいい」というように，意見が分かれることが多い。

少年法は，第1条に「この法律は，少年の健全な育成を期し，非行のある少年に対して性格の矯正及び環境の調整に関する保護処分を行うとともに，少年の刑事事件について特別の措置を講ずることを目的とする」と記されている。適切な養育を受けられなかった少年に対し，国が親に代わって保護するという国親思想の下，未熟性と可塑性のある少年に対し，成年の司法手続きとは異なる特別な処遇を早期から施すことによって，少年を更生と健全な発達へと導くというものである。

2022（令和4）年，公職選挙法における選挙権年齢および民法の成年年齢の18歳への引き下げが施行されたことを受け，少年法においても成年年齢引き下げについて議論が行われてきた。つまり，少年法ではこれまで20歳未満を「少年」としてきたが，18，19歳について，いかに扱うべきか意見が分かれたのである。

世論調査では，少年法の成年年齢の「20歳未満」から「18歳未満」への引き下げについて，賛成の82.2％が反対の14.1％を大きく上回った（産経新聞社［2015］）。同年の読売新聞社の世論調査によれば，男女，年代別とも先と同様の結果であり，少年事件に対しては，読者から厳しい意見が寄せられることが多いという。

しかし，2022年施行の改正少年法では，こうした厳罰化志向をそのまま受けとめてはいない。これまでのように20歳未満の者を「少年」として維持する一方で，18，19歳を「特定少年」とし，他の少年とは異なる扱いをすることとした。具体的には，特定少年もその他の少年も事件は基本的に全件家庭裁判所に送致し処分される。ただし，原則として検察官送致しなければならない（原則逆送）事件の拡大や，逆送決定後は20歳以

潮や社会全体の経済状況など，さまざまな要因が影響を及ぼしあう。ただ，なかには，明らかに不適切な養育環境や親子関係を経験し，非行に至った者たちがいる。

被虐待経験と非行　少年院に入所中の男子少年の約40％，女子少年の約60％に，被虐待経験がある（法務省矯正局［2022］）。もちろん，被虐待経験があるからといって，必ずしも非行や犯罪を行うわけではないが，それでも，こ

上の者と原則同様に取り扱われるなど，厳罰化となった面もあるといえる。これまで，少年法の精神の下，家庭裁判所や少年院，保護観察所など，司法・矯正・保護そして福祉にかかわるさまざまな領域が少年に対し，一人ひとりの個別性に応じた丁寧な処遇を実施してきた。しかし，上記の改正によりこうした処遇を一定の特定少年が享受できない，つまり，健全育成に資する教育を施せずに改善更生への道が閉ざされてしまう可能性があるのではないかという声も，いまなお大きいのである。

とはいえ，現実として改正少年法は施行されており，処遇現場では，特定少年を対象とした新たな教育プログラムが導入されている（法務省ホームページより）。たとえば少年院では，少年自身の非行や犯罪に対する反省のみならず，成年にあたって社会の一員としての自覚と責任の喚起，そして，社会参加に必要な具体的な知識の付与（選挙権や消費者教育など）といった取り組みが行われている。加えて，時代のニーズに応じた職業指導種目の設置（ICT 技術の習得や関連資格の積極的取得など）も大きな特徴といえる。

また，逆送によって刑事処分を受けた特定少年の中には，少年刑務所などの刑事施設で受刑する者もいる。ここでは，上述したような少年院の知見を活用して，若年受刑者（おおむね 26 歳未満）の特性に応じた処遇の充実を図ることを目指している。自主性・自律性の伸長，問題対処能力の向上，自身の犯した罪に真摯に向き合う姿勢の涵養などを目的とし，施設によっては，担任制を導入して継続的な個別面接，日記指導等の個別的な働きかけのほか，小集団による指導等を実施している。

改正少年法が施行され，非行臨床現場におけるさまざまな取り組みはいまだ試行錯誤の段階といえる。関係各領域でつぶさにデータを収集し，将来的にはどういった取り組みが少年の改善更生，ひいては社会安全の実現にとって有効であるのか，客観的にも判断されることが望まれるであろう。（星あづさ）

引用文献

産経新聞社［2015］「産経・FNN 合同世論調査　少年法の対象年齢引き下げに賛成 82 %，内閣支持率は 53.6 % で 4 カ月連続上昇」（https://www.sankei.com/article/20150330-F3HILJEMQVNW7OSIJ5PI2K6WBY/　2022 年 12 月 25 日閲覧）。

れはかなり高い数値だと言わざるをえない。非行少年たちの処遇や支援を考えるさいは，加害者性だけでなく，その奥に潜む被害者性にも十分配慮する必要がある。

虐待を受けた子どもは，辛い日常やストレス状況を回避するために家出を選ぶ。そのさい，金品を持ち出したり万引きしたりすることもあるが，これはあくまでも生きるための所作である。この，ごく初期に出現する回避行動として

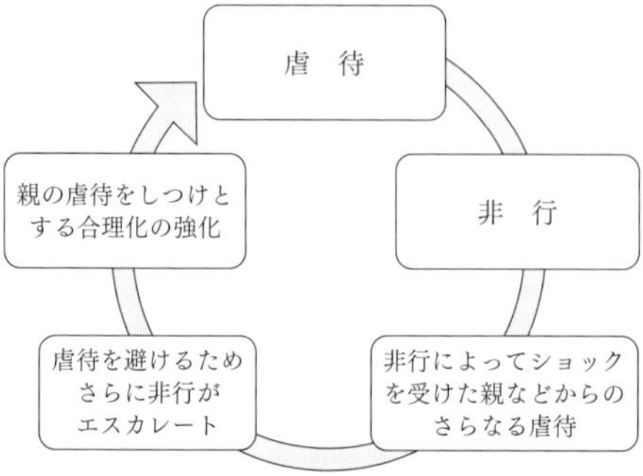

図 15-1　虐待と非行の悪循環
出所）橋本［2004］をもとに作成。

の家出を，橋本［2004］は「虐待回避型非行」と命名している。その後，家出が繰り返されると，子どもは今までにない自由や解放感を味わい，非行の世界を魅力的に感じるようになる。この頃には非行は，虐待からの回避行動としての意味合いが薄れ，子どもの性格特性や年齢，性別，環境などによって，「暴力粗暴型非行」「薬物依存型非行」「性的逸脱型非行」へと分かれていく。暴力と薬物，性と薬物のように複合した様相を示すこともある。図 15-1 は，虐待による非行が加速度的に深刻化する様子を示したものである。虐待と非行の悪循環が複雑化すると，対応も困難さを増すため，できるだけ早い段階での介入が望まれる。

発達障害と非行　非行少年は，後先考えずに行動するため，一般に衝動性が高いと言われる。多くは個人の気質やその後の社会的学習に由来するものだが，なかには注意欠如多動症（ADHD）と診断される者がいる。また，非行少年の中にも，非行をしたことのない少年と同程度の割合で自閉スペクトラム症（ASD）者がいる。注意欠如多動症も自閉スペクトラム症も，その特性ゆえに親が育てにくさを感じることが多いが，子どもは，周囲の大人の適切な理解とサポートがないと，さまざまな二次障害を呈してしまう。彼らには，被害体験やそれにともなう感情を適切に表出し，それによって癒され，回復するということも起こりにくい（藤川ほか［2002］）ため，早期診断・早期介入と環境調整が必須である。しかしながら，非行少年の多くが，鑑別所などに入って初めて診断を受けており，支援される機会に恵まれていないのが実情である。

自閉スペクトラム症ではない非行少年と比べて，自閉スペクトラム症の非行少年は，性非行の割合が高いと言われる。また，自閉スペクトラム症で性非行を行った少年には，逆境的体験（被虐待体験，精神疾患や薬物など家族の問題，家族の犯罪傾向などに関するもの）を有する者が多い（塩川［2015］）。藤川ほか

［2002］は，一般常識からは理解しにくい動機や非行事実が見られる場合には，当該少年が，自閉スペクトラム症の特徴をもつ可能性をふまえて，支援策を検討すべきであると述べている（→第 16 章）。

3）非行少年の心

従来から「人はなぜ非行をするのか」という命題のもと，非行の原因研究がなされてきた。また，1990 年代に入ると，欧米を中心に非行研究のパラダイムシフトが起き，「人がリスクを抱えながらも非行をしないのはなぜか」を問う，非行からの立ち直り研究が盛んになった。その潮流はわが国にも波及し，レジリエンスや社会的役割の取得，共感性などとの関連で検討が重ねられている。

非行少年と心理面接を行うと，過去の出来事を振り返ったり，未来について具体的に考えたりすることを面倒がり，避ける様子が観察される。非行少年は「場当たり的」「後先を考えずに行動する」などと言われるが，これは，もともとの衝動性の高さだけが原因ではない。自分の過去や未来について考えて，不安になったり，焦ったり，がっかりしたりといったストレスフルな情緒体験を心の内に抱えきれないために，そうなる状況を避けようとするメカニズムが自然と働くと推測される。

たとえば，以前出会ったある少年は，「暗いことを考えると，どんどん落ちていきそうで怖いんだ」とポツリとつぶやいた。彼もまた，辛い過去を背負っていたが，普段はそうしたことなどなかったかのように，友達にも面接者にも，時に高慢に，時に強気に振る舞った。その様子は，まるで恐ろしい何かが襲ってくるのを防ぐために必死で抵抗しているかのようで，筆者には痛々しく映った。

彼らにとって，悩みや苦しみといった「暗いこと」やそれにまつわる悲しみなどのネガティブな情緒を想起することは，果てしない泥沼の中に引きずり込まれるような恐ろしさをともなうのであろう。そして，そういった事柄を話し合おうとする心理面接場面は，彼らにとって苦痛以外のなにものでもないのかもしれない。だからこそ，非行少年との心理面接は，信頼関係を作ることさえもが困難を極めるのである。少年たちは，「後先考えず悩まない」のではなく，さまざまな傷つきを整理できていないがゆえに「悩めない」状態のままでいようとしているとは言えまいか。彼らの非行行動は，自らの弱さや傷つきから，自分自身と周囲の目をそらすための防衛の意味合いもあると考えられる。

2　いじめ――当事者の心によりそって

2022（令和 4）年度の「児童生徒の問題行動・不登校等生徒指導上の諸課題に関する調査」によると，いじめの認知件数や発生率は増加傾向にある（文部科学省［2023］）。おそらくこの傾向は，今後も大きく変化することはないだろう。

1）いじめの構造

森田［1986］は，いじめは「被害者」を中心に，「加害者」，はやしたてたり面白がったりして見ている「観衆」，見て見ぬふりをする「傍観者」からなるとし，いじめの四層構造理論を提唱している（図 15-2)。そして，いじめを構造から把握するさいには，この四層構造の外側に，教師と親の二層をつけ加えて分析することを強く推奨している。いじめは，教師のかかわり方や親の対応によって異なった表れ方をするだけでなく，教師の日常の教育活動や親の子どもへのかかわり方が，大きな影響力をもっているからである（森田［1986］)。いじめへの対策を考える時，被害者と加害者の二者に注目が集まり，2 人への働きかけをどうするかが検討されるが，実際は，いじめを面白がったり，見て見ぬふりをしたりしている多くの第三者がいる。特に，傍観者の中には，目の前で起こるいじめへの拒否感や，何もできない自分に対する憤りなど，さまざまな感情を抱えつつ黙っている者がいる。圧倒的多数の傍観者に，いかに問題意識をもたせ，彼らを仲裁者に変えられるかが，問題解決の糸口となる。

2）今日的ないじめ――SNS 上でのいじめ

SNS 上でのいじめは，現実の人間関係の中で起こるいじめと少し異なる様相をみせる。

まず，SNS がもともともっている，非対面性（文字情報による交流がほとんどであること）・不透明性（行為者の特定が困難であること）・双方向性（情報の発信と受信が可能であること）という 3 つの特徴が，攻撃性を高めやすい土壌を作る。そこに，SNS を利用する者の個人要因が加わって，攻撃行動などの発現へとつながる。

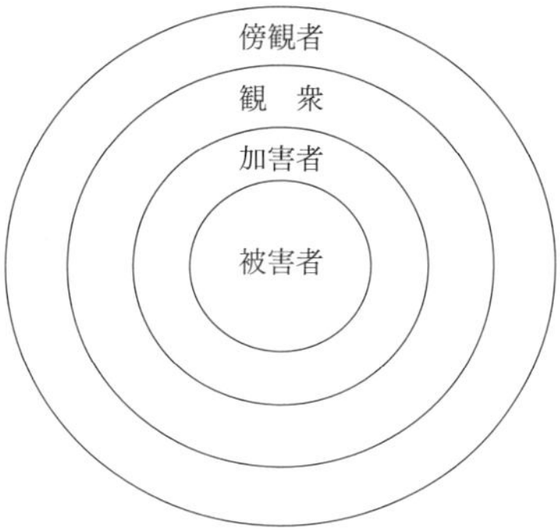

図 15-2　いじめの四層構造

出所）森田［1986］。

SNS 上で問題が起こる背景要因のひとつに，同調圧力があるといわれる。価値観が多様化したことによって，人々は，自尊感情を向上させる最大の基盤として自分を評価してくれる仲間を求めるようになった（土井［2020］）。しかし，このような集団は，価値観を共有できる相手だけで構成された同質性の高いものとならざるをえず，それは同時に強い同調圧力を生む（→第 8 章）。さらに，確証バイアスとエコーチェンバー効果がそれに拍車をかける。確証バイアスとは，自分に都合のよい情報だけを受け入れ，都合の悪い情報からは無意識のうちに目を背けてしまう心の動きのことをいう。またエコーチェンバー効果とは，自分と似た興味関心をもつユーザー同士でフォローし合うため，SNS で発信すると，自分と似た意見が返ってきやすいことをいう。全ての人は確証バイアスをもつが，SNS 上のコミュニケーションはエコーチェンバー効果によって確証バイアスが強化されやすくなる。このように，特定の意見や思想などが複数の人の間で信奉されるようになり，反対意見は排除され，徐々にいじめの場が形成されていく。誰もが容易に排除の対象となってしまうのである。

いじめの早期発見には，オープンなネットワーク環境の構築が理想である。子どもたちのネットワークに親や教師が加わり，風通しをよくできると望ましいのだが，実際にはなかなか難しい。自分たちのコミュニティを大切にしつつ，自分たちとは異なる意見にもきちんと耳を傾けるためにはどうするべきか，子どもも大人もともに考える必要があろう。情報リテラシー教育のさらなる充実が望まれる。

3）いじめへの心理支援

いじめ当事者への心理支援について，まず，被害者への心理支援は当然のことである。被害者は，こころない言葉や状況に自尊心を傷つけられ，心的外傷後ストレス障害（PTSD）を発症する場合さえある。何よりもまず心身を癒し，心のエネルギーを回復させ，通常の生活やその人らしい人生を取り戻す必要がある。ひどいいじめは，刑事罰の対象となることもある。個別の心理支援だけでなく，被害者の実情に合わせて，学校や司法・行政機関，専門機関などの協働が必要である。

一方，いじめの加害者に対しては，自らの行動の加害性についてきちんと理解できるよう，周囲の大人が真摯に指導しなければならない。同時に，加害者がなぜいじめを行う必要があったのか，周囲の大人や支援者は，加害者が抱える心の問題にも目を向けるべきである。いじめは，被害者と加害者の二者関係の中で発生する。被害者のどのような側面にいじめのきっかけを見出すのかに，加害者の心の問題が投影される。欲しているのに得られないでいる何かをもつ被害者を，加害者は妬ましく思っているのかもしれないし，受け入れがたい自分自身のある側面を被害者の中に見出し，代理的に攻撃することで満足を見出しているのかもしれない。加害者の無意識的な心の動きも加味して行動を理解し，支援や指導を行うことが不可欠である。

3　家庭内暴力——悪循環を断つために

家庭内暴力とは，配偶者間暴力（ドメスティック・バイオレンス：DV）や児童虐待，高齢者虐待など，家庭内で起こるさまざまな形態の暴力の総称である。家庭内暴力を対象と立場ごとに分類すると，おおむね①親から子ども，②子どもから親，③配偶者間となる。これら3つは密接に関係しあっているが，本節では②と③について論じる。高齢者虐待も②に含まれるが，本章では割愛する。

1）子どもから親への暴力

子どもから親への暴力は，狭義の家庭内暴力とされる。家庭内暴力を起こす子どもの年齢の多くは 12～19 歳といわれる。警察による家庭内暴力の総認知件数は，2012 年からおおむね増加し続けており，特に近年は小学生による事案が急増している（法務省矯正局［2022］）。暴力の対象は，同居家族ならば母親であることが多い。母親は，子どもといる時間が相対的に長く，情緒的結びつきが強いがゆえに恨みや怒りを向けられやすく，反撃が少ないからだとされる。また，暴力に及ぶ主たる理由は，「しつけに対する反抗心」である。

家庭内暴力を起こす子どもは極端な二面性を持ち，家族など近親者に対してはすさまじいまでの暴力をふるうが，第三者に対しては穏やかな態度で接する。それゆえ，心理面接を開始しても，すぐに落ち着き，内省的な態度を回復し，真の問題を表さないままに治療を終えてしまうことも多い。高岡［2018］は，生物－心理－社会的な枠組みから，家庭内暴力が発生し，繰り返される典型的なケースフォーミュレーションを提示している（図 15-3）。家庭内暴力の背景には，暴力を使ってでも伝えたい子どもの思いがある。そのやり方が是か非かはおいておくとして，この事態を打開するためには，何よりもまず，親や周囲の大人が，自らの置かれている状況を家庭内暴力であると理解し，支援を求める必要があると認識することが大切である（高岡［2018］）。介入の時期が遅れるほど，問題が悪循環を起こして維持・強化され，解決が難しくなっていくことを肝に銘じておきたい。

家庭内暴力を起こす子どもへの心理面接　家庭内暴力を主訴として来談したクライエントとの心理面接は，困難な道のりをたどる。主たる理由は 2 つある。ひとつは，家庭内暴力は，子どもの内的な問題が行動へと転化され，外へ向かって表出されるという構造をもつがゆえに，親や家族という重要な対象を，子ども自らが現実でも心の中でもひどく傷つけてしまう可能性があるからである。大切な対象を傷つけたことは，加害者の子どもにとって，受け入れがたい事実となり，どうしても意識化したくない出来事となって，無意識の中に押し込められる。2 つ目は，暴力という形で行動化され，内的世界と切り離されているため，暴力について話題にしても，クライエントの内省が深まりにくく，

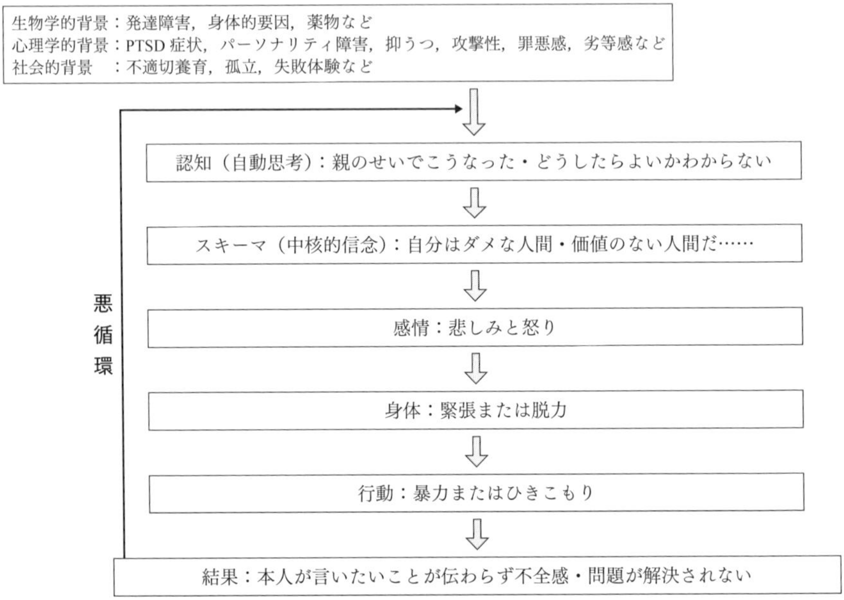

図 15-3　家庭内暴力におけるケースフォーミュレーション

出所）高岡［2018］。

気の進まないことを話さなければならない苦痛だけが強く意識されるからである。結果，心理面接からのドロップアウトが起きやすくなる。森・岩垂［2022］は，暴力行為の抑止など治療的な制限設定は不可欠であるが，心理面接が成長促進的な治療空間となるためには，面接者が，自らの逆転移（→第 13 章）を詳細に吟味すること，クライエントの家庭内暴力の背景にある分裂機制（スプリッティング：たとえば心の中の葛藤が暴力という形で表現されてしまい，葛藤と暴力行為が本人の中で結びつかないこと）や早期の心的世界（重要な対象との早期二者関係のあり方）に目を向けることが肝要であるとしている。

2）配偶者間暴力（DV）

DV が社会的に注目を集めるようになったのはごく最近のことである。1990 年代ごろから男女平等参画が推進されると同時に，DV などの被害を避けるため民間のシェルターが大きな役割を果たしていることが知られるようになった。また，それまで DV は家庭内の問題とされ，警察も民事不介入の原則から強制力を行使しなかったが，DV による痛ましい事件が後を絶たず，対応が後手に回っていたことへの批判も根強かった。このような社会情勢が後押しとなり，2001（平成 13）年，「配偶者からの暴力の防止及び被害者の保護等に関する法律（DV 防止法）」が制定され，以前よりは迅速に，DV 被害者と家族に最低限の安心と安全が保障されるようになった。現行の DV 防止法は 2013（平成 25）年に改正されたもので，婚姻中（事実婚も含む）の夫婦だけでなく，離婚後の元配偶者や同棲中の恋人からの身体的暴力，および生命や身体に対する脅迫行為に対しても，保護命令（裁判所によって出される被害者への接近などを禁止する命令）が出せるようになっている。また政府は，保護命令の対象や期間を今後さらに拡充する方針を明らかにしている。

DV 被害者の心理と支援　DV 被害者は，パートナーから身体的・精神的暴力をふるわれ続けることで，恐怖心や無力感，自尊心の低下などにさいなまれ，心身ともに追い詰められていく。時折，「そのようなひどいことをするパートナーとなぜ一緒にいるのか，なぜ逃げないのか」といった疑問が呈されるが，加害者が図 15-4 のような暴力の周期を繰り返すことで，被害者を心身ともに支配している場合もあり，被害者が自分の力で主体的に状況を変えることは不可能である。特に家庭は，情緒的な結びつきを基盤とした，ケアしケアされる関係性で成り立つがゆえに，退行現象としての暴力を起こりやすくさせる。被害者の中には，加害者と共依存関係にあり，「(加害者を）支えられるのは自分しかいない」などと考えて，DV 関係から抜け出せない人たちがいることに留意しておきたい。DV は，本来対等なはずの人間関係が，支配－被支配の関係性へと置き換わる中で発生する。実際，DV 被害者には，力の強そうな男性や，周囲から一目置かれるような社会的地位のある女性なども含まれる。家庭という濃密な人間関係の中に，被害者と加害者がいるといういびつな構造が形成されれば，誰でも DV 被害者になる可能性があると考えたほうがよいだろう。

被害者への心理支援は，傷つきからの回復と，日常生活を立て直すことが主眼となる。そのためには，心理・福祉・法律・医療といった多職種の専門家の

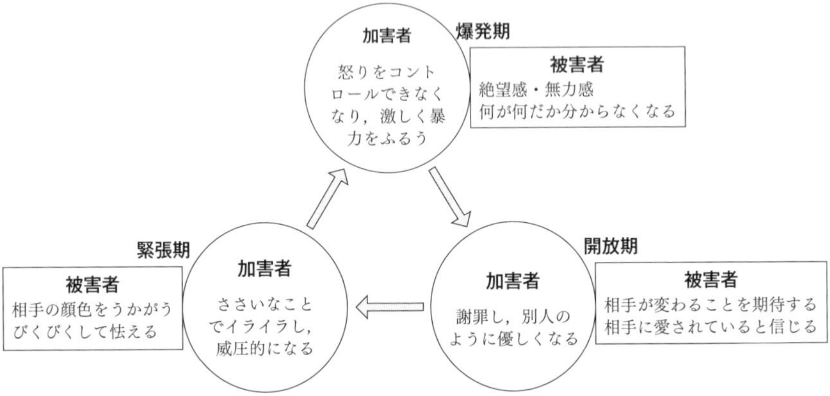

図 15-4　暴力の周期

出所）ウォーカー［1997］をもとに作成。

連携が欠かせない。暴力にさらされる期間が長くなるほど心身のダメージは大きくなる。また，激しい夫婦喧嘩や DV の現場を，直接的・間接的に子どもが見聞きしていたのだとしたら，それは面前 DV であり，児童虐待である。そうなれば，子どもへの支援も考えねばならない。DV 問題は，当事者だけでなくその家族をも含めた包括的で地道な支援が不可欠なのである。

DV 加害者の心理と支援　加害者にあっては，自分が暴力をふるっていることを問題ととらえ，行動を変えたいという相談意欲のある相談者はまれである（藤元［2020］）。特に，DV 加害者は，暴力行為を過小評価していたり，「みんなやっていること」「自分を怒らせる相手が悪い」などと考えていたりすることも珍しくない。そのため，行動やものの見方を変容させねばならないのは自分であるという問題意識を共有すること自体が難しいことも多い。

昨今は，DV 加害者を対象としたグループワークや心理支援を行う専門機関も増えている。加害者の更生への取り組みは，暴力を用いるとどのような結果になるのかについて彼らが理解するのを手助けする対話を積み重ねることと言われている（中村［2020］）。

3）デート DV

恋人など親密な関係にある（あった）者からの暴力や暴言は，デート DV という。デート DV は，被害者に身体的な傷を負わせるだけでなく，睡眠障害や希死念慮，うつ傾向のリスクを高めるといわれる。現行法の下では，デート DV は加害者と同棲していない場合は DV 防止法の適用にはならないが，内容によっては刑法やストーカー規制法などが適用される場合もある。現在，デート DV への適用を視野に入れ，DV 防止法を改正しようという動きもあり，今後の動向を注視したい。

おわりに

「子どもは社会を映す鏡である」という。子どもは良くも悪くも大人の作り上げた社会の影響を受けやすく，表出される問題行動は，よくよく観察すると，社会のひずみを映し出していることが多いというのだ。確かに今，世界規模で問題になっている子どものゲーム障害も，もともとは大人が，刺激的で魅惑的なゲームを作り，子どもに与えたものである。そして，ゲームがより精巧になり，現実と非現実の境界があいまいになり，没入すると抜けられなくなっていく裏側には，経済活動を優先する大人の意図が透けてみえる。子どもの問題は，子どものことだけを見て対処しようとしてもうまくいかない。その背後に潜む大人の問題も合わせて考えねばならないのである。

本章で取り上げた非行・いじめ・家庭内暴力は，被害者を苦しめるだけでなく，加害者自身，あるいは加害者家族全員の人生をも狂わせる可能性がある。たとえば，犯罪者の家族は，突然のマスコミなどへの対応に加え，プライバシーに関する情報を SNS 上にさらされたり，地域社会から排斥されて引っ越しを余儀なくされたり，失業・再就職困難から経済的困窮に陥ったりなど，事件後に長期間多くの困難に直面する。加害者家族は，被害者でもある。彼らへの配慮と心理的・社会的支援を忘れない社会になることを願ってやまない。

（河野荘子）

引用文献

ウォーカー，R. E.［1997］『バタードウーマン――虐待される妻たち』斎藤学・穂積由利子訳，金剛出版。
川谷大治［2001］『現代の思春期像と家庭内暴力――治療と援助の指針』金剛出版。
塩川宏郷［2015］「少年の「性非行」の検討――発達障害と小児期の逆境的体験（Adverse Childhood Experiences）の視点から」『小児の精神と神経』55(1)，17-24。
高岡昂太［2018］「子ども虐待から親に対する家庭内暴力へ」『臨床心理学』18(5)，537-541。
土井隆義［2020］「ネット社会の関係病理――つながり依存といじめ問題」『こころの科学』211，20-25。
中村正［2020］「男たちの「暴力神話」と脱暴力臨床論――家庭内暴力の加害者心理の理解をもとにして」『子どもの虐待とネグレクト』22(1)，50-56。
橋本和明［2004］『虐待と非行臨床』創元社。
藤川洋子・梅下節瑠・六浦祐樹［2002］「性非行にみるアスペルガー障害――家庭裁判所調査官の立場から」『児童青年精神医学とその近接領域』43(3)，280-289。
藤元早希［2020］「家庭内暴力の支援困難性に関する考察」『大阪府立大学大学院人間社会システム学研究科心理臨床センター紀要』13，15-27。
法務省矯正局［2022］『令和4年版犯罪白書』。
森一也・岩垂喜貴［2022］「家庭内暴力を呈した男児との面接――制限を設けることの意義」『精神療法』48(4)，523-530。
森田洋司・清永賢二［1986］『いじめ――教室の病い』金子書房。
文部科学省［2023］『令和4年度児童生徒の問題行動・不登校等生徒指導上の諸課題に関する調査結果』(https://www.mext.go.jp/content/20231004-mxt_jidou01-100002753_1.pdf　2023年12月20日閲覧)。

第 16 章

発達特性にそった育ちと学びを支える

世の中は平均的な能力をもつ人が生きやすいようなシステムで成り立っている。しかし誰もが平均的な発達や能力を示すわけではなく，能力の差（得意なこと，苦手なこと）は全ての人がもっている。また機能不全や遺伝疾患なども，多少の差はあれども全ての人がもっている。こうした平均的ではない特性をもっている場合，今の世の中では生きづらさにつながることが少なくない。現在では，法律にもとづき合理的配慮を行うなど，その人の特性にあわせた支援の提供が求められるようになってきている。その支援を考えるさい，心理学の果たす役割は小さくない。どのように困難さが生じるのかという機序を心理学の観点から説明したり（→第 12 章），どういった認知機能を補うことが支援につながるのかを検討したり（→第 13 章），その人自身や家族がその人らしく生きることの意味を支えたり，心理学が貢献できる領域は多岐にわたる。本章では，障害に対する考え方を概観するとともに，特に発達障害に焦点をあて，発達特性にそった育ちと学びについて論考する。

1　時代とともに変わる「障害」

障害は，英語では disability, disfunction, disorder, disturbance, handicap, impediment など，時代とともに違う意味やニュアンスをもつ言葉で捉えられてきた。日本語の「障害」も，多義的であいまいかつ未整理なまま使われてきている（滝川［2022］）が，その人がもっている（抱えている）特性が，社会との相互作用の結果，生きていくうえでの困難さにつながる場合，「障（差し障りがある）

＋害（その人にとって妨げとなる）」として捉えられる，とまとめることができる。一方，表記については議論があり，障“碍”の字が使われたり，市町村の条例レベルでは障“がい”と表記されたりしている。2021（令和3）年に改正された「障害を理由とする差別の解消の推進に関する法律（障害者差別解消法）」付帯決議には，どの漢字を使うのか，今後の議論が必要と記載されている。

それではより具体的に，障害とはどういったことを指すのだろうか？　たとえば，視力が悪い人は，メガネやコンタクトレンズがない時代には，視力障害として捉えられていただろう。また，江戸時代より前には，生きていくのにいわゆる「学力」は必要なく，読み・書き・計算ができないことは問題になりにくかった一方，多くの人が高等教育を受けている現代では，社会で自立して生きていくうえで大きな困難につながってくる。ただ，現代ではICT機器が浸透してきたことでその困難をある程度カバーして生活できるようになってきており，時代によって状況は異なる。つまりその人が生きている社会で何が求められ，その時代においてどういったサポートが可能なのかによって，社会で生きていくことの困難さは変わってくるのである。

1）障害の捉え方の変遷

かつて障害は，「ある」「なし」と二元的に認識されており，「障害がない」＝健常者として捉えられていた。しかし1980年，WHO（世界保健機関）は国際障害分類（International Classification of Impairment, Disabilities, and Handicaps : ICIDH）を提唱し，疾患が生活・人生に及ぼす影響を考慮した階層性を提示した（図16-1）。

その後，ICIDHが障害のプラスの面に言及していないという批判が起こり，2001年，WHOは国際生活機能分類（International Classification of Functioning, Disability and Health : ICF）を提唱した（図16-2）。ICFでは，障害をマイナス面とプラス面の相互作用モデルとして捉えている。たとえば車椅子の使用（環境因子）と本人の前向きな性格（個人因子）により，本人の活動の幅が広がり，社会参加の機会が増える。そのことが社会に発信されることで，意識の変容や社

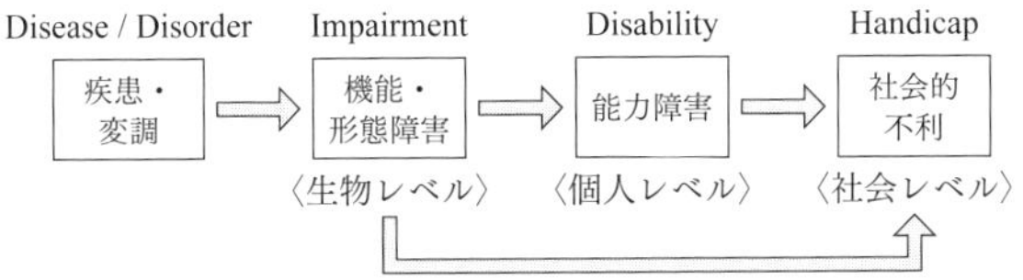

図 16-1　国際障害分類（1980 年）

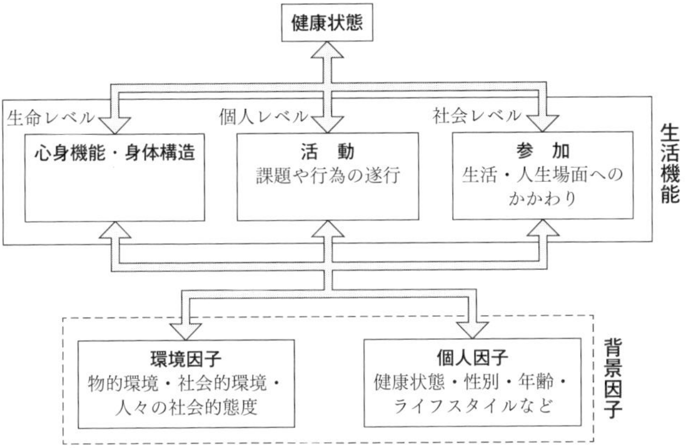

図 16-2　国際生活機能分類（2001 年）

会制度の改善など，環境が変化するといったポジティブな変化が呼び起こされる可能性もあり，ICF はそうした側面も含めて障害を捉えようとするものである（厚生労働省［2002］）。こうした障害に対する捉え方の変化は，国連において 2006 年に「障害者の権利に関する条約（障害者権利条約）」が採択されることにつながっていった。

日本においては，「心身障害者対策基本法」が 1993（平成 5）年に「障害者基本法」として改正され，法の目的が，障害者の自立とあらゆる分野の活動への参加の促進へと変更されることとなった。その後，国際的な情勢の変化を受けて，2004（平成 16）年の改正で障害者差別等の禁止，2011（平成 23）年の改正で「社会モデル」および「合理的配慮」の概念が取り入れられた。同年，「障害者虐待防止法」が成立し，障害者に対して，①身体的虐待，②放棄・放置，③心理的虐待，④性的虐待，⑤経済的虐待をすることが禁止され，2013

（平成 25）年には，「障害者差別解消法」および「地域社会における共生の実現に向けて新たな障害保健福祉施策を講ずるための関連法律の整備に関する法律（障害者総合支援法）」が成立した。この法律により，障害者の範囲の見直しや，地域における自立生活の支援の充実，障害児支援の強化が行われた。こうした法律や体制の整備が進んだことで，日本は 2014 年に世界で 140 番目の障害者権利条約の批准国となった。一方，2022 年には条約について国連の権利委員会から日本政府へ勧告（総括所見）が出されており，分離教育の中止，精神科への強制入院を可能にしている法律の廃止などが求められるなど，課題が山積しているのが現状である。

2）日本の法律における位置づけ

障害者基本法において，障害者は「身体障害，知的障害又は精神障害があるため，継続的に日常生活又は社会生活に相当な制限を受ける者」と定義されている。発達障害は，「発達障害者支援法」第 2 条において，自閉症，アスペルガー症候群その他の広汎性発達障害，学習障害，注意欠陥多動性障害，その他これに類する脳機能の障害であって，その症状が通常低年齢で発現するものとされ，2011 年の障害者基本法改正で障害のひとつとして位置づけられた。発達障害の有病率の正式な統計値はないが，2022 年に文部科学省で行われた，通常学級に在籍する発達障害の可能性のある児童生徒の調査では，学習面または行動面で著しい困難を示す生徒は 8.8％にのぼると報告されている。なお，難病も 2013 年に施行された障害者総合支援法により障害の範囲に追加された。

2　発達特性の理解と支援

障害の中でも，さまざまな領域で心理的支援の対象となることが多いのは，発達障害である。障害の中では比較的新しい概念であり，また今も現在進行形でその捉え方が変わってきている。発達障害（developmental disabilities）という用語は，1963 年にアメリカの法律用語として誕生し，日本においては 2004 年に制定された発達障害者支援法により定義された。発達障害者支援法における

「発達障害」とは，行政的な定義であり，個別の障害の診断名や特性を示すものではない。一方，世界中で診断基準として用いられている，米国精神医学会が編集している精神疾患の診断・統計マニュアル（Diagnostic and Statistical Manual of Mental Disorders : DSM）第 5 版（日本語版は APA［2014］）や，2019 年に承認された，WHO による国際疾病分類改訂第 11 版（International Statistical Classification of Disease and Related Health Problems : ICD-11）では，神経発達症（neurodevelopmental disorder）と位置づけられ，発達障害という言葉は用いられなくなってきている。本節では，発達障害の捉え方の変遷とともに，それぞれの困難さの背景にあるものを検討していく。

1 ）発達障害の歴史

知的に明らかな遅れがないものの，何らかの困難さを生じている子どもたちの存在は昔から知られていた。1960 年代に入り，微細脳機能障害（Minimal Brain Damage : MBD）という概念が提唱され，軽度から重度にわたる種々の学習の障害，あるいは行動上の問題をもつ子どもたちについて議論が起こった。一方，臨床像が曖昧で，明確な根拠なく使われるようになったため，カークは，心理教育学の領域から治療教育を前提とした学習障害（Learning Disability : LD）の用語を提唱し，読み・書き・計算といった中核的な学習障害の症状を示す子どもたちにも光があたるようになっていった。

また対人関係に特徴的な困難さを有する自閉症は，1940 年代前半にカナーによって初めて報告された。同時期にアスペルガーが，知的に高いタイプの症例を報告したが，1994 年になって DSM-Ⅳ（APA［1994］）にアスペルガー障害が登場し，これらの上位概念として広汎性発達障害（Pervasive Developmental Disorders : PDD）の呼称が用いられるようになった。この DSM-Ⅳの登場により，それまで自閉傾向と言われていた子どもたちが，広汎性発達障害というより広い概念で捉えられ，診断を受けるようになっていった。一方，その後の研究により，幼少期に言葉の遅れがあったものの，成長につれて知的な遅れが目立たなくなった自閉症と，言葉の遅れがないとされたアスペルガー障害との間で，成人後に抱える困難さや，もともともっている特性に大きな差がないことなど

表 16-1　DSM-5 による神経発達症の捉え方

知的能力障害群
全般的な発達遅滞や，知的能力の遅れ。
コミュニケーション症群
言語障害・吃音や語用論的なコミュニケーション障害が含まれる。
限局性学習症（Specific Learning Disorder : SLD）
読字・書字表出・算数の学習や学業的技能の使用に困難さがある。
注意欠如多動症（Attention-Deficit / Hyperactivity Disorder : ADHD）
「不注意」「多動性および衝動性」が持続し，機能または発達の妨げとなっている。
自閉スペクトラム症（Autism Spectrum Disorder : ASD）
「社会的コミュニケーション及び対人的相互反応」および「行動・興味，または活動の限定された反復的な様式」2 つの領域での困難さが認められる。
運動症群（Motor Disorders）
「不器用さ（ものを落とす，ものにぶつかる）」や「運動技能（ハサミを使う，書字，自転車に乗るなど）」の遂行における遅さと不正確さがある発達性運動協調障害（Developmental Coordination Disorder : DCD）やチック症が含まれる。

が明らかになっていった。そのため，子どもたちの状態像と支援のあり方を考えていった結果，2013 年の DSM-5 の改訂（表 16-1）により，アスペルガー障害や上位分類として用いられていた広汎性発達障害の呼称が廃止され，自閉症スペクトラム障害（Autism Spectrum Disorder : ASD）というひとつの診断名に統合されることになった。また学習障害は限局性学習症（Specific Learning Disorder : SLD）へ，注意欠陥多動性障害は注意欠如多動症（Attention-Deficit / Hyperactivity Disorder : ADHD）へと用語が変更となり，診断基準も改変がされてきている。これらの歴史は，研究が進んでいくことで，障害の捉え方や診断基準が変わってくる可能性があることを示している。私たちが支援を考えるうえで大事なことは，診断名はその時点の最新の研究で明らかになった共通理解の基盤であって，絶対的なものではないということであり，診断の有無にかかわらず，子ども一人ひとりの特性にあった支援・かかわりを行っていくことが何より大事になる。

現在では，障害の有無，あるいは定型発達と非定型発達といったような，二

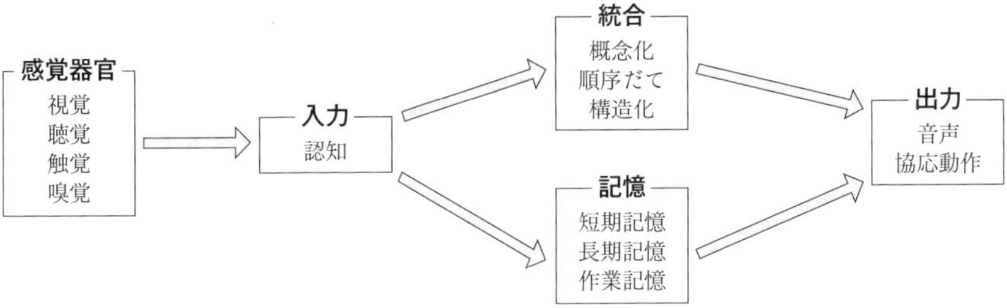

図 16-3　情報処理のプロセス

元的な考え方で捉えることはなく，一般の人ももっているさまざまな特性（神経多様性，Singer［1999］）が，環境の要求するものとの不適合から二次障害をきたし，それにより不適応や精神症状を示している人に診断をするという流れに変わってきている。個人の特性と環境要因がどのように組み合わさって行動特性が生み出されるのかに着目することで，人の活動と環境との相互作用の中で，最適な状態に向け調整を続ける全体的なシステムとして障害を捉えられるようになっている。

では，どのような特性をもって生まれた人が，どのような環境の中で，どのような体験を経て，何を身につけていくのだろうか（→第 1 章・第 5 章）。またその人のもっている特性が，障害につながらないような支援のあり方や社会のあり方はどういったものなのだろうか。

2）学習とは――限局性学習症の子どもたち

支援が必要な子どもたちの研究が行われていくなかで，私たちの学習のプロセスも明らかになってきた。また，認知心理学の発展により，私たちがさまざまな情報を取り入れ，理解し，それを表出するために，多様な脳の機能が関与し，一連の情報処理のプロセスが影響していることが明らかになってきた（→第 3 章）。それを簡単に図示したのが図 16-3 である。目が見える，耳が聞こえるというのは，感覚器官で刺激を受け取ることができるということであり，その刺激を頭の中でどう受けとめるか（認知するのか）はまた別の次元の問題となってくる。また頭の中に浮かんだイメージを正確に出力できるかどうかも，それらとは異なる機能となる。

学習の問題について，書きの問題を例に考えてみよう。「書けない」という事象は同じであったとしても，目で見てそれを認識する視覚認知の次元に問題を抱えている場合，音刺激をとらえる音韻処理の問題を抱えている場合，覚えられなかったり定着しにくかったりするという記憶の問題がある場合，そして目と手の協応がうまくいかない場合とでは，アプローチの仕方が異なる。たとえば視覚認知に困難さを抱えている場合，文字を構成する部分の位置関係や大きさを把握したり，部分と部分（たとえば「へん」と「つくり」）を組み合わせてひとつの文字に構成したりすることが難しいことが，その要因となっているかもしれない。手と目などを同時に使う運動である協調運動がうまくいかない場合，書くのに時間がかかってしまったり，枠内に収まらずバランスが悪くなってしまったりということもあるだろう。つまり，書けないという結果は同じでも，その原因が異なる場合，支援のあり方も別々に考える必要があるのである。

そうした困難さを抱えている場合，単に練習を重ねればうまくなる，できるようになるというものではない。英語圏では読み・書き障害が多いと言われているが，それは，日本語よりもbとd，pとqといった反転文字が多いことや，発音と表記が一致しないことなどが影響していると指摘されている。学習障害を抱えていても社会で活躍をしている人は多く存在しており，iPadといったタブレットやパソコンを使ったり，音声認識機能を補助教材として使うことで書きを補ったりするなど，ICT機器の発展によりその困難さをカバーできるようになってきた。法的にも合理的配慮が義務づけられる中で，特別支援教育でのICT教材の活用が推奨されている。基本的な読み・書き・計算をできるようになることは，その人がよりよく生きるうえでの大事なスキルとなってくるが，読み書きができないことで，他の教科の取り組みや，それ以外の能力を引き出すことが阻害されることはあってはならない。どういった合理的配慮ができるのかということは，内閣府からも手引きが出されているので参考にしてほしい（内閣府［2017］）。

3）落ち着きのなさや集中の難しさはどこからくるのか――注意欠如多動症の子どもたち

私たちは，何かに集中しているときは，それ以外の情報を遮断し集中しやすくするというフィルター機能をもっている。夢中になっているものに取り組んでいるときに，声をかけられても気がつかないということは誰もが経験していることではないだろうか。授業中であれば，先生の話を聞いているときは，耳に入っているはずの運動場での声や，道路の車の行き交う音，空調の機械音などが気にならないことが少なくない。注意を向けて意識化すれば，音として認識をすることができるが，それ以外のときは，自分にとっては必要ではない刺激としてシャットアウトしているといえる。この機能がうまく働かないと，注意集中の難しさにつながったり，手元の作業とは無関係の刺激につられて衝動的に動いてしまったりする可能性がある。注意集中や，多動・衝動性の問題は，選択的注意や実行機能，記憶（ワーキングメモリ）といった認知処理の困難さがあることが指摘されるようになってきている。また過集中あるいは覚醒水準の低下で，集中し続けることができないために，最後まで取り組めないといったことも起こってくる。

こうした困難さの背景には，神経伝達物質であるドーパミンおよびノルアドレナリンの不足あるいは調節異常があるのではないかと指摘されている。小さい頃から，落ち着きがなかったり，危ないことを平気でしたり，忘れ物が多かったり，ミスが多かったりすると，叱られる体験が多くなる，あるいは集中ができないために勉強が身についていかないといった，二次的な困難を引き起こすことがある。青年期になって行為障害や適応上の問題を示すこともあるとされ，そうした二次障害を防ぐ対応が必要となってくる。集中しやすいように刺激を制限する，座る位置を工夫するといった環境調整や，薬物療法（メチルフェニデート〈商品名：コンサータ〉，アトモキセチン〈商品名：ストラテラ〉，グアンファシン〈商品名：インチュニブ〉など）が行われる。落ち着きのなさは年齢が小さい頃は目立ちやすく，体調の安定や加齢とともに低減し，思春期頃までに運動性多動の症状は改善していく一方で，不安や気分の変調などを合併することもあるため，長期にわたって経過のフォローをしていくことが必要とされる。

子どもの落ち着きのなさや衝動性のコントロールの悪さは，育児の困難感を強くし，虐待リスクを高めやすいとも言われている。他方，注意をしなければならないのが愛着障害（養育者との愛着が安定して形成されておらず，情緒や対人関係に問題が生じている障害のこと）との鑑別である。虐待を受けた子どもの場合，過覚醒状態となりやすく，不快な状態を落ち着けてもらえるという体験も少ないことがある。その結果，自己コントロールの発達を阻害されたり，脳機能の発達自体も影響を受けたりするために，不注意や衝動性が認められることも起こってくる。ただし対人距離のとり方が異なるなど，丁寧に生育歴を確認することで鑑別は可能であり，その子どもの状況にあった対応を検討していくことが求められる。

こうした特性をもつ人は，エネルギッシュで，後先をあまり考えずに動くけれど幅広くチャレンジすることができるという側面ももっており，社会で多角的に活躍する人物の中に多く存在している。小さい頃から，個人の特性を理解し対応してくれる人が周囲にいるかどうかが，予後にも大きく関連していくため，親と一緒に子どもの特性を早期に理解し，子どもにあった対応を考えていくという支援が求められる。

4）社会性の発達の難しさはどこからくるのか——自閉スペクトラム症の子どもたち

私たちは，周りの人とコミュニケーションをとるとき，言語（what to speak）と非言語（how to speak）の情報を手がかりにしている。What は，言葉そのものがもつ意味であり，how はどのような状況においていかなる意図をもって話したのかであり，表情，声のトーン，言い回しなどが含まれている。また行動についても同様である。私たちは，どういった行動をしていたかだけではなく，その行動をした相手の意図を推察しながら理解をし，相手とのコミュニケーションをとっていく。それではそういった能力はどう発達していくのだろうか。

私たちは生まれた時点では言葉も相手の意図も理解できているわけではない。自分の状態を推察しながら周囲にかかわってもらい，その状態を意味づけてもらうことで把握をしていく。相手とのかかわりの積み重ねの中で，自分が感じるものは相手も感じているらしい，自分が興味をもつものは相手も興味をもつらしい，自分のこの感じはこういう風に捉えられるらしい，といったことを把握していくのである。そして，信頼できる相手とのかかわりの中で，落ち着いていけること，自分がどうしていいかわからないときに，相手が導いてくれるということを体感していく。

一方，自閉スペクトラム症（以下，ASD）の69〜90％が感覚の問題を抱えていることが分かってきている。光や音への過敏さや，痛みに対する鈍感さなど，その程度などは人によってさまざまである。ASD当事者であるガーランドは，その著書の中で，「どうも同じように感じていないらしい」「音量は相当あるのに聞こえない音がある。たぶん耳の中のどこかでこぼれて，中まで届かないのだろう」と表現している（ガーランド［2000］）。また，ウィリアムズは，「人からあまり近寄られるのは好きではない。触れられるなどは論外だ」「きれいだなぁと思うものや，触って気持ちのいいものや，自分のフィーリングにぴったりくるものだけを食べた」と感覚の違いを表現している（ウィリアムズ［2000］）。つまり，多くの人たちとは違う体験世界をもっているがために，なかなか周囲に理解されにくく，その体験世界を共有しにくいこと自体が社会性の発達を阻害している可能性があるのである。

またASDの特性のひとつに，限定した興味関心や常同的な行動がある。いわゆる「こだわり」と言われるものだが，その背景には，上述した選択的注意や，関連した入力操作の過程の困難さがあるとされている。ASDにおいては，視覚的な理解が優先されることが知られており，写真のような記憶の処理の仕方をする人も存在する。たとえば私たちが人の話を聞いているときに，話している人の手元のペットボトルの位置が変わろうが変わるまいが，人の話を聞くということにはかかわらない些末なこととして，その事実を意識していないことが多い。しかし，ASDの特性をもっている人は，こうした違いの存在に注意を向け，違う場面と受け止めることで，混乱を生じてしまうこともありうるのである。視覚的な情報が優先されやすいこと，また多くの情報の中で何が重要であるのかということが把握しにくいこと，理解できたとしても入ってくる情報のコントロールがしにくいことなど，さまざまな情報の受け取り方の違いから，変化に対応することに困難さを抱えており，それがこだわりを強く呈する要因のひとつといえるだろう。たとえば私たちも，ジャングルのような場所に迷い込んだ場合，鳥や動物など生き物の鳴き声，風のざわめき，川の流れる音，光のきらめきなどさまざまな刺激に混乱し，指で数を数えたり，同じところをぐるぐる歩き回ってみたり，同じ行動を繰り返すことで安定を取り戻そうとするのではないだろうか。ASD 児者は同様に過剰な情報にさらされ，何を手がかりにすればいいのかが分からない状況に置かれていると考えると理解しやすいかもしれない。そうした混乱の状態にあるとき，私たちが誰か信頼できる人との関係を築くことができれば，その人を安全基地・情報基地として落ち着いていくことができる（→第 5 章）。同様に，ASD 児者にとっても，誰か特定の人と関係を築いていくことは重要な基盤となっていく。

また ASD 児者はその場にある素材（実際に確認できること）からそこに表れていない事態を推理するのが困難で，非言語的なメッセージの理解や，行動にあらわれたその背景にある意図の読み取りに困難を抱えていると言われている。こうした困難は，これまで「心の理論」（→第 1 章）との関連が指摘されてきた。心の理論は，他者の心理的な状態（欲求・意図・信念）を把握する認知を指す。通常であれば 3〜5 歳の子どもが通過すると言われているが，ASD 児の場合は 10 歳ごろに通過すると言われ，その理解の仕方も他の多くの子どもたちとは違うことが明らかになってきている（別府・野村［2005］）。心の理論については現在さまざまな議論があり，それだけでは ASD の困難さを説明できないとされており，ASD 児は生来的に社会的刺激に対する注意を向けにくいことも分かってきている。また，自分の感情の把握も難しく，嬉しい，嫌だ，怒っている，不安だということがつかみにくいとされ，結果的に幼少期には，感情のコントロールを苦手とし，友達とのトラブルが多くなりがちである。それは，通常であれば，感情体験を他者と共有することで理解を深めていくプロセスが，ASD の特性ゆえに阻害されていることも一因となっているだろう。小学校高学年になってきて落ち着いてくることが少なくない一方で，対人関係の難しさが成人になっても持続し，不安や抑うつを呈しやすいことや，強迫性障害の併発率が高いことも指摘されている。早期支援を受け，継続的にその特性に合わせた対応をしてもらっている場合は，青年期以降の適応がよいことも報告されており，より早期から本人の特性にあった対応を保障することが何よりも重要となってくる（うつ病や強迫症などについて→第 15 章)。

ASD の特性をもっている人は，新しいことが苦手な一方で，ひとつのことにじっくり集中して取り組むことができるほか，一度ルールが入ってしまえば丁寧にまじめに取り組み，自分の関心のあることをとことん突き詰めることができるという強みをもっている。こうした特性をもちながら，ある特定の領域で才能を発揮している人は少なくない。他方，親が育児の困難さを感じたり，メンタルヘルスの問題を抱えたりしやすいとされており，繰り返し指摘するように，より早期からの支援が求められる。

3　子どもの育ちを支える場

障害の有無にかかわらず，子どもは周囲の人とのかかわりの中で育っていく(→第 7 章)。自分の特性を理解してもらい，自分に合った対応をしてもらう体験を積み重ねることが，自立した大人へと成長していくために必要な土台となる。その一方で，多くの人たちにとって当たり前なことを同様にできないために，叱られやすかったり，周囲から認められにくかったりなどするため，結果として不安になりやすくなるほか，パニック，こだわり，回避行動といった行動が生じやすい。周りからすると困った行動であったとしても，本人たちからしてみれば，周囲状況に自分なりに対処しようとしている結果であるといえるだろう。

1）就学前の支援

日本では，保健センターで乳幼児健診事業が行われ，早い段階で子どもの発達や子育てについて専門的な支援につなげていくような体制が整えられてきている。就学前の児童には地域の発達支援センターでの療育や，保育園での統合保育・幼稚園での特別支援教育などが行われている。その他，TEACCH（Treatment and Education of Autistic and related Communication-handicapped CHildren），応用行動分析（ABA）やペアレントトレーニングなど，いくつかの支援方法が取り入

◆トピックス

発達障害への早期支援

自閉スペクトラム症や注意欠如多動症，学習障害などの発達障害の子どもたちの早期発見や早期支援への関心が高まっている。発達障害に対しては，早期に発達特性に合わせたかかわりを行うことで子どもの可能性が広がるとともに，二次的な問題の予防にもつながるとされている。日本では，2004（平成16）年に制定された発達障害者支援法において，国と地方公共団体に対し，発達障害の早期発見と早期療育，教育や就労，地域生活における支援を行うための措置を講じることが定められた。また，2016（平成28）年の改正では，発達障害の症状がみられたときからできるだけ早期に発達支援を行うとともに，切れ目なく支援を行うことが重要であると明記されており，行政主導の下で発達障害の子どもへの早期発見・早期支援を行うことが求められている。

近年特に注目を集めているのが，インクルージョンの概念である。これは，1994年に採択された「特別なニーズ教育に関する原則，政策，実践に関するサラマンカ宣言」において提唱されたものであり，障害の有無や地域情勢，経済状況といった特別な教育的ニーズにかかわらず，すべての子どもがニーズに応じた援助を保障されたうえで教育を受けられることを求めるものである。その後，2006年に国連で採択された障害者権利条約において，障害のある子どもに対してインクルーシブな教育制度および生涯学習の確保や，障害児・者への地域社会への参加・包容の促進が定められ，インクルージョンの概念が広まることとなった。

日本においても，インクルージョンの概念にもとづいた支援が求められている。もともと障害児施設は障害種別に分かれていたが，2012（平成24）年の児童福祉法の改正により，身近な地域で支援を受けられるようになることを目的に，通所による支援が「障害児通所支援」，入所による支援が「障害児入所支援」に一元化された。障害児通所支援のうち，集団療育および個別療育を行う必要があると認められる未就学の子どもを対象として行われるのが，児童発達支援である。これは，日常生活の基本的な動作の指導や知識技能の付与，集団生活への適応訓練，その他必要な支援などを身近な地域で行うことを目的とした通所支援であり，児童発達支援センターと児童発達支援事業所がその役割を担っている。2017年に策定された児童発達支援ガイドラインでは，提供すべき支援

れられるようになってきている。特にASD児を対象とした早期支援については，エビデンスにもとづいた介入が確立されてきている（→トピックス）。

2）特別支援教育

日本では，障害の有無に応じて支援が提供されていたが，2007年の学校教

として「発達支援」,「家族支援」,「地域支援」が挙げられている。そのうち「発達支援」は,「健康・生活」,「運動・感覚」,「認知・行動」,「言語・コミュニケーション」,「人間関係・社会性」の5領域において,将来,日常生活や社会生活を円滑に営めるようにすることを大きな目標として支援する「本人支援」と,障害の有無にかかわらず,すべての子どもがともに成長できるよう,可能な限り地域の保育,教育等の支援を受けられるようにし,かつ同年代の子どもとの仲間づくりを図っていく「移行支援」に分けられている（厚生労働省［2017］)。いずれにおいても,子どもが身近な地域で支援を受けられることを目的としている。

また,インクルージョンの推進に向けた取り組みとして,これまで障害のある子どもの発達支援が施設または事業所という特別な場所で提供されていたことをふまえ,保育所等を訪問し,障害のある子どもに対して,他児との集団生活への適応のための専門的な支援を行う保育所等訪問支援が行われている。これまでも,障害のある子どもと他児を同じ場所で保育する統合保育が行われてきた。特に,周囲とのコミュニケーションに苦手さをもちやすい発達障害のある子どもにとって,発達早期から保育の場で他児と関係性を築き,社会性を身につけていくことは重要であると考えられる。その一方で,ただ他児と一緒に過ごすダンピング状態になる可能性もあり,障害のある子どもに対しての適切な支援は必須である。また,保育者との関係が構築され安定化していくにつれ,子ども同士のかかわりが増加していくことも示されており（横山・永田［2020］),保育者との関係形成も重要であると考えられる。保育所等訪問支援によって,子どもへの直接支援と保育者への間接支援が行われることにより,障害のある子どものみが注目されるのではなく,多様な子どもたちが集団の中でともに育ちあえるようなインクルーシブ保育の実践が進むことが期待される。子どもたちが身近な地域で早期から必要な支援を受けながら,他者とともに育ちあえるようなインクルーシブな社会の実現のために,さまざまな機関の連携や支援体制の確立が求められている。（横山佳奈）

引用文献

厚生労働省［2017］『児童発達支援ガイドライン』。

横山佳奈・永田雅子［2020］「統合保育における ASD 児の対人関係の広がりと行動の変化についての検討　第1報」『小児の精神と神経』60(1), 59-66。

育法改正により特別支援教育が正式に実施されるようになった。特別支援教育は,「障害のある幼児児童生徒の自立や社会参加に向けた主体的な取組を支援するという視点に立ち,幼児児童生徒一人一人の教育的ニーズを把握し,その持てる力を高め,生活や学習上の困難を改善又は克服するため,適切な指導及び必要な支援を行うもの」とされ,医師による診断の有無にかかわらず,教育的ニーズがあると判断される場合には支援対象となり，個別支援計画や個別指導計画を作成することになっている。地域の小中学校には特別支援学級が配置され，障害の状態などに応じた特別な指導を行う通級制度の対象に発達障害が加わり，その活用が推進されている。

また高等学校や大学などの高等教育機関においても合理的配慮の提供が義務化された。しかしその一方で，本人の意思表明を基本としているため，自分から発信をしないと配慮をしてもらいにくいなどの課題がある。成長してから発達障害の特性をもっていることが判明する場合もあり，そうした人たちを含めて，学校教育を出たあと，その人らしく自立して生きていけるように支援をしていくことが求められている。

3）就労支援——社会の一員として働くこと

障害を抱えた人が成人し，社会人として働く場合，一般就労と福祉的就労の枠組みがある。通常の企業などに就職をする一般就労は，従業員数によって法定雇用率が定められている。「障害者雇用推進法」により，事業主に対し，常時雇用する従業員の一定割合（2022 年現在，民間企業の場合は 2.3 %）以上の障害者を雇うほか，合理的配慮を提供することも義務化された。

福祉的就労には就労継続支援事業と就労移行支援事業がある。就労継続支援事業は事業所との間に雇用契約があるＡ型と，雇用契約のないＢ型があり，就労移行支援事業では２年の利用期限の間に，一般就労に必要な知識や技能を身につけながら働けるような支援が行われる。また就労以降も，長く勤務するためには，周囲による特性の理解が不可欠であり，職業適応支援者（ジョブコーチ）制度なども整えられてきている。

おわりに——自分とうまく付き合って生きていくために

令和に入ってからも「医療的ケア児及びその家族に対する支援に関する法律」，「障害者による情報の取得および利用並びに意思疎通にかかわる施策の推進に関する法律」などが成立し，より細やかな支援を提供することが求められるようになってきた。まだ十分ではないものの，こうした社会制度が整っていくことは，障害の有無にかかわらずその人らしく生きていけるような，DEI（→第 10 章）を重視した社会へとつながっていく。しかし，その基盤となるのは，私たち一人ひとりが正確に目の前にいる人を理解していくことであることに変わりはない。

また本人が適応的に自立していくためには，自己理解が重要となる。自分はどういったことが苦手で，どういったことが得意で，どういった状況ではどうなりやすく，どうすれば落ち着きやすいのか，そして自分で困っていることが判断でき，周りに上手に SOS を出せるかどうかは，自分とうまく付き合っていくために大事なこととなる。そのためには，小さいころからさまざまな体験（うまくいかないこと）を，周りの力を借りて乗り越えていくということが一番の土台になっていく。いかなる人であってもよりよく生きることができるように，今できる支援を長期的な視点に立って行っていくことが必要であり，心理学ができる貢献は少なくない。　（永田雅子）

引用文献

APA［2014］『DSM-5　精神疾患の診断・統計マニュアル』髙橋三郎・大野裕監訳，医学書院。

ウィリアムズ，D.［2000］『自閉症だったわたしへ』河野万里子訳，新潮文庫。

ガーランド，G.［2000］『ずっと「普通」になりたかった。』ニキリンコ訳，花風社。

厚生労働省［2002］『「国際生活機能分類――国際障害分類改訂版」（日本語版）の厚生労働省ホームページ掲載について』（https://www.mhlw.go.jp/houdou/2002/08/h0805-1.html 2022 年 1 月 26 日閲覧）。

滝川一廣［2022］『子どものための精神医学』医学書院。

内閣府障害者施策担当［2017］『障害者差別解消法　合理的配慮の提供等事例集』（https://www8.cao.go.jp/shougai/suishin/jirei/pdf/gouriteki_jirei.pdf　2023 年 1 月 6 日閲覧）。

永田雅子・野村あすか編［2021］『心の専門家養成講座⑨　福祉心理臨床実践――「つながり」の中で「くらし」「いのち」を支える』ナカニシヤ出版。

日本発達心理学会編［2018］『自閉スペクトラムの発達科学』新曜社。

別府哲・野村佳代［2005］「高機能自閉症児は健常児と異なる「心の理論」をもつのか――「誤った信念」課題とその言語的理由付けにおける健常児との比較」『発達心理学研究』16(3)，257-264。

文部科学省初等中等教育局特別支援教育課［2022］『通常の学級に在籍する特別な教育的支援を必要とする児童生徒に関する調査結果について』（https://www.mext.go.jp/content/

20221208-mext-tokubetu01-000026255_01.pdf　2023 年 1 月 6 日閲覧）。
APA［1994］*Diagnostic and Statistical Manual of Mental Disorders, 4th Edition: DSM-IV.*
Singer, W.［1999］Neoronal Synchrony: A Versatile Code for the Definition of Relations, *Neuron24*（1), 49–65.

第 17 章

学校における心の危機と支援

災害や事件・事故に遭遇し，喪失体験や耐えがたい苦痛，そして死を身近なものとして経験した人々に対する支援の必要性が広く認知されるようになってきた。東日本大震災という大規模かつ広域の災害，火山の噴火，気候変動による豪雨被害，感染症の蔓延などの脅威は記憶に新しい。このことからも，誰もが突発的・偶発的にもたらされる危機的な出来事と無関係ではなく，日常生活の営みはそうした脅威とすぐ隣り合わせにあることが想像できるのではないだろうか。本章では，学校における心の危機と支援について理解を深めるため，学校における心の危機とは何か，どのような要因があるのか，さらに心の危機を理解する視点として，危機状況における個人およびコミュニティの反応，そして心の危機の担い手のひとりとしてスクールカウンセラーの役割について概説する。そして最後に，心の危機に関する心理学的支援法について，架空事例をふまえて説明する。本章全体を通して，学校における心の危機の理解と支援のあり方について包括的な視点を提供する。

1　心の危機とコミュニティ

1）危機とは

そもそも危機（crisis）とは，キャプラン（Caplan［1961］）により，「人生の重要な目標にむけての障害物に直面した際，これまで用いてきた問題解決方法では乗り越えられなくなったときに発生する。混乱の時期，つまり気が動転する時期が続いて起こり，その間にさまざまな解決を試みるけれども失敗に終わる」と定義されている。この定義にみられるように，危機とは，単に個人が遭遇する状況そのものを意味するのではなく，その状況をどのように捉えるか，そして対処方略やそのバリエーションをも含意する概念といえる。したがって，多くの人々が同じような危機状況を経験したとしても，各自がそれぞれ異なる固有の背景をもつがゆえに，その経験の影響や範囲は異なる。危機状態にある多くの人が呈する反応や関連する諸問題の一般化した理解と，その個人でしか経験しえない特異的・個別的な理解という両側面からの接近が必要となる。

2）個人とシステムの危機

危機に関する理論，そしてそれにもとづく危機介入にまつわる実践的な知見の蓄積が展開する一方，危機は個人のみに生じるものではなく，個人が位置づくコミュニティにももたらされることを見逃すべきではない。たとえ個人が危機的状況に陥ったとしても，個人を取り巻く環境であるコミュニティに保護的機能が働いていれば，所属するコミュニティの中で個人の危機的状況の収束が見込める。しかし，個人と個人が所属するコミュニティとの関連は不可分であるため，相互に連動してコミュニティにも危機的状況がもたらされることがある。このようなコミュニティにおける危機は，システムの危機（James & Gilliland［2017］）として，「外傷的な出来事が生じ，人々，組織，コミュニティがその出来事に圧倒されて，その出来事による身体的，心理的反応について効果的にコントロールが出来なくなった状態」と定義される。ここでいうシステムとは，家族，学校，職場から地域コミュニティ，都市や国家といったマクロなシステムまで幅広く包括し，危機以前に使用されていた対処方法や構成員を保護する機能などが平衡を失い，機能不全に陥った状態を意味する。個人とシステムの危機は車の両輪のように連動して働いているため，危機の質的な違いはあれど，これら２つの側面で危機を理解することが必要となる。

3）学校コミュニティの危機

とりわけ，学校というコミュニティは，児童生徒にとって心身や人格のすこやかな発達や成長の要となる。日常的な発達や成長の過程で生じる危機は，学校コミュニティのもつ保護機能や回復機能を駆使して解消・軽減が見込める。その前提には，教職員や友人とのかかわりを日課とする中で，安全や安心が保障された場として学校コミュニティが存在している，という条件がある。しかし，個人の危機と同様に，コミュニティが存続を脅かされるような出来事に遭遇し，本来有するはずの保護・回復機能を失い，従前の対処方略では問題解決ができなくなった場合がコミュニティの危機となる。窪田［2017a］は，このような学校コミュニティの危機を「構成員の多くを巻き込む突発的な出来事に遭遇することによって，学校コミュニティが混乱し本来の機能を発揮できない状態に陥ること」と定義している。さらに，学校コミュニティが機能不全に陥りやすい出来事として，児童生徒の自死や事件・事故に巻き込まれ，被害者もしくは加害者になること，教師の不祥事や突然の死，自然災害に襲われることなどがあり，このような出来事が生じると，児童生徒のみならず教職員においても，不安や動揺が生じ，冷静な判断ができなくなる。さらには保護者や地域にまで影響が及び，学校に対する原因追及や落ち度の指摘によって教職員が疲弊してしまうこともある。

4）分岐点としての危機

これまで危機がもたらすネガティブな側面について説明してきた。しかし，危機という言葉は機会という意味を持ち合わせているという考え方もあり，分岐点や転機，転換点といった概念を包含しているともいえる。よって，危機を経験した全ての人々が不適応や重篤な精神疾患に陥るわけではなく，それを機に個人やコミュニティ内外の強みや資源の発見，再認識が起こり，成長がもたらされることがある。たとえば，心的外傷をもたらすような出来事によって，これまでの価値観や人生観が揺さぶられ，変化するような主観的経験後に奮闘の過程を経て生じる心理的な成長である心的外傷後成長（Posttraumatic Growth : PTG）という概念が注目されるようになった（宅［2021］）。PTG は，トラウマをもたらすようなストレスフルな出来事との奮闘によって，主観的に価値観や人生観が揺さぶられる経験をともなうことが条件となる。ここでの成長は，単に危機を経験する前より成長した，という一次元的な観点から捉えられるものではなく，人間の行動や出来事の展望，自分自身に関する見方や考え方を規定する中核的信念が揺さぶられることによって生じる質的な変化を意味している。変化の軸は，他者との関係，新たな可能性，人間としての強さ，精神的変容，人生への感謝という5つが仮定されている（宅［2021］）。しかしながら，危機への支援という観点では，辛い体験を乗り越えることによる個人の成長を目的とするのではなく，危機の渦中にある人々のニーズに沿い，今まさに直面する問題や課題に取り組み，その状況から個人が脱することを第一の目的とすることが必要である。よって，成長は危機状況の軽減や解消に取り組んだ帰結としてもたらされるものであることに留意されたい。

2　心の危機を理解する視点

1）危機がもたらす心身の反応

危機に遭遇した個人にはさまざまな反応が生じる。窪田［2019］は，学校危機がもたらす児童生徒および教師の反応と学校生活への影響を以下のように指摘している。児童生徒においては，集中力・思考力の障害が学習意欲を低下させ，中長期的には学業成績に影響したり，不安や恐怖，種々の身体反応などの内在化問題から不登校に至ったりなどがありえ，いらだちや怒りといったネガティブ感情が他者に向けられることにより，種々の暴力や反社会的行動のような外在化問題として顕在化する場合もある。出来事の性質によっては，教師や大人への不信感が芽生えることもまれではない。構成員個人にみられるストレス反応を表17-1に示す。児童生徒をケアする役割を担う教師においても，身体上・心理上・行動上のさまざまなストレス反応を呈するとともに，焦りや自責を深め，心身ともに枯渇した状態に至る危険性も有している。さらに，窪田［2019］［2022b］は，個人に生じるストレス反応と相まって，学校コミュニティには，人間関係の対立，問題解決のシステムの機能不全，危機以前に潜在していた問題の顕在化，自責を抱える辛さからくる他者への非難や攻撃，責任転嫁などが生じることが少なくない点を指摘している。また，必要な情報が適切に伝わらなかったり，誤った情報が流布したりすることによる情報の混乱も生じ

表 17-1　構成員個人にみられるストレス反応

感情	ショック，無感動，恐怖，不安，悲しみ，怒り，無力感，自責感，不信感
身体	不安・恐怖にともなう身体症状，睡眠障害，食欲不振，胃腸症状，筋緊張による痛み，疲労感
認知	記憶・集中力の障害，思考力・決断力・判断力・問題解決能力の低下
行動	口数・活動レベルの低下，うっかりミス・嗜好品の増加，ゆとりをなくす，身だしなみ・依存行動の変化

出所）窪田［2022b］をもとに作成。

うる。個人とコミュニティの反応は互いに連動し，悪循環に陥る場合もある。

2）ストレス反応の保障

このように，危機に遭遇した個人やコミュニティにはさまざまな反応がみられるが，とりわけ危機の直後に生じる心身の反応，認知的・行動的な変化は，その出来事や状況を体験したことによって生じる一般的なストレス反応として理解できる。すなわち，こうした反応は，危機以前に個人やコミュニティが用いていた対処方法では解決・解消できない事態に直面したさいに生じる一過性の不均衡状態であり，誰もに起こりうるものである。換言すれば，危機という異常な環境や状況に対する個人の正常な反応であり，時間の経過とともに軽減・消失していく類いのものである。しかしながら，危機を経験する個人にはこれまで経験したことのない反応が起こるため，不安や戸惑い，混乱が生じ，解消しようと試みるもよい方法に進まないという空回りが起こり，自責感を強めてしまうこともある。したがって，危機に直面したさいに生じる反応を，個人の弱さや能力に起因するものとして捉えるのではなく，その状況における正当な表現として保障することが重要となる。このような個人が呈する一般的なストレス反応の保障の仕方は，一般化（ノーマライゼーション）や再枠付け（リフレーミング）と呼ばれている。

3）心的外傷後ストレス障害

一方，災害，事件・事故などにより，死を身近なものとして経験したり，見聞きしたりする心的外傷をもたらすような出来事に直接的もしくは間接的にさらされることによって，心的外傷後ストレス障害（Posttraumatic Stress Disorder : PTSD）になりうる（APA［2014］）。PTSDは，不意にその出来事に関連する否定的記憶が思い起こされる「侵入」，その出来事に関連する人や物，場所などを極力避けようとする，あるいは出来事と関連する記憶が想起不能となる「回避」，肯定的な気分や感情を感じることができず他者とのつながりが断たれた感覚である「感情と認知の否定的変化」，自他に対する過度な警戒や睡眠障害，集中困難といった過覚醒を主な特徴とする。主にこれらの症状が1か月以上続き，長期にわたり日常生活に支障をきたすほどに耐えがたい苦痛をともなって持続する場合，診断のひとつの基準となる。なお，これらの症状が，心的外傷をもたらす出来事に遭遇した直後から，社会生活機能の障害をともない3日〜1か月の期間持続する場合は急性ストレス障害（Acute Stress Disorder : ASD）に分類される。急性ストレス障害からPTSDに進展する場合や症状の持続時間はさまざまであり，特徴的な症状がすべて揃わず，その一部だけが認められることもまれではない。精神医学的な観点からの説明が強調される病態ではあるが，心的外傷となる出来事，サポート資源を含めた個人要因との関連から，多様な様相を呈するものである。参考として，精神疾患の診断・統計マニュアルであるDSM-5（APA［2014］）から抜粋した診断基準を表17-2に示す。サドックほか［2016］では，若年成人に最も有病率が高いことに加え，小児期の心的外傷，家族や同僚の支援体制が不十分であること，女性であること，直近のストレス要因になる生活上の変化など，いくつかの脆弱因子の存在が認められている。しかしながら，圧倒的な心的外傷をもたらす出来事に直面した時でさえも，ほとんどの人はPTSDにならないことも指摘されている。

4）緊急支援

危機によって個人とコミュニティにもたらされる反応に対し，介入・支援していくものが危機介入や危機支援となる。窪田［2017a］は，個人が危機に陥った場合に，その個人が適応できる水準まで機能回復を手助けする，いわば急性精神状態の只中にある個人が応急処置を包含する「危機介入」に対し，個

表 17-2　6 歳以上の子ども，青年，成人の PTSD の診断基準

A）実際にまたは危うく死ぬ，重症を負う，性的暴行を受ける出来事への曝露（ひとつ以上）： 1 トラウマ的な出来事を直接体験する 2 他人に起こったトラウマ的な出来事を直に目撃する 3 近親者や親しい友人に起こったトラウマ的な出来事を耳にする 注：家族や友人が実際に死んだ，危うく死にそうになった出来事の場合，暴力的なものや偶発的なものに限る 4 トラウマ的な出来事の強い不快感をいだく細部に，繰り返しまたは極端に曝露される 注：仕事に関連するものでない限り，電子媒体，テレビ，映像，写真によるものは含まれない
B）侵入症状（ひとつ以上）： 1 トラウマ的な出来事の反復的・不随意的・侵入的で苦痛な記憶 注：6 歳を超える子どもの場合，出来事に関連する遊びを繰り返すことがある 2 トラウマ的な出来事に関連する，反復的で苦痛な夢 3 出来事が再び起こっているように感じる，そのように行動する解離症状（例：フラッシュバック） 注：子どもの場合，トラウマに特異的な再演が遊びの中で起こることがある 4 トラウマ的な出来事の記憶が想起されるきっかけに曝された時の強烈で蔓延する心理的苦痛 5 トラウマ的な出来事の記憶を想起させるきっかけに対する顕著な生理学的反応
C）刺激の持続的回避（いずれかひとつ，もしくは両方）： 1 トラウマ的な出来事のことを思い出すような記憶，思考，感情の回避やその努力 2 トラウマ的な出来事のことを思い出すような人，場所，会話，行動，物，状況の回避やその努力
D）認知と気分の陰性の変化（2 つ以上）： 1 トラウマ的な出来事の重要な側面を想起不能 注：通常は解離性健忘によるものであり，頭部外傷やアルコール，薬物など他の要因によるものではない 2 自分自身や他者，世界に対する持続的で過剰に否定的な信念や予想 3 自分自身や他者への非難につながる，出来事の原因や結果について持続的でゆがんだ認識 4 持続的な陰性の感情状態（例：恐怖，戦慄，怒り，罪悪感，恥） 5 重要な活動への関心または参加の著しい減退 6 他者から孤立している，疎遠になっている感覚 7 陽性の情動を体験することが持続的にできないこと（例：幸福や満足，愛情）
E）覚醒度と反応性の著しい変化（2 つ以上）： 1 人や物に対する言語的または身体的な攻撃性で通常示される，いらだたしさと激しい怒り 2 無謀なまたは自己破壊的な行動 3 過度の警戒心 4 過剰な驚愕反応 5 集中困難 6 睡眠障害（例：入眠や睡眠維持の困難，または浅い眠り）
F）B〜D の症状の持続が 1 か月以上であること
G）B〜D の症状が臨床的に意味のある苦痛であること，社会生活機能が阻害されていること
H）B〜D の症状が物質，医学的疾患の生理的作用ではないこと

出所）APA［2014］をもとに作成。

人の反応だけでなく学校コミュニティにおけるさらなる傷つきや人間関係の対立，情報の混乱などによる二次的な被害をも対象にした支援として「緊急支援」という語を提案している。具体的に緊急支援とは，「急性ストレス反応への対応と二次被害の予防を組織的に行うものであり，学校コミュニティの機能を回復することへの後方支援活動」を指す。緊急支援の内容は以下3つにまとめられる。①情報の欠如または不足による不安や噂の蔓延を防ぐため，当事者や保護者の了解のうえで，出来事についてのできるだけ正確な情報を共有すること，②主に心理教育を通して，危機的な出来事を体験したさいのストレス反応と対処法についての情報提供を行うこと，③無理強いせず，出来事について，ありのままの気持ちや考えを表現する機会を保障すること，以上3点である。緊急支援の内容を学校コミュニティに届ける方法には，教職員を対象とした研修や講話，コンサルテーションなどがあり，子どもにおいては，心理教育やカウンセリング，アンケートなどがある。また保護者を対象とするものとしては，口頭や文書による保護者向けの説明，個別相談などが挙げられる。いずれにしても，個人や学校コミュニティの状態や時期を考慮し，十分な説明と相互理解のうえで実施することが求められる。

3　スクールカウンセラーとその役割

1）スクールカウンセラーとは

学校における心の危機への対処においては，教職員をはじめとする学校コミュニティ内の構成員のみならず，学校を取り巻く地域コミュニティの機関や団体のかかわりが必要となる場合がある。学校コミュニティ自体へのダメージが大きく，危機的な状況に陥っている場合，地域コミュニティにおける心理支援の専門家や専門機関に加え，警察や児童相談所，さらにはNPOや民間団体などからの支援を要する場合がある。ただし，学校コミュニティにおける危機支援の要はスクールカウンセラー（SC）であり，予防や備え，危機事案発生から回復に至るまで，重要な役割を担う。

SCは1995年4月から，文部省SC活用調査研究委託事業を端緒として，いじめや不登校，学校管理下内外における事件・事故に対応すべく，臨床心理士をはじめとした心理専門職が全国公立小中学校へ配置された。奇しくもこの事業が始まった 1995 年という年は阪神淡路大震災と同年であり，被災地である兵庫県には他都道府県の約 3 倍近い学校に SC が配置された。このことからも，SC の活用事業の当初から，その役割のひとつに学校危機への心理支援が位置づけられていたことが分かる（窪田［2022a］）。2019 年度までに全国すべての公立小中学校に SC が配置され，校長のリーダーシップの下，チーム学校（→第 7 章）の一員として多職種との連携・協働・分担を行い，児童生徒への相談・助言や保護者・教職員を対象とした児童生徒への対応に関する相談，また災害，事件・事故などの緊急事態への対応，そして教職員への研修活動や児童生徒への予防的対応など，さまざまな問題や課題に取り組んでいる。

2）スクールカウンセラーの役割

SC の活用の仕方については，配置される学校により差があるものの，「外部生」と「専門性」という 2 つの側面は，SC の有用性と周囲からの期待という観点から重要である。閉鎖的になりがちな学校組織の内部に，教職員とは異なる臨床心理学関連領域の背景をもった専門家が外部から入ることにより，評価的観点をともなう教職員とは異なった児童生徒との関係性を形成でき，評価されることなく問題や悩みを扱うことができる。このことは児童生徒のみならず，保護者や教職員に対しても第三者的な立場や教授学習とは異なる専門性をもった立場として接することが可能となり，また，それぞれの関係をつなぐ役割も有している。しかし，SC も学校組織の一員であるため，SC 自身が外部性と内部性のバランスのとれた立ち位置を確保することの難しさ，さらにはこのような両面を併せもつ SC という存在が利用する側からはどのように認識されているのか，といったことをふまえた活動が求められる。加えて，このような外部性のメリットを保ちながら，学校というチームの一員として教職員との連携や協働，分担を行うという二面性を活かした体制づくりの検討は続いており，欧米にみられるような，配置校に常駐する SC の常勤モデルの普及を妨げている要因のひとつにもなっている。SC をはじめとした専門職を常勤化し，チームとしての学校という体制の中で児童生徒と普段からかかわり，問題の未然防止や早期発見，学校全体の体制づくりにもふみ込んだ活動を展開している自治体は一部にとどまる。たとえば，先駆的取り組みとして，名古屋市では2014年度から「なごや子ども応援委員会」の活動を展開している。この委員会における専門職は，生徒や教職員および保護者の心理的支援にあたるSC，家庭訪問や子育てなどの相談業務にあたるスクールソーシャルワーカー，学校内外との連携に関して連絡調整の役割を担うスクールアドバイザー，学校内外の安全確保，生徒の家庭訪問，徘徊・暴力などの問題にあたるスクールポリスから成る。職務内容としては，日常生活を通して教員と協働し児童生徒の問題の早期発見に努める，幅広い相談対応を行う，家庭，地域，関係機関との連携を強化する，未然防止につながる取り組みの支援を行う，という4点を挙げている（高原［2016］）。このような常勤職としてのSCの役割にとっては，専門性を発揮しつつも，チーム支援としての機能にどのように貢献するのかが課題となろう（→第12章トピックス）。

このようにSCの勤務形態はさまざまではあるが，緊急支援を要する事案が発生した場合，学校に常駐するSCに加え，臨床心理士や公認心理師といった心理専門職を中心とする緊急支援派遣チームが外部から入り，教職員を含めたチームとして役割を分担しながら学校コミュニティの機能回復を図ることとなる。

4　危機状況への心理学的支援法――具体的なプロセスを素材に

学校危機への心理学的支援法を理解するため，学校危機に関する架空事例を示し，緊急支援（窪田［2022b］）の観点から支援の実際を概観する。

1）架空事例の概要

ある日の午前中　いつもと変わらない様子で外出した高校1年生の女子生徒Aが電車に飛び込み死亡した。遺族から報告を受けた高校の管理職は，管轄の教育委員会に連絡し，緊急会議にて全教員に伝えた。教員もさることながら，担任が特に動揺し，「なぜ気づけなかったのか」と深く落ち込んでいた。教育委員会と管理職で検討し，2 名の派遣心理職と 1 名の当該校の SC が中心となって支援を実施することになった。

事件発生から 1〜2 日後　管理職，養護教諭，学年主任，担任，当該校 SC，緊急派遣心理職（派遣 SC）らが緊急支援チームとして集まり会議を行った。緊急支援会議では，遺族の了承を得た上で，チームメンバー間で現在わかっている情報を共有するとともに，各自の役割を確認し，今後起こりうる教職員や生徒の反応と問題について共有した。役割分担としては，管理職から全校集会と保護者会を通して事実を説明し，当該校 SC は通常の相談に加え，A と同じ部活動のメンバーや特に近しい生徒への見守りと必要に応じて声がけを行い，相談の申し込みがあったさいには対応することとされた。派遣 SC は A の所属していたクラスと同じ学年のクラスの生徒を対象に，危機に遭遇したさいに生じるとされるストレス反応についてまとめた資料を配布し，これらの反応は異常な事態に対する正常な反応であることを簡潔に説明したうえで，何か気がかりなことや話したいことがあったら担任や当該校 SC，派遣 SC にいつでも話すことができることを伝え，相談の申し込み方法を説明した。同様の方法で，全教員にも研修を通して生徒や教員自身に起こりやすい反応を伝え，特に教員は受け取り方に個人差があること，これまで通り仕事に集中できなくなってしまうことや感情的になってしまうことが起こりうる，と説明した。さらに，気になる生徒とのかかわりについての個別相談にも応じることになった。養護教諭は普段から保健室に頻繁に訪れる生徒を見守ることとした。

事件発生から 3〜5 日後　緊急支援会議にて，学校長から緊急保護者会と全校集会を実施したさい，動揺する保護者，泣き続ける生徒が数名いたことが報告された。学年主任からは職員室の空気が張り詰めたようになり，一部の教員の軽率な発言により担任と口論があったことが報告された。派遣 SC が行った各クラスへの心理教育では，混乱や動揺する生徒が数名いたが，冷静に話をすることができる生徒も多く，反応には個人差があるようだった。当該校 SC からは，A が所属していた部活動のメンバーからグループで来談の申し出があり相談を受けつけたこと，A の友人だった生徒の一部から個別相談の申し出があり，相談に応じたことが話された。さらに，A の担任が自責の念が強く，不安定な状態であり，派遣 SC に個別面談の希望を申し出たため定期的に面談することになった。

事件発生から 1 週間後以降　当該校 SC から個別相談件数が若干増加していることに加え，これまで定期的に相談をしていた生徒の状態も一時的に不安定になることがあったが，それも一時的なもので，これまで通りの日常に戻ることができそうだという見通しが示された。派遣 SC は，A の担任と 2 週に 1 回の個別相談を数回行い，少しずつ安定していった。その他，学校全体も比較的落ち着いていったため，緊急支援を終了した。

2）緊急支援の内容

本事例における緊急支援心理職の動きに示したように，その役割はあくまで当該校の危機状況にさいし，本来の学校としての機能回復を手助けするために行う教職員のバックアップが主となる。ここでは，教職員と保護者は児童生徒支援に関わる一次支援者として位置づけられ，学校コミュニティの枠の境界線上に位置する当該校 SC は二次支援者として教職員と保護者を間接的に支援しつつ，児童生徒に直接的な支援を行う。外部に位置づけられる派遣 SC は，三次支援者として，当該校 SC，教職員，保護者をバックアップし，児童生徒に対しては部分的にかかわる。緊急支援のモデルの視覚的イメージを図 17-1 に示す。窪田［2022a］は，緊急支援の内容として，①事実の共有，②ストレス反応と対処についての情報提供，③個々人の体験を表現する機会の保障，といった 3 点を挙げている。本事例において，主要なメンバーで緊急支援会議を行ったさいになされた，事実関係の共有や役割分担の確認が①に該当する。ここでは，誰が何を誰に伝えるのか，各自がどのような役割を担うのかといった具体的な水準で検討する。このことによって，うわさやデマ，さらには情報不足による不安や混乱といった二次的被害への発展を抑制する。しかし，役割分担を厳守しすぎることによって，自身の役割以外を他者に丸投げしてしまうことがないよう留意する必要がある。あくまでチームによる支援という観点を見失わないことが重要となる。

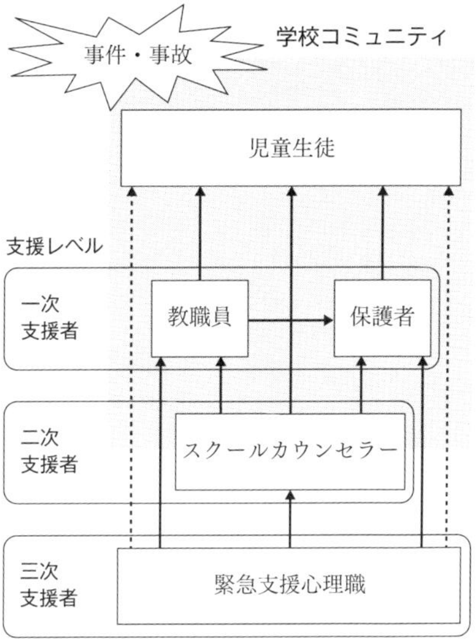

図 17-1　学校コミュニティの危機への緊急支援モデル

出所）窪田［2017b］をもとに作成。

次に，生徒への講話や教職員への研修によるストレス反応の理解に関する心理教育が，②に該当する。個人差はあるものの，危機状況に遭遇したことにより，自分自身の心身にこれまで起こらなかったような反応が生じると，多くの人が戸惑い，混乱や不安が生じる。危機という異常な環境や状況に対する個人の正常な反応としてすでに説明したように，自身に起こる身体的・心理的・行動上の否定的な変化に対して，一過性の揺れであり危機に遭遇した多くの人々が示す反応として理解することにより，今後の見通しを立てることや希望をもつことができ，ひいては安心感や効力感の生起をもたらし，さらには危機状況前のように十分に自分の力を発揮できないことを受け入れることで，自責感や自己否定の抑制につなげることができる。このように個人や集団に向けた情報提供を行い，自己の状態への気づきや主体性を促進させるアプローチは心理教育と呼ばれ，精神医学的問題の再発や再燃の予防にも有効な方法のひとつである（→第 13 章）。

最後に，生徒に対し何か気がかりなことや話したいことについて，担任や当該校 SC，派遣 SC らにいつでも話すことができることを伝え，そのようなことが生じたさいのアクセス方法を具体的に示すことが，③に該当する。同じような経験をした生徒でも，個別的な背景が異なるため，経験から受ける影響の程度や経験に対する意味づけも異なる。よって，生徒の思いや考えを安心した状態で言語化して表現してもらい，対応する側はその表現を否定やアドバイスすることなく受け止めるような場の確保が必要となる。このような場にアクセスできる具体的な方法を生徒に明示するとともに，アンケートやグループセッ

◆トピックス

若年層の自殺と自殺予防

筆者は約 10 年間，大学の学生相談室にカウンセラーとして勤務していた。その仕事について振り返るときいつも「僕は生きているだけでみんなに迷惑をかけている。死ぬ以外に人に迷惑をかけない方法がない」と語る男子学生の，焦ったような，あきらめたような表情を鮮明に思い出す。若年層の自殺が起きると「若いのにどうして」というようなコメントを目にすることがあるが，若いからこそのリスクも存在しているように思われる。

実際に，日本の自殺者数に占める若年層の割合は増加傾向にある。統計によれば 1998 年から年間の自殺者が 3 万人を超える年が続き，2012 年から減少に転じた。その後，コロナ禍の 2020 年から再び増加傾向となっている。こうした全体的な増減の中で，若年層（19 歳以下）の自殺は減少幅が極めて小さく，むしろ 2015 年からは継続的に増加するなど，全体の傾向とは異なる推移をみせている。この傾向はコロナ禍以降も維持されており，若年層の自殺に，特有の背景や危険因子が存在している可能性を示唆している。

自殺に関する知見として，髙橋［2022］による「自殺の危険が高い人に共通する心理状態」が挙げられる。すなわち，極度の孤立感（誰も助けてくれない），無価値感（自分は生きるに値しない），強度の怒り（他者や自分自身への怒り），窮状が永遠に続くという確信（解決策がなく窮状が永遠に続く），心理的視野狭窄（死ぬ以外方法がない），あきらめ（もうどうでもいい），全能の幻想（自殺によって全てを変えられる）の 7 つである。健康な心理状態にある人ならば，どの考えに対しても反論したりアドバイスしたりしたくなることだろう。これは，自殺の直前にある人が平常時とは異なる狭窄した考えに支配されていることを示し，一部の誤ったイメージ（自殺者はさまざまに物事を検討し，覚悟を決めて事に及んでいるといったイメージ）を根本的に覆すものである。

こうした考えにともなって自殺傾向が強まる一方で，自殺行動にさいしては，生物として生きることを指向するプログラムも作動する。つまり，人には身を守るための仕組みとして恐怖や不安の感情が備わっており，死に至るような行動をとろうとすると直ちに強い恐怖の感情が喚起される。カウンセリングで「昨晩死のうとしたけど直前で怖くなってできなかった」と打ち明けられることがあるのはこのためである。死ぬのが怖い

ションを用いるなどの工夫も重要となる。

その他，学校における心理的危機から回復する要因のひとつとして，なるべく早い段階で平常時の状態に日常生活を戻すことが重要である。換言すれば，生徒が学校という場で授業を通して学び，教員や友人とかかわり，部活動などに取り組むといった，危機に遭遇する以前の日課を取り戻すことである。日々

という感情は人として至極正常なものであるが，こうした基本プログラムさえも打ち破って起こるのが自殺であると考えれば，“冷静に考えてみたら……”などという説得が通用しないことは明白であろう。死にたい若者の心は，死にたい（死ぬしかない）気持ちと，生きていたい（死ぬのは怖い，助けてほしい）気持ちの間を激しく揺れ動いている。

では，どのような要因が若年層の心をここまで追い詰めるのだろうか。ジョイナーほか［2011］は自殺の危険因子として「所属感の減弱」，「負担感の知覚（他者の負担になっているという知覚）」，「自殺の潜在能力（自殺する手段・能力を持っていること）」を挙げた。若年層はいずれに関しても，年代的なリスクが高いと考えられる。まず，所属感の減退については，近年若年層の友人関係では相手の事情にふみ込まず，自他を傷つけないことが「優しさ」だと捉えられる傾向にあり，より所属感をもちにくくなっている。次に，負担感の知覚については，経済的自立が未達成であることがより負担感の知覚を増しているように思われる。経済的自立を遠ざける進路の未決定，留年，長引く休学などは，負担感の知覚が急激に増加するリスクとなる。最後に，自殺の潜在能力では，若年層で問題になっている自傷行為がこれを高めるという指摘がある（松本［2014］）。つまり，度重なる自傷行為が痛みや恐怖に対する慣れを生じさせ，自殺行動に対する心理的抵抗感を減らし，自殺行動を増やすというものである。

こうした若年層の自殺の背景を知っておくことで，死にたい気持ちを打ち明けられたときの確かな準備になる。もしも誰かが「死にたい」と打ち明けてきたのだとしたら，苦しく辛い考えに押しつぶされそうになりながらも，その合間に訪れる生きたい気持ちを打ち明けてくれたということでもある。具体的な対処については先に引用した松本［2014］などを参照されたいが，打ち明けてくれたことを労い，相手の心的状態に思いをめぐらせながら受け止めることが重要である。（山内星子）

引用文献

ジョイナー，T. E.，K. A. ヴァンオーデン，T. K. ウィッテ，M. D. ラッド［2011］『自殺の対人関係理論――予防・治療の実践マニュアル』北村俊則監訳，日本評論社。
髙橋祥友［2022］『自殺の危険（第 4 版）臨床的評価と危機介入』金剛出版。
松本俊彦［2014］『自傷・自殺する子どもたち』合同出版。

繰り返される日課をこなすことは，今後起こりうることを予測し，見通しを立てることが可能となり，ひいては安心感につながる。このとき，以前の趣味や遊びを楽しんでもよいことを伝えるほか，否定的な考えが残っていたとしても前向きに生活しようとする歩みを止めさせないことに留意されたい。

3）その他，心理危機に対する介入方法

危機の直後に用いられるサイコロジカル・ファーストエイド（Psychological First Aid：PFA）は，心理的応急措置として広く普及している。PFA は，危機に遭遇した人々に対して，どのような姿勢で，どのような心理支援を行うことが必要かについて，具体的な水準で示したマニュアルである。2 つの代表的なマニュアルがあり，ひとつはアメリカ国立子どもトラウマティックストレス・ネットワークとアメリカ国立 PTSD センターが共同で作成した PFA，もう一方は，WHO，戦争トラウマ財団，ワールド・ビジョン・インターナショナルが共同で作成した PFA があり，いずれも無償で公開されている（2023 年 10 月時点，前者は兵庫県こころのケアセンターの，後者は厚生労働省のホームページからアクセス可能）。たとえば，WHO 版の PFA では，「見る・聞く・つなぐ」を活動原則とし，危機に遭遇した人の文化・環境に配慮した適切な関係性を築いた上で心身の安全を確保し，ニーズにそった役に立つ支援や情報提供，適切な機関や相手への紹介・引き継ぎを行うことが述べられている。専門家のみが提供するものではないとしたうえで，支援することによってさらなる傷つきや弊害，混乱をもたらさないよう配慮の必要が示され，自然に回復する力を支え促進するべきとされている。

さらに，学校における非常事態の直後から，生徒や保護者，教職員などを対象に，非常事態によって引き起こされた苦痛を軽減し，短期的な介入により長期的な適応および対処行動を促進することを目的に，サイコロジカル・ファーストエイド学校版（Psychological First Aid for Schools：PFA-S）も作成されている（同じく兵庫県こころのケアセンターのホームページからアクセス可能）。PFA-S は，提供するための準備として，学校のことを知る，出来事の特徴をつかむ，リスクの高い人々に配慮する，人種や文化の多様性に対して繊細に振る舞うとしたうえで，8 つの内容を明示している（表 17-3）。PFA は危機状況への初期支援としてスタンダードな方法であり，支援者間の連携を促進するアイデアが含まれている。

次に，心理危機の介入法のひとつとしてリラクセーションがある。リラクセーションは多くの方法があり，また単体で用いられる機会は少なく，心理教

表 17-3　PFA-S の活動内容

1	被災者に近づき，活動を始める 目的：被災者に負担をかけない共感的な態度で，こちらから手をさしのべたり，生徒や教職員の求めに応じたりする。
2	安全と安心感 目的：当面の安全を確かなものにし，被災者が心身を休められるようにする。
3	安定化（必要に応じて） 目的：圧倒されている生徒と教職員の混乱を鎮め，見通しがもてるようにする。
4	情報を集める――いま必要なこと，困っていること 目的：周辺情報を集め，生徒や教職員がいま必要としていること，困っていることを把握する。そのうえで，その人にあった PFA-S を組み立てる。
5	現実的な問題の解決を助ける 目的：いま必要としていること，困っていることに取り組むために，生徒と教職員を現実的に支援する。
6	周囲の人々とのかかわりを促進する 目的：家族，友人，先生，その他の学校関係者など身近にいて支えてくれる人や，地域の援助機関とのかかわりを促進し，その関係が長続きするよう援助する。
7	対処に役立つ情報 目的：苦痛をやわらげ，適応的な機能を高めるために，ストレス反応と対処の方法について知ってもらう。
8	紹介と引き継ぎ 目的：被災者がいま必要としている，あるいは将来必要となるサービスを紹介し，引き継ぎを行う。

出所）アメリカ国立子どもトラウマティックストレス・ネットワーク・アメリカ国立 PTSD センター［2017］をもとに作成。

育におけるストレスの理解と対処の一部として，主に身体的反応への介入法として用いられることが多い。その目的は心身の過度な緊張状態や過覚醒状態の緩和および弛緩であり，リラクセーションを通してストレス反応のセルフコントロールの感覚を高めていく。代表的なものとして，呼吸法，筋弛緩法，自律訓練法などが挙げられる（中野［2016］）。全ての方法の中でも呼吸法はリラクセーションの基本である。ストレスがかかった状態では，体が緊張し硬く張り詰めた状態となり，胸式の浅く速い呼吸となる。腹式呼吸により深くゆっくりとした呼吸を行うことにより，身体を弛緩させ緊張を緩めていく。

筋弛緩法は容易に用いることができるリラクセーションのひとつであり，

ジェイコブソンによる簡易版としての漸進的筋弛緩法が知られている（中野[2016]）。自分自身の身体の状態に意識を向けたさい，緊張しているのか，弛緩しているのかを判断するのは容易ではない。そこで対象とする体の部位に一度力を入れて緊張させ，その後，一気に力を抜いて脱力し，じんわりと緊張が緩んでいることを感じる。対象とする部位は手，腕，肩，背中，顔等であり，緊張を 10 秒，脱力を 15 秒程度，交互に繰り繰り返し行う。この緊張と弛緩を交互に繰り返すことで，その違いを実感していく。ただし，このようなリラクセーションは実施することでかえって悪影響をもたらしてしまう禁忌となる場合があるので留意する必要がある。

おわりに

本章では，学校における心の危機と支援に関するキーワードを説明し，心の危機に関する心理学的支援法について架空事例をふまえて要点を示した。心の危機をもたらす出来事の性質や学校固有の文化や風土，地域の特徴により問題は多様なものとなる。それゆえ，支援においては，支援者間で理念を共有し，その状況に即した柔軟な活動が求められる。さらに本章では事案の発生と回復段階を中心とした説明を主としたが，安全や安心をもたらす環境の構築や予防プログラムの実施と評価といった予防段階，また危機支援チームの組織化や危機管理計画と対応手順の構築および見直し，非常事態の対応のためのトレーニングといった準備段階を含め，予防・準備・発生・回復段階をふまえた危機管理サイクルの循環を普段の学校において機能させていくことが，今後起こりうる危機に備え，支援をつなげていくことになる（窪田［2022b］）。とりわけ平常時からの備えとして，学校や地域の対人援助にかかわる専門家同士が危機状況のさいにつながることができる連携体制の構築が重要な課題となる。危機支援に関して，何をどのように行うかといった方法の検討に加え，誰と行うかといった議論も不可欠である。支援者どうしの信頼関係にもとづく連携や協働の重要性は言うまでもなく，その連携や協働は，お互いがお互いの専門性を理解し，お互いの顔が見える関係において，有機的かつ実用的な観点を強調したも

のであることが求められる。　（狐塚貴博）

引用文献

アメリカ国立子どもトラウマティックストレス・ネットワーク・アメリカ国立 PTSD センター［2017］「サイコロジカル・ファーストエイド学校版　実施の手引き　第 2 版」兵庫県こころのケアセンター・大阪教育大学学校危機メンタルサポートセンター訳（https://www.j-hits.org/document/pfa_spr/page2.html　2023 年 1 月 31 日閲覧）。

APA［2014］『DSM-5　精神疾患の診断・統計マニュアル』髙橋三郎・大野裕監訳，医学書院。

窪田由紀［2017a］「学校コミュニティの危機」福岡県臨床心理士会編／窪田由紀編著『学校コミュニティへの緊急支援の手引き　第 2 版』金剛出版。

窪田由紀［2017b］「緊急支援とは」福岡県臨床心理士会編／窪田由紀編著『学校コミュニティへの緊急支援の手引き　第 2 版』金剛出版。

窪田由紀［2019］「学校の危機と心理学的支援」河野荘子・金子一史・清河幸子編『こころの危機への心理学的アプローチ――個人・コミュニティ・社会の観点から』金剛出版。

窪田由紀［2022a］「危機への心理支援とは何か」窪田由紀編『危機への心理的支援』ナカニシヤ出版。

窪田由紀［2022b］「学校緊急支援」窪田由紀編『危機への心理的支援』ナカニシヤ出版。

サドック，B. J., B. A. サドック，P. ルイース編著［2016］『カプラン臨床精神医学テキスト　第 3 版――DSM-5 診断基準の臨床への展開』井上令一監修／四宮滋子・田宮聡監訳，メディカル・サイエンス・インターナショナル。

髙原晋一［2016］「「名古屋市子ども応援委員会」の取り組み」『日本教育経営学会紀要』58, 70-74。

宅香菜子［2021］『コロナ禍と心の成長――日米における PTG 研究と大学教育の魅力』風間書房。

中野敬子［2016］『ストレス・マネジメント入門　第 2 版――自己診断と対処法を学ぶ』金剛出版。

Caplan, G.［1961］*An Approach to Community Mental Health*, Tavistock Publications（加藤正明監修／山本和郎訳［1968］『地域精神衛生の理論と実際』医学書院）.

James, R. K. & B. E. Gilliland［2017］*Crisis Intervention Strategies,* 8th Edition, Cengage Learning.

キーワード

共感性（1 章）

他者の経験についてある個人が抱く反応に関する概念のこと。他者と同様の情動状態を自身のものとして経験する「情動的共感」と，他者の情動を経験することを前提せず，他者の視点に立ち他者の心理状態を理解する「認知的共感」の 2 つの側面がある。前者には，他者に対して同情や配慮をする「共感的関心」，他者の苦痛に対して動揺などを感じる「個人的苦痛」，後者には，他者の立場に立って物事を考える「視点取得」，小説や映画などの登場人物と同一視する「ファンタジー」をそれぞれ下位側面として想定する場合もある。乳児が他の児の泣き声を聞き，泣き出すといった情動伝染が共感性の萌芽であると考えられている。

視点取得（1 章）

他者の視点に立って物事を考えたり，感情を推測したりする能力をさす。他者視点の理解が可能となるのは幼児期だと考えられていたが，現在では乳児期にはその兆しが表れることが指摘されている。また，視点取得は青年期以降も発達することや，その発達の仕方には男女差があることも明らかにされている。視点取得の高さは，他者との衝突の回避，グループでの協力の促進など他者との円滑な関係の形成・維持に役立つとされている一方で，他者の視点を理解するがゆえに，競争場面においては自己の利益を優先した利己的な行動を示す可能性があることも指摘されている。

心の理論（1 章）

行動の背後に目に見えない心を想定し，自分や他者の行動から心の状態（目的・意図・知識・信念など）を解釈，予測する能力をさす。心の理論の測定には主に「誤信念課題」が用いられる。誤信念課題とは，他者が自分とは異なる信念を持つことを理解し，他者の立場に立って行動を予測できるかを測定する課題であり，おおむね 3〜5 歳で通過することが明らかにされている。誤信念課題の他にも，自分とは異なる欲求をもつ人物の選択を推測する課題や，実際の気持ちと表出する表情の違いを判断する課題など，複数の課題を用いて多面的に測定する方法も考案されている。

ビッグ・ファイブ（2 章）

ゴールドバーグらによって提唱された性格特性論のひとつ。人やものごとに対する積極性を示す外向性，情緒の不安定性や気分の落ち込みやすさを表す神経症傾向，ものごとに対してどの程度関心が開かれているかを示す経験への開放性，対人関係における共感性などにかかわる調和性（または協調性），まじめさや責任感にかかわる勤勉性（または誠実性）という 5 つの特性からなり，これら 5 つの特性によって個人の性格を説明できるとされる。ビッグ・ファイブをもとにした性格検査として，コスタとマックレーによって作成された NEO-PI-R などがある。

有意味受容学習（3 章）

オーズベルが提唱した学習理論にもとづき，新しく学ぶ内容を，学習者自身がすでにもつ認知的枠組みと意味づけて関連づけながら受け入れていく学習方法のこと。児童生徒の既有知識と，新しい学習内容を結びつけられるように，情報の関連を抽象化した文章を先行オーガナイザーとして提示することが重要である。これにより，既有の知識体系をもつ意識に，新たに学ぶ学習内容がインプットされることで，記憶が促進される。なお，有意味学習が可能になるのは，抽象的概念が理解できるようになる 11〜12 歳頃からといわれる。

発見学習（3 章）

学習を進める過程で既存の知識を教授者が与えていくのではなく，学習者自身に当該の知識を発見・構成させていく学習方法のこと。ブルーナーは，学習者が見つけた知識や理論についてさらに探索を深めていく，という興味・関心にもとづく学習を発見学習として理論化した。既有知識との差異に興味・関心をもち，調べてみたいと思うままに探索を進め，自分にとっての新しい知識を発掘できたとき，興味・関心はよりいっそう高まり，さらに知りたいという欲求をもつことにつながる。この方法では，いわば過去の偉大な発見者と同じ探索プロセスをたどるように導く。教材の選定，発見学習のできる場の設定，学習グループの設定・指導，学習者の驚きや戸惑いを引き出す導入など，教員側の指導計画がきわめて重要な意味をもつ。

熟達化（3 章）

初心者が，経験による学習を経て優れた遂行を示す熟達者になること。主な熟達化には，特定のスキルを速く正確に，そして自動的に実行できるようになる定型的熟達と，場面や状況に応じて柔軟にスキルを実行し，最適な方法を選択できるようになる適応的熟達がある。熟達者は初心者と比較して，スキルを意識せず実行できることから，課題解決が速くなること，また課題をひとつのまとまりとして捉えるようになることから，記憶成績が高まることが示されている。特に適応的熟達の場合は，本質的な原理と具体的なスキルを関連づけ，適切な知識のネットワークを構成できるようになる。

足場かけ（3 章）

自力では解決できないが，優れた仲間や大人の援助があれば達成できる領域（発達の最近接領域）に働きかける具体的な指導や支援のこと。スキャフォールディングとも。親や教師など，知識や技能をもつ者が，子どもが主体的かつ能動的に取り組むことができる形で足場（指導や支援）を設け，子どもの達成状況に応じて柔軟に足場を設定する。最終的には，全ての足場が外された状態で，優れた仲間や大人の援助がなくとも，自力で問題を解決できるようになるとされる。足場かけは，主体を取り巻く他者との相互作用が個人の発達を促す一例であることから，状況主義からみた学びと関連が深い概念である。

効果量（4章）

帰無仮説が正しくない程度を量的に示す指標。帰無仮説が完全に正しい場合に効果量は0となり，データが帰無仮説から大きく逸脱するほど効果量は大きくなる。検定力分析を行う際のパラメタのひとつとして，ならびに研究結果の効果の大きさを表す指標として用いられる。効果量は，d族の効果量とr族の効果量の2つに大別され，前者は群間差の大きさの程度を，後者は変数間の関連の強さを表す。また，APAマニュアルでは，統計的仮説検定の結果の記載に加え，効果量ならびにその信頼区間を報告することを推奨している。

アイデンティティ（5章）

社会的文脈において「〜である自分」として自己を位置づけられていることによる「私は私である」という感覚。日本語では「自我（自己）同一性」と訳される。アイデンティティは，エリクソンによって提唱された心理社会的発達理論において，青年期の発達課題として位置づけられている。この時期に「私は私である」という確信をもつことが求められ，青年期に獲得されたアイデンティティにもとづいて，その後の職業やライフコース・キャリアの選択が行われる。一度獲得されたアイデンティティは，成人期以降も，ライフイベントや環境の変化等にともない，再構成されていく。

社会的スキル（5章）

他者との良好な関係を形成・維持するための能力。言語的・非言語的な行動を状況に合わせて適切に使用する能力に加え，他者の意図や感情を読み取る，他者とのコミュニケーションの中で生じる感情をうまく調整するなどの認知的な技能も含まれる。社会的スキルの獲得は自尊心の形成にかかわること，また社会的スキルの不足は抑うつや対人不安，孤独感と関連があることから，学校現場や福祉・医療現場などでは心理社会的な適応を促すための介入として，社会的スキルの獲得を目指すソーシャルスキル・トレーニングが広く実施されている。

アダルト・アタッチメント・インタビュー／AAI（5章）

メインを中心に開発された，1時間程度の半構造化面接によって成人のアタッチメントの個人差を類型化する手法。ストレンジ・シチュエーション法によって測定された，子どもの愛着の個人差に関する養育者の要因を検討する試みの中で開発された。面接において，いくつかの質問にそって語られた語りの内容，およびその語り方によって，自律型，アタッチメント軽視型，とらわれ型，未解決型のいずれかに分類される。これらは，乳幼児期においてストレンジ・シチュエーション法によって類型化される安定型，回避型，アンビバレント型，無秩序・無方向型に理論的に対応するものとされている。なお，メインらが主催する評定に関するトレーニングを受け，テストに合格したAAIの評定コーダーのみがこの面接を実施できる。

ポジティブ心理学（5章）

セリグマンによって提唱された，心理学の新たな潮流。セリグマンは，従来の心理学の理論の多くが人間のポジティブな機能を過小評価してきたこと，また，心理学を通じて人間の強さやレジリエンスの役割を明らかにすることが，人間のポテンシャルを高め，より強く生産的にしていくことにつながることを主張し，人間の弱さではなく強さに着目した。ポジティブ心理学では，従来の心理学が着目してきたような，不適応状態への対処や予防を目的とするのではなく，人が適応的でより充実した生活を送ることを目的としている。

自律的動機づけ（6章）

課題の価値などを内面化することによって，主体的に取り組むといった行動を生み出す動機づけのこと。従来の動機づけは，内発的動機づけと外発的動機づけという，二項対立的で独立な概念とされていたが，デシとライアンが提案した自己決定理論では，学習動機づけは「自律性」の程度によって段階的に整理され，連続体上のものとして捉えられる。自己決定理論では，内発的動機づけが最も自律性の高い動機づけとされており，統合的調整や同一化的調整といった外発的動機づけも，相対的に自律性の高い動機づけとして位置づけられる。動機づけの自律性の程度を示す指標として，各動機づけを重みづけして得点化する RAI（Relative Autonomy Index）などが挙げられる。

ピア・ラーニング（6章）

立場や地位がほぼ同等の仲間（ピア）とともに支えあい，関わりながら，知識やスキルを身につけていく教育活動のこと。ピア・ラーニングには，何らかのスキル獲得を目的とした二者による学び合いであるピア・チュータリングや，仲間の行動を観察するピア・モデリングなど多様な学習形態が包含される。またロガットらは，動機づけとピア・ラーニングの双方向的な関係性をまとめており，たとえば熟達目標を共有しているグループではエンゲージメントが高まりやすいこと，自律性・コンピテンス・関係性の 3 つの基本的心理欲求を高めるグループの環境が自律的動機づけを高めることなどが示されている。

メタ認知（6章）

記憶や思考，問題解決といった自らの行う認知活動を対象化して捉えること。メタ認知は，大きくはメタ認知的知識とメタ認知的活動に分類される。メタ認知的知識には，「自らが必要性を感じ，学びたいと思っていることは，記憶しやすい」といった人間の認知特性についての知識や，「ある内容について理解するためには，他者に説明する活動が役立つ」といった問題解決に対する知識などが含まれる。メタ認知的活動は，たとえば「この問題がよくわからない」といった自らの認知状態をモニターし，気づきを得たり点検したりするといったメタ認知的モニタリングと，自らの認知状態をふまえて，目標設定や計画修正などを行うメタ認知的コントロールに分類される。学習やさまざまな課題を行うには、メタ認知によって自分の遂行や方略を最適化することが重要である。

ソシオメトリックテスト（7 章）

学級内の非公式な集団構造を把握する方法として，モレノが開発したテストのこと。たとえば，学級成員に，「休みの時に一緒に遊びたい人」や「共同作業を一緒にやりたい人」を尋ね，学級成員から選択してもらう。選択者と被選択者を図示して学級成員同士のつながりを描いていくことで，学級内の誰と誰に関係があるのかを把握することができる。個人どうしのつながりだけでなく，学級内の小集団どうしの関係性，孤立児や排斥児も明らかにされる。すなわち，選択が集まる「人気者」，選択も拒否もされない「孤立者」などと視覚化され，学級運営に活かすことができる。ただし，「一緒に遊びたくない人」という排斥関係の把握やその利用などは、教育上慎重になるべきである。

教師期待効果（7 章）

教師がもつ児童生徒に対する期待が，実際の児童生徒の動機づけや行動に反映されるように機能すること。具体的には，教師が，自身がもつ期待に即した行動をとることで，期待を受けた子どもは，教師の支援を十分受けることとなり，動機づけや学力向上につながるとされる。これまでの研究では，教師が高い期待をもっている子どもに対して，正答への賞賛を多く与えたり，誤答に対する叱責が少なかったりするといった，動機づけを向上させる行動を多くとっていたことが示されている。当初，ピグマリオン王が自ら掘った像に恋をして，生身の女性になるよう祈ったところ，その願いが叶えられたというギリシャ神話に由来して，ピグマリオン効果とも呼ばれた。

学級規範（8 章）

学校や教育環境における集団内のメンバーが意識もしくは無意識に共有している，教育活動や行動に関するルールや判断の枠組み。学級規範は，生徒や教師の行動を導き，学習環境や教育活動の品質・効果に影響する。また，教師が指導する学級全体の規範と，児童生徒同士のパワーバランスの中で非公式に作られ，仲間内で共有される規範の 2 種類に分類される。児童生徒は他の児童生徒らの排斥を恐れ，全体の規範よりも仲間内の規範を守ろうとする傾向にあるという。

学級適応（8 章）

児童生徒は，社会から要請されたり期待されたりすることに適合するように，自己や環境を変容させる。その過程において，自分自身の欲求を充足させ，社会の中で認められたり自分の居場所を得たりしているなど，その環境での生活の質が高い状態を「適応している」という。学級適応とは，とりわけその児童生徒が所属する学級における適応を表す概念である。たとえば，学級適応を測るある尺度は，居心地の良さの感覚，被信頼・受容感，充実感の 3 下位尺度から構成されるが，出席日数，学業成績，授業・生活態度，学級内での対人関係，日記などの提出物，家庭でのかかわりの把握などの観察からも推察される。学級適応に影響する要因としては，授業や学校生活での活躍や充実，教員や友人関係の充実などが挙げられる。

ひきこもり（9 章）

長期間自室にひきこもるなど，家族以外の人との交流をさけ，社会的活動に参加しない状態をさす。ひきこもりの期間は，厚生労働省の定義では原則として 6 か月以上とされているが，内閣府の調査によると，約半数が 3 年以上にわたっており，長期化が懸念されている。ひきこもりの背景には，うつ病や統合失調症などの精神疾患をもつ場合や，単一の疾患では説明できない場合，明確な疾患をもたない場合などさまざまな要因があり，15〜39 歳におけるひきこもりの主な理由として，不登校や周囲とうまくやれなかった経験が上位に挙げられている。学齢期から適切に支援するためにも，さまざまな機関が連携し，当事者や家族が早期に支援につながることのできる環境づくりの重要性が指摘されている。

ニート（9 章）

学校にも仕事にも職業訓練にも就いていない若者の問題を解決するため，イギリスで発明された行政用語である NEET（Not in Education, Employment or Training）を由来とする言葉。日本では，15〜34 歳で就業せず求職活動もしていない者（非労働力人口）のうち，家事も通学もしていない者（若年無業者）をニートと呼称しているが，OECD ではこのうち 15〜29 歳を NEET としている。イギリスでの支援対象も，16〜18 歳という報告もあれば，15〜19 歳という報告もあり，ニートの年齢は明確に定義されていない。厚生労働省では，若者の職業的自立支援を 2006 年度から実施しているが，その支援対象は 35 歳以上にも延長され，2020 年度からは 40 歳代を対象とする相談体制も整備されている。

ライフキャリアの虹（9 章）

スーパーによって提唱された，個人のキャリア発達の様相を模式化したもの。スーパーは，ライフスペースとライフスパンの二次元によってキャリアの虹を描くことでキャリア発達を考えることが重要だとしている。個人は生涯を通じて，子ども，学生，余暇享受者，市民，職業人，家庭人という 6 つの役割を担う。キャリアは発達段階と関連し，発達段階によって担うべき主要な役割は変化するものの，その他の役割もまた同時に担っている。ライフキャリアの虹は，重なり合って存在する 6 つの役割を虹にたとえ，個人のキャリア発達を総合的に捉えている。

内集団ひいき（10 章）

個人は集団アイデンティティを共有する内集団メンバーに対して，外集団よりも肯定的で偏った印象をもつ傾向がある。内集団と外集団の間で同じ特徴をもつ場合でも，対照的な認知の仕方により内外集団を差別化している（たとえば，賢い／ずる賢い，自信のある／高慢な，など）。また，内集団では外集団に比べて成果の評価や受け取り方が好意的であり，資源配分や友好性認知に違いがあることから，差別などにつながる場合もある。

文化的自己観（10 章）

個人の自己認識の一部として，ある文化において歴史的に生成され，暗黙のうちに共有されている人の主体の性質についての通念のことを言い，個人の行動，意思決定，価値観やアイデンティティにさまざまな影響を与える。文化的自己観は，集団の目標や協調性などよりも個人の目標達成を重視する「相互独立的自己観」と，個人の目標よりも集団の中での関係性や調和を重視する「相互協調的自己観」の2つの概念から構成される。

測定の信頼性・妥当性（11章）

学力や心理的変数は潜在変数であり，直接的な測定は難しい。したがって，学力テストや心理テストを利用して評価されるが，これらは目に見えないため，作成されたテストの品質を保証する必要がある。その際に重要なのが測定の信頼性・妥当性である。測定の信頼性はテストの精度を示すものであり，信頼性の高さはそのテストによる測定結果が安定していることを意味する。測定の妥当性はテストの測定内容に関するものであり，妥当性の高さはそのテストが対象とする概念や能力を精確に測定できていることを意味する。

学習指導要領（11章）

文部科学省が定める初等教育・中等教育におけるカリキュラム編成の基準。小学校・中学校・高等学校等のそれぞれについて，教科ごとの目標や教育内容，内容の取扱いを定めており，全ての児童・生徒に指導すべき内容が提示されている。これにより，日本国内において地域によらない一定の水準の教育を保証している。また，学習指導要領はほぼ10年ごとに改訂がなされる。社会の変化を見据え，また社会の変化に対応するために，子どもたちに必要となる資質や能力について再検討している。

公認心理師（12章）

公認心理師法を根拠とする心理職の国家資格の名称。公認心理師登録簿への登録を受け，公認心理師の名称を用いて，保健医療，福祉，教育その他の分野において，心理学に関する専門知識および技術をもって，次の4つの行為を行う。①心理に関する支援を要する者の心理状態の観察，その結果の分析。②心理に関する支援を要する者に対する，その心理に関する相談および助言，指導その他の援助。③心理に関する支援を要する者の関係者に対する相談および助言，指導その他の援助。④心の健康に関する知識の普及を図るための教育および情報の提供。また公認心理師の義務として，①信用失墜行為の禁止，②秘密保持義務，③業務を行ううえでの関係者との連携や，支援に係る主治医の指示を受けなければならないことが定められている。

臨床心理士（12章）

日本臨床心理士資格認定協会が認定する心理専門職の資格の名称。臨床心理士に求められる専門業務は以下の4つである。①臨床心理査定：心理テストや観察面接を通し，個人のパーソナリティや問題の所在を明らかにし，援助方針を検討する。②臨床心理面接：さまざまな臨床心理学的技法を用いて相談依頼者の心の支援を行う。③臨床心理的地域援助：地域住民や学校，職場に所属する人々の心の健康や被害の支援活動を行ったり，心理的情報を提供したり提言したりする。④調査・研究：心の問題の発生要因の探求や支援方法の検討のために，基礎となる臨床心理的調査や研究活動を実施する。

生物・心理・社会モデル（12 章）

アメリカの精神医学者エンゲルが提唱した，健康状態を生物・心理・社会的な視点から包括的に捉えようとする考え方を基本とした健康理論モデル。心理アセスメントにおいては，身体に関する生物学的要因，認知に関する心理的要因，対人関係に関する社会的要因の視点から，総合的に要支援者や要支援者の呈する問題を理解することが重要視されている。そのためには，面接法や観察法，検査法を適切に組み合わせて行うことが必要である。より多くの情報を正確に，かつ迅速に収集するためにも，支援者がひとりで対応するのではなく，医師や教師などの多領域の専門家や，要支援者の家族や友人といった周囲の人と連携することが求められる。

予防教育（13 章）

精神的健康の維持・促進，および個人やコミュニティの危機に備えるために，学校現場ではさまざまな予防教育が実施されている。たとえば，児童生徒の人間関係作りやコミュニケーション能力の向上，そして学校不適応の予防を目的とした心理教育の一部として，社会的スキルトレーニングやアサーション・トレーニング，ストレスマネジメント教育などが行われる。また，自殺予防教育や防災教育など，特定の危機に対処する力を高める取り組みもある。予防教育の重要性が高まる中で，学校現場でより効果的で継続的に実践可能なプログラムの開発や理論の精緻化をすすめ，学校組織全体で体系的に予防教育が実践されることが望まれる。

援助要請（13 章）

問題解決や困難さ軽減のために，他者に質問したり相談したりして助けを求めること。援助を求める対象は，家族や友人などの私的な関係にある人物から，教師や臨床心理士・公認心理師，看護師・医師などの専門家まで多岐にわたる。自分で問題を考える時間を十分にとったうえで，考えるためのヒントを要請する自律的援助要請と，すぐに援助を要請したり答えを聞いたりする依存的援助要請に大別される。自殺予防の観点から，重大な問題は専門家に相談することが重要であるが，スティグマなどの阻害要因により援助要請に至らないことも少なくない。ただし，昨今の ICT の発展や新型コロナの影響で，チャットや電話，ビデオ通話による受診や相談など，専門家への援助要請方法は広がりをみせている。

児童虐待（14 章）

児童の監護，保護を行う者（大人）が，被保護者（児童）に対して，以下の行為を行うこと。①身体的虐待：身体に外傷が生じるような暴行を加えること，②性的虐待：わいせつな行為をしたり，させたりすること，③ネグレクト：育児を放棄したり児童の監護を著しく怠ること，④心理的虐待：心理的外傷を与えるような暴言または拒絶的な対応をしたり，児童の面前で配偶者やその他の家族に暴力をふるうこと。これらの行為は児童の心身の成長および人格の形成に重大な影響を与えるとともに，被虐待児が親になり児童虐待の加害者となる児童虐待の世代間連鎖が起こる恐れもあり，子どもに対する重大な権利侵害である。

攻撃性（15 章）

攻撃性とは，他者に危害を加えようとする意図的な行動を引き起こす内的過程を指す。攻撃性に関する理論は，内的衝動説，情動表出説，社会的機能説の 3 つに大別される。内的衝動説では，攻撃行動を引き起こす心理的エネルギーが個体内にあると仮定する。情動表出説では，攻撃を不快な感情の表出または発散とみなし，攻撃への動機づけは外部から喚起されると考える。社会的機能説では，攻撃を対人葛藤の解決や資源コントロールの手段とみなす。さらに近年では，アンダーソンらによる一般的攻撃性モデルをはじめ，個人要因と状況要因の相互作用から攻撃性のメカニズム全体を捉える試みがなされている。

学校心理学（16 章）

心理学と教育学の諸領域の理論や方法を統合し，心理教育的援助サービスの理論と実践を支える学問体系。心理教育的援助サービスとは，学校教育において子どもたちが出会う，学習面，心理・社会面，進路面，健康面などにおける問題状況の解決を援助し，子どもの成長を促進する支援を指す。特別なニーズを抱えた子どもだけではなく，すべての子どもたちを対象に教師，保護者，スクールカウンセラーなどの援助者が連携し，“チーム学校”として心理教育的援助サービスを行うことが重視されている。

合理的配慮（16 章）

行政機関等と事業者が事務・事業を行うにあたり，障害のある人から社会的なバリア（障壁）を取り除くために何らかの対応が必要であるとの意思の表明があった際に，負担が過重でない範囲で必要かつ合理的な対応を行うこと。合理的配慮の内容は，障害特性やそれぞれの場面・状況に応じて異なり，具体例としては物理的環境への配慮，意思疎通への配慮，ルール・慣行の柔軟な変更などが挙げられる。教育，医療，福祉，公共交通など，日常生活および社会生活全般にかかわる分野が広く対象となる。2021 年の障害者差別解消法の改正により，2024 年 4 月から行政機関などだけではなく事業者に対しても合理的配慮の提供が義務化されることとなった。

DSM（16 章）

DSM（Diagnostic and Statistical Manual of Mental Disorders）とは，アメリカ精神医学会が公表している，精神障害に関する国際診断基準である。1952 年に第 1 版が出版されて以降，数回にわたって改訂が重ねられている。DSM-III 以降は，精神障害についての共通言語を与えることを目的とし，脳神経学的障害の視点とは区分された診断基準を設け，その基準に症状をあてはめて診断を行う操作的診断基準が採用されている。2013 年に改訂された DSM-5 では，診断基準をもとに，ある／なしで判定された項目数により診断を行う定性的なカテゴリ分類に加え，一部の領域において，精神症状の重症度に応じ定量的な評価を行い，患者の臨床的な特徴を把握する多元的診断およびスペクトラム概念が導入された。

スクールカウンセラー（17 章）

心理教育的援助サービスを専門とする心理職のこと。スクールカウンセラーに求められる役割には，心理アセスメントやカウンセリングといった児童生徒に対する直接的な支援だけではなく，保護者や教職員に対するコンサルテーション，支援者同士のコーディネーションといった間接的な支援も含まれる。さらに，心理教育をはじめとする予防的活動，学校が危機に陥った際の緊急支援など，その役割は多岐にわたる。“チーム学校”が重視される近年の学校現場では，スクールカウンセラーも組織の一員として，他職種と連携・協働した問題解決を図ることがよりいっそう期待される。

危機介入（17 章）

危機との遭遇によって一時的に不均衡状態に陥っている個人やコミュニティが，できるだけ早く均衡状態を取り戻すことを目指す，短期的・集中的な援助。危機介入では，個人やコミュニティが本来もっている力を重視し，支援者は家族や友人，地域住民を含む身近な非専門家ともかかわりながら，直接的な関与は最小限に留める。基本的な危機介入では，①危機状態の査定，②査定にもとづいた介入方針・支援計画の策定，③危機介入の実行，④介入の評価，フィードバック，必要に応じた修正，⑤開かれた終結と予防計画の策定といった5つのステップからなる。危機時にタイミングよく介入し適切な効果をもたらすためには，日頃からの準備が重要となる。

あとがき

週初めの朝，眠い目をこすりつつ，学校にやってくる友だちと校門であいさつを交わす。教室に集まった生徒が，朝の会で先生の話を聞き，来週のテストを思い出して気が重くなったり，週末の部活の大会を楽しみにしたりして，それぞれの1日を過ごしはじめる。休み時間や昼食の時間には，友だちグループで集まり教科の勉強や先生のこと，好きな音楽や趣味の話をしたりする。その横には，ひとりあるいは二人で静かに過ごしている生徒たちもいる。時代や価値観の変化はあれど，学校は子どもにとって，当然ながら家庭の次に長い時間を過ごす“生活”の場であると同時に，同世代どうしと，そして教え見守る教師という大人と過ごす，守られた成長と学びの場である。子どもたちの育ちと学び，そしてかかわりに対する心理学的な理解および支援という，教育心理学の基本的な枠組みを学ぶことは，子どもたちが安心して，自分らしく過ごし成長することができる環境づくりに直結するだろう。

一般に教育心理学は，教職課程「教育の基礎理論に関する科目」のうち，「幼児・児童・生徒の心身の発達と学習の過程」の内容に位置づけられる。しかしその内容は，心理学の理論と技法を学問的基盤としており，心理学の諸分野に関する知見を含むことが望ましい。おりしもわが国では，近年，教育心理学を取り巻く2つの大きな動向がみられた。ひとつは，教職課程の再課程認定であり，2019年以降現在の教職課程では，コア・カリキュラムによる内容の精選や実質化が求められるようになった。2つ目には，公認心理師法が施行され，2019年から，わが国初の心理学関連の国家資格である公認心理師の認定が始まった。心理学にかかわる大学などの教育の場，そして教育・臨床・福祉などの実践の現場は，近年この2つの動向に大きく影響を受けてきた。教職課程，そして公認心理師ともに，今後資格の実効性や実践での質が問われることになるが，これは教育心理学にとっても，その意義を試される重要な局面といえるだろう。国内の社会情勢をみれば，グローバル化やICT革新が急速に進み，少子高齢化が世界有数のレベルで進展している。また，だれも予想しなかった仕方で世界をおおったコロナ禍は，職場・学校・生活上のデジタル化などの面で，これまでの変化の流れを数倍に圧縮したような，良くも悪くも目まぐるしい変化を生じさせている。

「はじめに」でも述べた通り，わが国の学校教育がより高度化され，子どもが学ぶべき課題も多様で複雑化する一方である今日，教育の科学的エビデンスに対する期待やニーズはより高まっている。教育心理学を軸として，その裾野に広がる「心理学」諸分野への理解を進め，さらに「トピックス」において最近の心理学にまつわる社会問題を論じた構成をもつ本書の試みは，学校や社会が大きな変化を迎えるなか，時宜を得たものと考えている。

本書は，1988 年に久世敏雄編『教育の心理』，2002 年に梶田正巳編『学校教育の心理学』，そして 2013 年に速水敏彦編著『教育と学びの心理学』と，名古屋大学大学院教育発達科学研究科および教育学部に所属する，あるいはゆかりのある研究者によって編まれた書籍の系列につらなるものである。これまでの著作との違いは，教育心理学の教科書としての性質をもちながら，公認心理師法制定および施行にともない，「心理学概論」のカリキュラムにも対応可能な内容ともなっており，より幅広い面から，教職課程あるいは専門教育の基礎課程において，教育心理学を学ぶことに適した内容となっていることであろう。先達の業績を振り返ったとき，今日われわれにどのような仕事ができているか，心もとない部分もあるが，時代とともに，教育心理学の役割の変遷をふまえ，多少とも今日性のある構成や内容にすることができていれば幸いである。

本書の企画の打診をお受けしてから，完成までに 2 年以上の年月が経過した。この間，名古屋大学出版会編集部の三木信吾氏・井原陸朗氏には，機に応じて適切で明晰な編集上のコメントを頂き，本書を一段高い完成へと忍耐強く導いていただいた。記して感謝申し上げる。

2023 年 12 月

編者を代表して　中谷 素之

索　引

ア　行

カ　行

サ　行

タ　行

ナ　行

ハ　行

マ　行

ヤ　行

ラ・ワ行

執筆者紹介（＊は編者）

［本　文］

＊中《なか》谷《や》素《もと》之《ゆき》　→奥付参照（はじめに，第 6 章）

＊平《ひら》石《いし》賢《けん》二《じ》　→奥付参照（はじめに，第 5 章）

＊高《たか》井《い》次《じ》郎《ろう》　→奥付参照（はじめに，第 10 章）

溝《みぞ》川《かわ》　藍《あい》　名古屋大学大学院教育発達科学研究科准教授（第 1 章）

山《やま》形《がた》伸《しん》二《じ》　名古屋大学大学院教育発達科学研究科准教授（第 2 章）

清《きよ》河《かわ》幸《さち》子《こ》　東京大学大学院教育学研究科教授（第 3 章）

光《みつ》永《なが》悠《はる》彦《ひこ》　名古屋大学大学院教育発達科学研究科准教授（第 4 章）

吉《よし》澤《ざわ》寛《ひろ》之《ゆき》　岐阜大学大学院教育学研究科教授（第 7 章）

五十嵐《いがらし》祐《たすく》　名古屋大学大学院教育発達科学研究科准教授（第 8 章）

金《かな》井《い》篤《あつ》子《こ》　名古屋大学大学院教育発達科学研究科教授（第 9 章）

石《いし》井《い》秀《ひで》宗《とき》　名古屋大学大学院教育発達科学研究科教授（第 11 章）

金《かね》子《こ》一《ひと》史《し》　名古屋大学心の発達支援研究実践センター教授（第 12 章）

田《た》附《づけ》紘《こう》平《へい》　名古屋大学大学院教育発達科学研究科准教授（第 13 章）

野《の》村《むら》あすか　名古屋大学心の発達支援研究実践センター准教授（第 14 章）

河《こう》野《の》荘《しょう》子《こ》　名古屋大学大学院教育発達科学研究科教授（第 15 章）

永《なが》田《た》雅《まさ》子《こ》　名古屋大学心の発達支援研究実践センター教授（第 16 章）

狐《こ》塚《づか》貴《たか》博《ひろ》　名古屋大学大学院教育発達科学研究科教授（第 17 章）

[トピックス]

伊藤大幸（お茶の水女子大学基幹研究院人間科学系准教授，第 1 章），小塩真司（早稲田大学文学学術院教授，第 2 章），山川真由（名古屋大学大学院情報学研究科特任助教，第 3 章），脇田貴文（関西大学社会学部教授，第 4 章），川島一晃（椙山女学園大学看護学部准教授，第 5 章），岡田涼（香川大学教育学部准教授，第 6 章），谷伊織（愛知学院大学心理学部准教授，第 7 章），橋本剛（静岡大学人文社会科学部教授，第 8 章），町田奈緒士（名古屋大学ジェンダーダイバーシティセンター特任助教，第 9 章），寺嶌裕登（名古屋大学教育基盤連携本部アドミッション部門特任准教授，第 10 章），寺尾尚大（大学入試センター研究開発部准教授，第 11 章），堀英太郎（愛知県スクールカウンセラー，第 12 章），杉岡正典（名古屋大学心の発達支援研究実践センター准教授，第 13 章），坪井裕子（名古屋市立大学大学院人間文化研究科教授，第 14 章），星あづさ（愛知教育大学教育科学系講師，第 15 章），横山佳奈（名古屋大学心の発達支援研究実践センター特任助教，第 16 章），山内星子（中部大学人文学部准教授，第 17 章）

[キーワード]

田口恵也（大阪大学大学院人間科学研究科特任研究員），杉浦祐子（名古屋大学大学院教育発達科学研究科技術補佐員），坪田彩乃（名古屋大学大学院教育発達科学研究科特任助教），寺尾香那子（国立教育政策研究所教育データサイエンスセンター教育データサイエンス専門職），林亜希恵（福井大学保健管理センター特命講師），胡安琪（茨城大学全学教育機構国際教育部門助教），小島朱理（名古屋大学心の発達支援研究実践センター臨床助手），横山佳奈（名古屋大学心の発達支援研究実践センター特任助教），酒井麻紀子（名古屋大学心の発達支援研究実践センター講師）

《編者紹介》

中谷素之《なかやもとゆき》

現　在　名古屋大学大学院教育発達科学研究科教授

著　書　『学ぶ意欲を育てる人間関係づくり――動機づけの教育心理学』（金子書房，2007年）他

平石賢二《ひらいしけんじ》

現　在　名古屋大学大学院教育発達科学研究科教授

著　書　『青年期の親子間コミュニケーション』（ナカニシヤ出版，2007年）他

高井次郎《たかいじろう》

現　在　名古屋大学大学院教育発達科学研究科教授

著　書　『コミュニケーションと対人関係（展望　現代の社会心理学 2）』（共編，誠心書房，2010年）他

学び・育ち・支えの心理学
―これからの教育と社会のために―

2024年2月20日　初版第1刷発行

定価はカバーに
表示しています

編　者　中　谷　素　之
　　　　平　石　賢　二
　　　　高　井　次　郎

発行者　西　澤　泰　彦

発行所　一般財団法人　名古屋大学出版会

〒464-0814　名古屋市千種区不老町1 名古屋大学構内
電話(052)781-5027 / FAX(052)781-0697

印刷・製本 ㈱太洋社　ISBN978-4-8158-1151-8

乱丁・落丁はお取替えいたします。